O IMPERADOR
REPUBLICANO

Copyright © 2021 por
Guy Gauthier

Título original: Pierre II du Brésil,
un empereur républicain

Todos os direitos desta publicação reservados à Maquinaria Sankto Editora e Distribuidora LTDA. Este livro segue o Novo Acordo Ortográfico de 1990.

É vedada a reprodução total ou parcial desta obra sem a prévia autorização, salvo como referência de pesquisa ou citação acompanhada da respectiva indicação. A violação dos direitos autorais é crime estabelecido na Lei n.9.610/98 e punido pelo artigo 194 do Código Penal.

Este texto é de responsabilidade do autor e não reflete necessariamente a opinião da Maquinaria Sankto Editora e Distribuidora LTDA.

Diretor Executivo
Guther Faggion

Diretor de Operações
Jardel Nascimento

Diretor Financeiro
Nilson Roberto da Silva

Editora Executiva
Renata Sturm

Editora
Gabriela Castro

Direção de Arte
Rafael Bersi, Matheus Costa

Tradução
TradWorks

Revisão
Laila Guilherme

Assistente
Ana Maria Menezes

Ilustração de Capa
Pedro Ferreira

DADOS INTERNACIONAIS DE CATALOGAÇÃO NA PUBLICAÇÃO (CIP)
ANGÉLICA ILACQUA – CRB-8/7057

GAUTHIER, Guy
　　O imperador republicano : uma concisa e reveladora biografia de dom Pedro II / Guy Gauthier ; tradução de TradWorks. – São Paulo : Maquinaria Sankto Editora e Distribuidora Ltda., 2021.
　　336p.

　　ISBN 978-65-88370-15-5

　　1. Pedro II, Imperador do Brasil, 1825-1891 2. Brasil - Reis e governantes - Biografia I. Título II. Tradworks

21-2409　　　　　　　　　　　　　　　　　　　　CDD-923.1

ÍNDICES PARA CATÁLOGO SISTEMÁTICO:
1. Pedro II, Imperador do Brasil, 1825-1891
2. Brasil – Reis e governantes - Biografia

R. Ibituruna, 1095 – Parque Imperial,
São Paulo – SP – CEP: 04302-052
www.mqnr.com.br

GUY GAUTHIER

O IMPERADOR REPUBLICANO

Uma concisa e reveladora biografia de dom Pedro II

Esta obra é dedicada ao doutor François-Xavier Gandar, médico na cidade de Saumur e humanista que, há 23 anos, é um dos meus leitores mais fiéis e assíduos.

SUMÁRIO

13   Carta à edição brasileira

15   Agradecimentos

19   O fim do colonialismo português

29   O Império do Brasil e o Primeiro Reinado

59   A transição perigosa

79   O advento do Segundo Reinado

93   O imperioso dever dinástico

103   Os primeiros anos do Reinado

115   O impulso do progresso

131   O Poder Moderador frente às turbulências políticas

141   A Guerra do Paraguai ou da Tríplice Aliança

157   O impacto da guerra no Império

165   Escravidão, uma ferida não cicatrizada do Brasil imperial

173   O monarca viajante

187	O imperador e o papa
199	A segunda viagem ao exterior do "neto de Marco Aurélio"
221	Retorno ao país e as primeiras dúvidas sobre o futuro
231	Os últimos estertores do Brasil imperial
243	A debilidade do imperador e a viagem por ordem médica
253	D. Isabel, a Redentora
261	O crepúsculo de um império
275	Uma revolução republicana muito estranha
301	Exílio e morte do imperador
315	Destinos cruzados
325	*Post-scriptum*
329	Bibliografia

"Durante quarenta anos, o Brasil, pacificado no interior, fez grandes esforços, sob a direção do imperador d. Pedro II, para difundir a educação, elevar o nível do ensino, desenvolver a agricultura, a indústria e o comércio, bem como aproveitar as riquezas naturais do solo pela construção de vias férreas, estabelecimento de linhas de navegação e concessão de favores aos imigrantes. Os resultados obtidos desde o final desse período revolucionário são já consideráveis: em nenhum outro lugar das Américas, exceto nos Estados Unidos e Canadá, o progresso foi mais firme e mais rápido."

Le Brésil en 1889 (O Brasil em 1889)
FREDERICO JOSÉ DE SANTA-ANNA NERY

PREFÁCIO

CARTA À EDIÇÃO BRASILEIRA

Caros leitores brasileiros,
 É uma grande honra para mim a publicação em seu magnífico país desta biografia do imperador dom Pedro II, a qual, em 2018, permitiu aos franceses recordar este homem de coração e mente, este cientista amante da literatura e da música e grande político que também amava a França.
 Herdeiro da dinastia portuguesa, d. Pedro II também tinha descendência francesa, sendo sobrinho de Maria Luísa, imperatriz da França e duquesa de Parma, e, portanto, primo de Aiglon, filho de Napoleão. Estes laços dinásticos com a França foram ainda mais fortalecidos quando sua irmã Francisca se casou com o príncipe de Joinville, filho de Luís Filipe I, e sua própria filha Isabel se casou com Gastão de Orléans, conde d'Eu, neto do rei da França.
 Mas d. Pedro II não dava importância à sua hereditariedade monárquica, porque considerava – como seu pai, d. Pedro I – que o sangue dos homens é o mesmo, seja branco, negro ou indígena. Com este espírito, foi o promotor de uma política de emancipação de todos os cidadãos do Brasil, independentemente de sua origem social ou étnica. Conseguiu isto através de um enorme investimento educacional, criando no país escolas primárias, secundárias e superiores. Como um novo Carlos Magno, d. Pedro II ia pessoalmente às escolas ver se a educação estava progredindo, pois acreditava que, sem educação de qualidade, não há cidadãos livres. Ao seu lado, com discrição e dedicação, sua esposa, a imperatriz Teresa Cristina, foi uma mãe amorosa para este caloroso povo brasileiro, que, por seu caráter e sua paixão, a fazia lembrar seu país de origem, o sul da Itália.

D. Pedro II foi um homem universal, com amizades internacionais. Admirador do presidente Lincoln e de Charles Darwin, assim como de Richard Wagner, Alessandro Manzoni e Heinrich Schliemann, ele foi, acima de tudo, próximo de todos os escritores e estudiosos franceses de sua época. Ajudou financeiramente o poeta Lamartine e o químico Louis Pasteur e incentivou engenheiros, cientistas e pesquisadores franceses a vir ao Brasil contribuir para a modernização do país. Membro do Instituto Francês e frequentador da Sorbonne, ele costumava dizer: "O Brasil é o país do meu coração e a França, o da minha inteligência".

Foi em Paris, no hotel Bedford, perto da igreja Madeleine, que d. Pedro II morreu, em dezembro de 1891. Grata a este fiel amigo e parisiense de coração, a França republicana organizou, em sua homenagem, um grandioso funeral que recordou o de Victor Hugo, seis anos antes, seu companheiro na luta contra a escravidão.

A imprensa francesa escreveu que d. Pedro II foi o "último monarca esclarecido do Iluminismo". Também podemos dizer, como Lamartine, que ele foi o único monarca que, no século XIX, conseguiu a síntese da monarquia e dos princípios republicanos.

Foi Joaquim Nabuco quem, sem dúvida, melhor refletiu a emoção que sua morte provocou em nosso país: "Hoje, o coração do Brasil bate no peito da França".

Que a memória de d. Pedro II, símbolo secular da amizade franco-brasileira, mantenha e fortaleça ainda mais este espírito de liberdade, fraternidade e cooperação que une nossas duas nações.

GUY GAUTHIER
Março de 2021

AGRADECIMENTOS

Toda a minha gratidão a Alban Duparc, adido de conservação do Castelo-Museu Luis Filipe em Eu, que facilitou minhas pesquisas na biblioteca dos Orléans e Bragança.

Ao meu amigo Carlos Eduardo dos Santos Araujo, sem o qual este livro não poderia ter sido publicado no Brasil.

CASA IMPERIAL DO BRASIL

HABSBURGO-LORENA

BRAGANÇA

BOURBON-DUAS SICÍLIAS

Francisco II / I
(1768-1835)
Imperador do Santo-Império
(1792-1806)
Imperador da Áustria
(1806-1835)

D. João VI
(1767-1826)
Rei de Portugal e do Brasil
(1816-1822)
Rei de Portugal
(1822-1826)

Fernando IV / I
(1751-1825)
Rei de Nápoles e da Sicília
(1759-1816)
Rei das Duas Sicílias
(1816-1825)

|

D. Leopoldina
(1797-1826)
Arquiduquesa da Áustria
Imperatriz do Brasil
(1822-1826)

D. Pedro I, o Libertador
(1798-1834)
Imperador do Brasil
(1822-1831)
Rei de Portugal sob o nome
de Pedro IV em 1826

Francisco I
(1777-1830)
Rei das Duas Sicílias
(1825-1830)

D. Pedro II, o Magnânimo (1825-1891)
Imperador do Brasil (1831-1889)

D. Tereza Cristina (1822-1889)
Imperatriz do Brasil

D. Isabel, a Redentora (1846-1921)
Princesa herdeira do Brasil, esposa do príncipe Gastão de Orléans, conde
d'Eu em 1864, três vezes regente do Império do Brasil

Dinastia Orléans-Bragança

D. Pedro (III) do Brasil (1921-1940)
Para a prosperidade

CAPÍTULO 1

O FIM DO COLONIALISMO PORTUGUÊS

A colônia portuguesa do Brasil também tinha se separado de sua metrópole. Sem derramamento de sangue e em condições que honraram a casa reinante de Bragança.
– Gilette Saurat[1]

O GRANDE TUMULTO NAPOLEÔNICO

Napoleão, que vendeu a imensa Luisiana para os Estados Unidos, não tinha o gosto nem os meios para uma ambição colonial ultramarina. Além disso, sua frota havia sido parcialmente destruída em Trafalgar e suas esquadras de Brest e Toulon haviam sido neutralizadas pela Marinha Real[2]. Os navios ingleses, com base em Malta, navegavam audaciosamente ao largo da Sicília, onde os Bourbon de Nápoles estavam refugiados após a ocupação francesa, e da Sardenha, onde os reis da dinastia de Savoia, também expulsos do Piemonte pelos franceses, tinham se estabelecido. Era preciso impedir qualquer tentativa de agressão nesses últimos restos de reinos até então independentes e livres. O imperador francês, dono da Europa, era prisioneiro da Inglaterra, que bloqueava o Atlântico e o Mediterrâneo.

Embora a destruição da frota espanhola em Trafalgar tivesse levado a uma quase ruptura das comunicações entre Madri e seu imenso império colonial da América, Napoleão, sem se incomodar com o risco que corria se atacasse Portugal, com quem estava furioso por não ter respeitado o Bloqueio Continental, tomou a dianteira. Em 1807, enviou o general Junot para invadir a nação e destituir a dinastia de Bragança, que lá reinava.

Essa nova afronta não poderia ficar impune, pois Portugal era, desde a Idade Média, o mais antigo e fiel aliado dos ingleses, que o consideravam como o "pulmão europeu da Grã-Bretanha". O governo inglês preparou rapidamente uma expedição militar e nomeou o general Wellington para formar uma divisão e assumir o comando. A invasão francesa foi considerada um choque terrível para a rainha d. Maria I de Portugal e seu filho João, que a assistia como regente, já que a infeliz soberana sofria sérios distúrbios mentais desde a morte de seu filho mais velho e de seu marido[3]. Além disso, a situação era imprevisível, uma vez que Portugal e França não tinham fronteiras comuns, mas Napoleão mantinha os Bourbon da Espanha tão bem sob seu controle que suas tropas atravessaram a península para alcançar sua presa como se fosse território conquistado.

A presença francesa em Portugal provocou, para a dinastia de Bragança, bem como para os Bourbon de Nápoles e para os Savoia do Piemonte, a fuga para um território próximo e inatingível pelos franceses. Poderia ter-se pensado em Madeira ou nos Açores, mas, por precaução, decidiram refugiar-se no continente americano, mais precisamente no Brasil, essa joia do império colonial português desde o final do século XV[4]. D. Maria I, o príncipe João e a corte portuguesa, sob a proteção de uma esquadra inglesa comandada pelo almirante *sir* Sidney Smith, embarcaram em 36 navios ao mesmo tempo em que Junot entrava com suas tropas em Lisboa. A partida foi tão precipitada que a infeliz d. Maria, em um momento de lucidez, pediu para manter certa dignidade: "Mais devagar, vão pensar que estamos fugindo"[5].

Embora a escolha do Brasil como refúgio fosse uma forma de colocar um oceano entre os Bragança e Napoleão, foi também uma decisão que causaria uma perturbação extraordinária e marcaria para sempre a história do mundo lusitano.

Foi, portanto, na Bahia – mais precisamente em São Salvador da Bahia de Todos os Santos –, sede da administração colonial do Brasil, que toda a família real se instalou, transformando de repente a bela cidade tropical na capital dos portugueses livres. Portugal e Lisboa permaneceram sob a égide do general Junot, que já se considerava rei de Portugal. Ele tinha todos os motivos para acreditar que seria rei, uma vez que seu compadre Joaquim Murat acabara de assumir o trono de Nápoles, substituindo José Bonaparte, ele próprio investido no trono da Espanha no lugar dos Bourbon (Carlos IV e seu filho mais velho Fernando, príncipe de Astúrias). Para completar esse jogo das cadeiras, Napoleão havia colocado o rei da Espanha e seu filho em prisão domiciliar no castelo de Valençay, propriedade do príncipe de Talleyrand em Berry, na França. Na Bahia, o príncipe d. João, regente do Brasil, genro de Carlos IV e cunhado do futuro Fernando VII, achou então que tinha feito a escolha certa ao abandonar a Europa dominada.

A PAIXÃO DOS BRAGANÇA PELO BRASIL

A família real portuguesa, rodeada por sua suíte e assistida por seus conselheiros civis e militares, organizou a nova corte, onde, é claro, o herdeiro do trono manteve suas funções de regente, já que o clima do Brasil não havia devolvido à rainha suas aptidões para governar. Pelo contrário, a invasão a Portugal e o repentino abandono de seu reino agravaram ainda mais a melancolia crônica e a fragilidade mental da pobre mulher.

D. João VI foi um bom regente e organizador. Mais do que isso, ele apaixonou-se pelo deslumbrante e exótico Brasil, cuja população calorosa o fazia esquecer-se dos dramas vividos por seu infeliz país, esmagado pela bota francesa. Esse príncipe puramente português, que até então pouco havia viajado, apaixonou-se por esse novo território que ele agora administrava. Ele deixou a Bahia para se instalar no Rio de Janeiro, cidade que ele ampliou e embelezou. Essa decisão foi politicamente muito simbólica, visto que a aristocrática Salvador, capital colonial, sonhava em conservar seu *status* de metrópole. No entanto, d. João decidiu favorecer o Rio para marcar o fim de uma era e o começo de outra nas relações luso-brasileiras.

Esse príncipe, com físico ingrato – fruto de uma união quase incestuosa entre sua mãe e seu tio-avô[6] – e relativamente insignificante, de repente tornou-se inovador. Passou a se interessar por questões econômicas e sociais, aboliu os monopólios, proclamou a liberdade industrial e abriu portos ao comércio exterior, decisões que só podiam encantar a Inglaterra, fiel protetora dos Bragança, e os Estados Unidos, apóstolos do livre comércio e da globalização. Essas medidas favoreceram um *boom* econômico que beneficiou a população.

No plano da saúde, o príncipe, observando as crises endêmicas do país tropical, criou uma escola de medicina e cirurgia para combater as epidemias de febre. Sua ação benéfica foi sentida em todos os outros campos, e o Rio de Janeiro abriu uma escola de artes, uma biblioteca real, uma imprensa, um observatório astronômico e uma academia militar[7]. O professor Oliveira Lima resume em algumas palavras a surpreendente metamorfose do Brasil sob o governo do príncipe regente: "D. João veio à América para criar um império a partir de uma antiga colônia amorfa"[8]. Mas ele não se esqueceu dos infortúnios de Portugal. Para se vingar de Napoleão, e desta vez estando em posição estratégica, organizou uma expedição militar brasileira que entrou na Guiana Francesa e se apossou de Caiena. Após a cessão da Luisiana aos Estados Unidos, o império colonial francês da América, pacientemente construído por Francisco I e depois por Luís XIV, começou a se desagregar, para a felicidade dos ingleses. Mas foi um jogo justo.

Enquanto isso, na Europa, a situação evoluía. Junot, vencido por Wellington, teve que se retirar para dar lugar ao seu companheiro Soult, que, ao também ser derrotado, entregou o cargo a Massena. Tudo em vão. O Duque de Ferro[9] e seus casacas-vermelhas eram invencíveis, auxiliados pelos patriotas portugueses que, tal como seus colegas espanhóis, dificultavam a vida dos ocupantes franceses.

Em 1814, Napoleão desmoronou, e os exércitos franceses na Espanha e em Portugal foram acompanhados até a fronteira dos Pireneus pelo incansável Wellington, que vencia a primeira batalha de seu duelo contra o imperador francês.

A família real portuguesa preferiu não precipitar seu retorno para a Europa e ficar um tempo no Brasil, apesar de todas essas boas notícias, incluindo a volta de seu primo Fernando VII ao trono de Madri, em favor de quem seu pai, Carlos IV, havia abdicado para terminar pacificamente seus dias em Roma.

Os Bragança tiveram sorte em ser cautelosos, pois, em 1815, Napoleão I escapou da ilha de Elba, desembarcou na França e perseguiu Luís XVIII, a quem os Aliados haviam instalado no palácio das Tulherias e que novamente se exilara, desta vez em Gante. O episódio foi curto. Napoleão foi derrotado definitivamente no mesmo ano em Waterloo por Wellington, que venceu a segunda rodada de seu duelo contra o Ogro da Córsega. Napoleão foi levado para a ilha inglesa de Santa Helena, no Atlântico Sul, de onde nunca mais sairia.

Imediatamente, o Congresso de Viena[10], tendo retomado suas sessões como se nada tivesse acontecido, restituiu os tronos a todas as dinastias reinantes antes das conquistas napoleônicas. Inclusive o de Portugal.

No entanto, a família real demorou a voltar à metrópole. O príncipe regente gostava do Brasil, e sua mãe, a rainha d. Maria I, estava agonizando. Era apenas um pretexto, pois a infeliz soberana morreu somente em 1816. D. João passou então do *status* de regente para o de rei: tornou-se d. João VI, "rei do Reino Unido de Portugal, Brasil e Algarves", título que ele inventou para colocar em pé de igualdade o antigo reino de onde vinha e a colônia sul-americana que o abrigou com tanta generosidade durante os anos sombrios. Observe-se que a anglofilia de João é óbvia, pois em 1801 os ingleses criaram seu próprio Reino Unido da Grã-Bretanha e Irlanda, sucedendo ao reino da Grã-Bretanha, constituído dos reinos da Inglaterra e da Escócia.

Com a permanência de d. João VI no Rio, os portugueses se irritaram com essa preferência afetiva dada ao Brasil pelo chefe da dinastia. Sem dúvida, a metrópole tinha medo de perder a liderança de seu império colonial e, mais afetivamente, uma ferida de autoestima por seu monarca parecer ser mais apegado a uma colônia habitada majoritariamente por índios, negros e mestiços do que a seu país de origem. O rei recebeu a ordem para retornar o quanto antes a Lisboa. Sua atitude era incompreensível para os portugueses, já que, desde 1815, os Bourbon, os Savoia e os Orange-Nassau haviam voltado a Madri, Nápoles, Turim e Amsterdã. Portanto, era necessário parar de procrastinar e usar a força. A advertência foi severa, pois, a pretexto desse retorno real constantemente adiado, uma revolução estourou em agosto de 1820 em Portugal. Pretexto, porque agora se tratava de colocar os Bragança contra a parede, impondo-lhes uma monarquia constitucional. Daquela distância da metrópole, a situação se tornou incontrolável para d. João VI, que não conseguia nem mesmo determinar se os liberais da burguesia, da universidade e da imprensa estavam em perfeita harmonia com o Exército, que também interveio na revolução com a constituição de juntas no Porto e em Lisboa. Pior ainda, as opiniões começaram a surgir no próprio Brasil, e era necessário restaurar a ordem pela força.

Com as cortes constituintes reunidas em Lisboa, em janeiro de 1821, houve uma votação por uma constituição liberal, e a monarquia portuguesa tornou-se constitucional. O rei, totalmente ultrapassado, tomou conhecimento desse fato consumado e aceitou tudo. Ele então decidiu voltar ao seu país porque temia, e com razão, que a prorrogação de sua presença no Brasil provocasse o fim da dinastia.

Em 3 de julho de 1821, d. João VI desembarcou em Lisboa, acolhido por um povo em júbilo[11].

Antes de deixar o Brasil, ele havia entregado solenemente a regência ao filho mais velho, o príncipe herdeiro d. Pedro.

A PASSAGEM DA TOCHA OU A SUAVE DESCOLONIZAÇÃO

D. Pedro de Bragança, agora regente do Brasil, era filho de d. João VI, com quem quase não se parecia, e da infanta Carlota Joaquina da Espanha, filha de Carlos IV e irmã de Fernando VII. Homem nervoso, de cabelos pretos e temperamento colérico, sensual como um Bourbon de boa estirpe – era descendente de Henrique IV e Luís XIV por parte de mãe –, d. Pedro sonhava com um destino político. Fazia parte da geração de jovens que havia crescido na Europa ao som dos canhões da Revolução Francesa e, depois, do Império Napoleônico. Além disso, era um rapaz inteligente e inquieto, qualidades essenciais dos aventureiros e, em particular, dos aventureiros políticos.

D. Pedro havia se casado com a arquiduquesa d. Maria Leopoldina da Áustria, filha do último imperador do Sacro Império Romano-Germânico, Francisco II de Habsburgo-Lorena, que fora forçado a mudar de título quando Napoleão dissolveu esse império milenar em 1806, tornando-se Francisco I da Áustria. Filho de um rei de Portugal e genro de um imperador da Áustria, d. Pedro tinha todos os trunfos para fazer uma bela carreira.

D. João VI havia deixado o Brasil com pesar e apreensão. Pesar pelo país e seu povo, apreensão por causa das ambições de seu filho mais velho. Ele lhe deixou instruções detalhadas e, acima de tudo, lembrou que só havia um soberano do Reino Unido de Portugal, Brasil e Algarves: ele!

No entanto, esse monarca de grande perspicácia política, apesar de um físico desajeitado, previu o futuro, pois confidenciara ao seu filho: "Pedro, se o Brasil se separar, antes seja para ti, que me hás de respeitar, do que para algum desses aventureiros"[12]. Obviamente, pai e filho concordaram que, se a secessão do Brasil se tornasse inevitável, era do interesse da dinastia e das futuras relações luso-brasileiras que tudo corresse bem e, se possível, sob a autoridade de d. Pedro. Para os Bragança, essa solução, no fundo, era "um mal menor", para usar a expressão de Gilette Saurat[13].

D. João VI enxergava longe, pois as cortes de Lisboa, por mais liberais que fossem, lhe causavam algumas preocupações. Os princípios liberais da Europa no século XIX se assemelhavam estranhamente aos "princípios republicanos" que a França adotaria no século XXI, na medida em que eram de interpretação estrita ou extensa, pelo menos maleável, em função dos homens no poder. Assim, os liberais portugueses de 1821 eram a favor de uma limitação das prerrogativas da monarquia, o que era bastante lógico após a comoção de 1789 que havia dado cabo de um sistema secular, estático no plano social e religioso, impermeável à efervescência das ideias, cego frente ao surgimento do individualismo e fechado às ambições da crescente burguesia. Mas essas belas mentes basicamente não questionavam o sistema colonialista e o princípio de subordinação das colônias à metrópole. Desnecessário dizer, portanto, que o "Reino Unido" de João VI irritava prodigiosamente as mentes "iluminadas" de Lisboa, Porto ou Coimbra, ao verem nas suas belas moedas de ouro metropolitanas aparecer o título de rei do Brasil de d. João VI – mesmo que associado ao do rei de Portugal e Algarves –, sendo que, nos bons velhos tempos do colonialismo, só se lia nas moedas brasileiras "rei de Portugal e Algarves", título oficial dos reis lusitanos. No entanto, a menção era justa, uma vez que o próprio ouro vinha das minas do Brasil.

Medidas vexatórias, com o objetivo de restaurar as antigas estruturas coloniais, foram tomadas e muito mal recebidas no Brasil, que, graças a d. João, havia se emancipado progressivamente da metrópole e onde, pela ação desse mesmo monarca, as "capitanias gerais" haviam dado lugar às "províncias". Em tudo isso havia um sentimento de desprezo pelos negros e indígenas que só podia piorar as coisas e levá-las à incandescência. Nota-se que esse fenômeno não era apenas português, já que a arrogância das classes dominantes espanholas e, em particular, da administração colonial em relação aos negros sul-americanos – sem contar os índios – arruinou qualquer possibilidade de descolonização pacífica.

NOTAS

1. Gilette Saurat, *Bolivar le Libertador* [Bolívar, o libertador – sem edição em português].
2. A Batalha de Trafalgar foi uma batalha naval entre Reino Unido e as aliadas França e Espanha em 1805, na costa de Trafalgar, na costa espanhola. A Inglaterra conseguiu repelir o ataque, e Napoleão perdeu o controle do Atlântico. [N. E.]
3. Refere-se ao rei consorte d. Pedro III de Portugal (1777-1786) e ao príncipe d. José I (1761-1788).
4. O almirante Pedro Álvares Cabral chegou ao Brasil em 22 de abril de 1500, ou em 2 de maio de 1500 do calendário gregoriano. O ano de 1500 foi o último ano do século XV.
5. Ghislain de Diesbach, *Les secrets du Gotha* [Os segredos do Gotha – sem edição em português].
6. D. Maria I era sobrinha de D. Pedro III de Portugal. A diferença de idade entre os esposos era de dezessete anos.
7. Refere-se à Academia Imperial de Belas Artes (Aiba – 1826), à Real Biblioteca (hoje chamada de Biblioteca Nacional – 1810), à Imprensa Régia (que editou o primeiro jornal brasileiro, o *Gazeta do Rio de Janeiro* – 1808), ao Observatório Nacional (1827) e à Academia Real Militar (1810). [N. E.]
8. João Ameal, *Les Bragances du Brésil* [Os Bragança de Portugal – sem edição em português].
9. Alcunha pela qual Wellington ficou conhecido. [N. R.]
10. O Congresso de Viena foi uma conferência entre embaixadores das grandes potências europeias, entre setembro de 1814 e junho de 1815, para redesenhar o mapa político da Europa após a derrota de Napoleão no ano anterior. [N. E.]
11. Guy Fargette, *Pedro II, Empereur du Brésil 1840-1889* [Pedro II, imperador do Brasil, 1840-1889 – sem edição em português].
12. Ghislain de Diesbach, op. cit. [Para a edição brasileira, foi usado Laurentino Gomes, *1822*].
13. Ghislain de Diesbach, op.cit.

CAPÍTULO 2

O IMPÉRIO DO BRASIL E O PRIMEIRO REINADO

Traidor da pátria portuguesa para alguns, libertador para outros, estadista e mulherengo, d. Pedro de Alcântara, de qualquer forma, durante seu rápido reinado, preservou a unidade da nação brasileira. Como tal, ele é o salvador e o fundador do Brasil moderno. – Axel Gylden[1]

O REGENTE PÕE AS CARTAS NA MESA

Dom Pedro I também foi alvo das cortes de Lisboa. O príncipe despertou a desconfiança dos deputados lusitanos por ser favorável a um verdadeiro parlamento local, enquanto as cortes queriam retomar o poder não do "reino do Brasil", mas de cada entidade territorial que o constituía[2]. Seria dividir para reinar.

A resposta não se fez esperar: as lojas maçônicas brasileiras se movimentaram, e nasceu uma imprensa antimetropolitana. O tom era violento, verdadeiramente revolucionário.

As cortes reagiram mal e enviaram uma esquadra para repatriar o regente ao seu país de origem. Popular e perspicaz, d. Pedro, que sentira o vento da História, recusou-se a cumprir as ordens portuguesas e pronunciou o famoso discurso: "Se é para o bem de todos e felicidade geral da nação, digam ao povo que fico!". A partir dessa insubordinação, que poderia tê-lo levado ao pelotão de execução, o roteiro se desenrolou sem problemas e com perfeita sincronização. Com o incentivo de sua esposa d. Leopoldina, que lhe disse "o pomo está maduro, colhe-o já, senão apodrece"[3], e com a ajuda de um dos estadistas mais notáveis do Brasil, o professor José Bonifácio de Andrade e Silva, grão-mestre da maçonaria brasileira, d. Pedro proclamou a independência do reino do Brasil em 7 de setembro de 1822. Deu o grito "Independência ou morte!" às margens do pequeno riacho Ipiranga, em São Paulo, que o Hino Nacional Brasileiro evoca poeticamente:

> Ouviram do Ipiranga às margens plácidas
> De um povo heroico o brado retumbante
> E o sol da liberdade, em raios fúlgidos,
> Brilhou no céu da pátria nesse instante.

Os quartéis legalistas portugueses tentaram opor-se ao movimento, mas d. Pedro, que já havia avisado seu pai que a independência do Brasil seria protegida por ele e pelas tropas sob seu comando, se aliou aos ingleses e reduziu a resistência dos soldados metropolitanos com a ajuda do almirante lorde Cochrane. O Brasil evitou, assim, o que aconteceu no restante do continente: intermináveis e cruéis guerras de independência das colônias espanholas na América, que arruinaram, por culpa de um obtuso Fernando VII, as relações ibero-americanas, mas que outro Bourbon da Espanha, Juan Carlos I, restabeleceu com sucesso um século e meio depois.

O início do novo Estado foi, no entanto, politicamente tempestuoso. D. Pedro havia nomeado seu amigo José Bonifácio como ministro durante a Regência e pretendia mantê-lo como seu mentor político, porém, ao irritar-se com ele, dispensou-o e se fez eleger grão-mestre da maçonaria brasileira no seu lugar. Assim, o caráter autoritário do príncipe e seu gosto pelo poder pessoal foram revelados em plena luz do dia.

Em 1º de dezembro de 1822, o regente tornou-se Imperador Constitucional e Defensor Perpétuo do Brasil, sob o nome de d. Pedro I. Ele recebeu a unção do bispo do Rio, que lhe entregou a coroa, a espada e o cetro. No entanto, manteve seus direitos à Coroa de Portugal, pois era o filho mais velho de d. João VI.

Em deferência a seu pai, d. Pedro aceitou que d. João VI mantivesse o título de cortesia Imperador Titular do Brasil até sua morte, em 1826. Um título perfeitamente merecido, já que foi ele que de fato, sem o querer diretamente, lançou o movimento de emancipação, tornando o Brasil um Estado perfeitamente administrado e autossuficiente.

PROBLEMAS DINÁSTICOS

Em dezembro de 1822, d. Pedro I tinha apenas 24 anos. De sua união com a arquiduquesa d. Leopoldina da Áustria, teve no Brasil quatro filhos, dois meninos e duas meninas. Mas, como os meninos morreram em tenra idade, restaram somente as princesas d. Maria e d. Januária[4]. Vemos imediatamente as dificuldades dinásticas que essa situação poderia criar um dia, pois o novo imperador do Brasil não havia renunciado a seus legítimos direitos à Coroa de Portugal. Logo, ele se aproximou de seu pai para firmar com ele um pacto familiar segundo o qual, quando d. João VI morresse, d. Pedro abandonaria suas reivindicações ao trono de Portugal em favor de sua filha mais velha, d. Maria. Desta forma, era à princesa d. Januária que seria destinada a Coroa do Brasil. No fundo, era bastante lógico, pois as leis dinásticas portuguesas não excluíam as mulheres do trono, mas as forçavam a dar lugar aos meninos no mesmo grau.

No entanto, essa hipótese relativamente consensual em Portugal, uma vez que a avó de d. Pedro já havia reinado sob o nome de d. Maria I, corria o risco de causar um problema no Brasil. A mentalidade dos europeus e dos brasileiros não era a mesma. Em um país de exploradores, garimpeiros, criadores de gado, fazendeiros, cultivadores e aventureiros de todas as faixas, haveria uma dúvida relutante em relação a essa solução pouco "viril". Especialmente porque o imperador era o chefe supremo das Forças Armadas, "o defensor perpétuo" do país, segundo o belo título oficial.

Era, portanto, necessário que d. Pedro e d. Leopoldina consolidassem a nova monarquia brasileira o mais rápido possível. Conscientes de seus deveres dinásticos, de 1823 a 1825 tiveram mais três filhos: a princesa d. Paula (1823), que morreu aos dez anos, a princesa d. Francisca, futura princesa de Joinville (1824), e, finalmente, o príncipe d. Pedro (1825), imediatamente proclamado herdeiro do trono de acordo com as leis dinásticas portuguesas. Nota-se que a imperatriz do Brasil assumiu conscientemente seu papel de genitora e era, desse ponto de vista, mais valente do que sua querida irmã, a imperatriz Maria Luísa, que só teve um filho com Napoleão.

A jovem monarquia brasileira, portanto, estava agora baseada em um imperador de 27 anos e em um bebê recém-nascido. Uma situação um pouco perigosa, mas não desesperadora, já que d. Pedro I tinha uma excelente saúde e o bebê era robusto.

UM IMPERADOR MUITO POLÍTICO

D. Pedro tinha um caráter íntegro e pouco inclinado à conciliação quando tinha certeza da exatidão de seus pontos de vista. Embora fosse liberal e maçom, ele pretendia reinar e governar, recusando-se a ser confinado em um papel de figurante, como era seu pai, d. João VI, em Portugal desde 1821.

As primeiras dificuldades surgiram com a reunião de uma Assembleia Constituinte, em abril de 1823. *A priori*, com a participação de 53 deputados predominantemente da sociedade civil, mas também incluindo membros do clero (dezenove) e do Exército (sete), as coisas deveriam ter ocorrido sem problemas e de forma consensual, uma vez que se tratava de dar ao novo Estado uma constituição viável, a partir de princípios liberais aos quais a maioria era favorável. Supõe-se, no entanto, que os dezenove membros do clero fossem mais conservadores, pois a Igreja Católica, com a Revolução Francesa, as provocações de Napoleão ao papa Pio VII e os movimentos revolucionários que começavam a agitar os Estados papais, estava muito reticente às novas ideias.

Entretanto, se os debates foram interrompidos muito rapidamente, isso não ocorreu por questões religiosas ou princípios liberais, mas sim pela articulação dos poderes Executivo e Legislativo. De fato, além do voto pela representação nacional, o imperador pretendia que as leis fossem submetidas à sua aprovação, com possibilidade de alteração ou veto. Por sua vez, os deputados só queriam reconhecer-lhe o direito de sancionar formalmente os textos, sem modificar seu conteúdo. O monarca, portanto, tinha que se contentar em simplesmente aprovar as decisões do Poder Legislativo.

O bloqueio da Assembleia que se seguiu ocorreu porque d. Pedro era "cabeça quente". Ele achava que em questões democráticas não tinha que receber lição de ninguém e lembrou que, antes mesmo de subir ao trono do Brasil, foi ele quem havia introduzido o *habeas corpus*, que proibia detenção arbitrária, e a abolição da tortura em processos judiciais. Portanto, ele escolheu a força para reduzir os discursos demagógicos e, em novembro de 1823, pronunciou a dissolução da Assembleia Constituinte. Os deputados que resistiram ou protestaram foram presos, enquanto outros se exilaram por medo de medidas retaliatórias. Foi o caso de José Bonifácio, ex-amigo, conselheiro e ministro de d. Pedro, que se exilou na França. O imperador havia percebido que, devido à sua disputa pessoal, José Bonifácio queria reduzi-lo ao papel nada invejável de pilar constitucional e contribuiu, com seu talento oratório e seus inflamados debates, para colocar os deputados contra ele.

D. Pedro considerava que a legitimidade e a lei estavam ao seu lado. Primeiro, porque foi proclamado imperador pelos representantes da nação; segundo, porque havia recebido a unção da Igreja no momento de sua coroação; finalmente, por ser grão-mestre da maçonaria. Portanto, cabia a ele liderar o Brasil no caminho do Iluminismo. Ele encerrou o debate constitucional, adotando um método puramente bonapartista, e nomeou uma comissão legislativa encarregada de estabelecer um novo projeto de

Constituição para o Império. Esse documento, repleto de referências à Declaração dos Direitos do Homem e do Cidadão de agosto de 1789[5], foi redigido e sujeito à aprovação das câmaras municipais, visto que não havia outros estratos democráticos capazes de se expressar. A adesão foi quase unânime.

Assim, em abril de 1824, o Brasil recebeu sua primeira Constituição, que foi oficialmente chamada de Carta[6]. Esse texto, de espírito muito napoleônico, fazia do imperador a pedra angular das instituições em virtude de um Poder Moderador. Definido por Bernardin de Saint-Pierre como um meio de a monarquia garantir o equilíbrio entre as três ordens da sociedade, e por Benjamin Constant como um modo de promover a harmonia entre os poderes Executivo, Legislativo e Judiciário, esse poder tornou-se a base do direito constitucional no Brasil. Já não era uma noção puramente especulativa para o uso de filósofos ou juristas, mas uma ferramenta constitucional que permitia ao monarca assegurar o funcionamento adequado das instituições, corrigindo eventuais desvios e contornando os bloqueios.

O imperador, como único verdadeiro chefe do Executivo, escolhia livremente seus ministros. Ele tinha diante de si um Poder Legislativo composto por duas câmaras: um Senado, nomeado por ele, e uma Câmara dos Deputados, eleita democraticamente. Uma particularidade dessa eleição: era realizada em duas etapas, em que escolhiam primeiro em nível local os eleitores e, em seguida, elegiam os deputados[7]. As listas de eleitores eram elaboradas a cada ano, em cada paróquia, pelo juiz de paz e uma comissão de cidadãos ilustres. O voto era obrigatório, mas reservado a homens com mais de 25 anos, ou 21 anos se fossem casados, e com renda suficiente. A Câmara podia ser suspensa ou prorrogada pelo monarca, que, além disso, tinha a possibilidade de recusar-se a sancionar leis que lhe parecessem contrárias aos interesses do povo brasileiro. Da mesma forma, o imperador podia suspender as decisões das assembleias municipais ou provinciais, medida que foi tomada com um viés de centralização, a fim de evitar o colapso do Brasil.

Obviamente, d. Pedro I, que já era chefe supremo das Forças Armadas, dispunha também das prerrogativas tradicionais de um monarca constitucional, a saber: o direito de graça e anistia e, naturalmente, o dever de garantir a independência judiciária. Estávamos, portanto, em um sistema efetivamente democrático, já que as eleições para a Câmara eram livres, os partidos se organizavam como bem queriam e a imprensa não era amordaçada. Mas essa democracia era "temperada" pelo Poder Moderador do soberano. Isso significava, é claro, que ele sempre seria levado a moderar.

Esse autoritarismo "moderado" era exatamente o mesmo preconizado pelo libertador Simón Bolívar no Congresso da República da Bolívia, em 1825, para o governo dos jovens Estados livres da tutela espanhola: "O presidente da República desempenha em nossa Constituição o papel do Sol, que, do centro onde se mantém firme, dá vida ao Universo. Essa autoridade suprema deve ser perpétua, pois, em regimes sem hierarquia mais que em quaisquer outros, deve haver um ponto fixo em torno do qual giram os magistrados públicos e os cidadãos, os homens e as coisas"[8]. É claro que a noção de autoridade "perpétua" do presidente do tipo bolivariano iria provocar tantos debates e comentários na antiga América espanhola quanto a do Poder Moderador no Brasil.

Em todo caso, para o Brasil, o "Sol benevolente" no centro do sistema institucional não era um presidente vitalício, mas um monarca hereditário, orgulhoso de sua origem real porém perfeitamente ciente de seu papel como emancipador, pacificador e unificador de uma ex-colônia portuguesa, que, diferentemente das suas coirmãs espanholas, não havia caído no caos por ocasião de seu rompimento com a pátria.

Uma curiosidade adicional a ser observada sobre a primeira Constituição brasileira: embora a nação fosse dirigida por um monarca maçom e a liberdade religiosa estivesse proclamada de acordo com os princípios da Declaração de Direitos do Homem e do Cidadão de 1789, a religião católica obteve o *status* de religião do Estado. Inspiração da Concordata de 1801 de Bonaparte, que, mesmo sem conferir ao catolicismo o *status* de religião de Estado na França, lhe reconheceu uma posição privilegiada em troca do direito de supervisionar o poder civil sobre a nomeação de bispos – sujeita à confirmação posterior pela Santa Sé – e subvenção do clero pelo Estado. D. Pedro queria, assim, preservar o considerável poder que a Igreja Católica representava em um país onde o catolicismo era a religião dominante, para não dizer exclusiva. Além disso, ele também pretendia atrair as boas graças da hierarquia católica e, mais ainda, do papado, dirigido na época por Leão XII, pontífice não muito adepto a novas ideias e grande opositor da Carbonária e dos maçons.

Esse exercício de equilíbrio já havia se manifestado durante a coroação, em 1822, quando d. Pedro I jurou solenemente defender os direitos da Igreja e recebeu as insígnias de poder das mãos do bispo do Rio. O irônico da história é que essa boa vontade do imperador não foi recompensada por Leão XII, que, em uma carta apostólica de 1826, confirmou as condenações à maçonaria, iniciadas por seus antecessores desde Clemente XII em 1738. No entanto, deve-se reconhecer que, para o papado, essa profusão de maçons entre os libertadores da América Latina, como Hidalgo, Miranda, San Martín ou Bolívar[9] – mesmo este sendo um católico praticante e assíduo nas missas dominicais, quando a guerra lhe dava uma folga –, era demais.

UNIDADE OU DISSOLUÇÃO: A DIFÍCIL ESCOLHA DOS ESTADOS EMERGENTES DA AMÉRICA LATINA

As guerras de independência, travadas pelas colônias espanholas na América desde 1811, mostraram que também havia um fermento perigoso de dissolução nesse processo de emancipação. Os quatro grandes vice-reinos espanhóis que dividiam o continente – Nova Espanha, Nova Granada,

Peru e Rio da Prata – explodiram um após o outro, fazendo surgir um nacionalismo regional sucedendo a um sistema colonial, sem dúvida menos opressor do que foi apregoado, no entanto intimamente ligado à metrópole onde todas as decisões fundamentais eram tomadas. Bolívar rapidamente percebeu o perigo e queria desacelerar esse movimento criando grandes unidades territoriais, como a República da Grã-Colômbia, e articulando-as em torno de um presidente unificador.

A partir de 1817, o Brasil experimentou o mesmo movimento com a revolta separatista de Pernambuco, a chamada Revolução Pernambucana. D. João VI eliminou as capitanias gerais do século XVIII para substituí-las por províncias. Ideia louvável, pois, simbolicamente, o Brasil estava passando de um sistema puramente colonial para uma organização que reconhecia a especificidade dos territórios que compunham o país. Com o detalhe que os capitães-gerais, antes nomeados por Lisboa, foram substituídos por governadores de "estirpe brasileira" e perfeitamente estabelecidos em seus respectivos territórios. No entanto, esses chefes regionais tinham vontade de agir localmente sem nenhum controle, o que o poder central não podia admitir. D. Pedro I percebeu então que o país não estava imune ao perigo de uma desintegração. Assim, a Carta de 1824, inspirada por ele, trouxe a marca de uma retomada do poder pelo monarca, que podia aprovar, suspender ou revogar os decretos e as resoluções das assembleias provinciais.

A segunda revolta separatista dos estados de Pernambuco, Ceará e Paraíba, que eclodiu em julho de 1824 – quatro meses após a promulgação da Carta – com a proclamação pelos insurgentes da Confederação do Equador, foi o sinal alarmante de que o imperador não havia subestimado o risco de desmembramento territorial. Essa revolta foi severamente reprimida pelo Exército e pela Marinha com o bombardeio de Recife, em setembro de 1824. A normalização foi implacável, e centenas de amotinados foram executados. No entanto, no início de 1825,

d. Pedro usou seu direito de graça para todos os condenados à morte ainda presos.

Era hora de acalmar as coisas no Nordeste, pois um novo movimento separatista surgiu em abril de 1825, dessa vez no sul do Império. Esse território, que recebeu o nome de Banda Oriental sob a colonização espanhola, pertencia ao vice-reino do Rio da Prata e constituía um obstáculo entre a Argentina, que se considerava o Estado sucessor do ex-vice-reino e até adotara o pomposo nome de Províncias Unidas do Rio da Prata, e o Brasil, que queria fortalecer sua fronteira sul. Em 1821, o Brasil havia anexado a Banda Oriental, que se tornara a Província Cisplatina. Porém, apoiada nos bastidores pela Argentina, essa província caiu quatro anos depois na secessão armada.

Se excluirmos a questão da Província Cisplatina, cuja especificidade é particular, notamos que o Brasil (povoado apenas por 4 milhões de habitantes em 1822) era muito frágil, em função das oligarquias locais que, no nível econômico, rivalizavam entre si. O particularismo prevalecia sobre o espírito unitário, situação que, embora de bom alvitre para a administração colonial preocupada em não permitir uma oposição homogênea, apresentava um risco mortal para o novo império. D. Pedro I, ciente desse perigo, julgou que manter a unidade do país dependeria da centralização administrativa e da abertura a uma imigração estrangeira, pouco preocupada com os avisos dos separatismos locais.

Recorrendo a uma mão de obra de origem europeia que incentivava com ajudas diversas – concessão de terras, doação de gado e sementes, facilidades administrativas para a criação de empresa ou oficina, isenções fiscais –, o imperador não pretendia substituir uma população por outra, mas quebrar os chauvinismos locais pela entrada enorme de trabalhadores estrangeiros que, bem acolhidos em sua nova pátria, só poderiam sentir gratidão por um Estado que os havia recebido com tanta generosidade. Assim, artesãos, camponeses, operários, mineiros ou pedreiros desembarcaram da Europa e vieram enriquecer um país ao qual deviam tudo.

Essa política, que Carsten Holm chamou de "imigração ativa"[10], teve um efeito benéfico na demografia brasileira, permitindo o surgimento de um espírito nacional que não devia mais nada aos chefes locais.

CRISE DINÁSTICA EM PORTUGAL

Em 10 de março de 1826, d. João VI faleceu em Portugal. Por direito, seu herdeiro direto seria seu filho mais velho, o imperador brasileiro d. Pedro I, mas o velho rei sabia que, na prática, seria impossível para d. Pedro usar duas coroas tão diferentes como a coroa real de Portugal e a coroa imperial do Brasil. Consequentemente, em virtude das promessas feitas anteriormente por d. Pedro de renunciar a seus direitos em favor de sua filha mais velha, d. João VI, antes de morrer, reconheceu como sucessora sua neta d. Maria II, que, com apenas sete anos de idade, seria colocada sob a regência de sua tia, a infanta d. Isabel Maria. Esse foi, portanto, o processo institucional que ocorreu em Lisboa em 10 de março de 1826. Contudo, o imperador do Brasil considerou que João VI nunca deveria ter tomado essa iniciativa, já que era ele o herdeiro legítimo do trono de Portugal. Desse modo, para corrigir as coisas, d. Pedro I do Brasil adotou o nome de d. Pedro IV de Portugal assim que a notícia da morte de seu pai chegou ao Rio. Ele teria mudado de ideia e voltado atrás em suas promessas? Não, ele só pretendia suceder oficialmente seu pai e abdicar por conta própria em favor de sua filha. Por direito, ele estava coberto de razão, mesmo que os brasileiros pudessem temer que seu d. Pedro I os abandonasse à própria sorte ao se tornar d. Pedro VI.

D. Pedro fazia questão de respeitar as formalidades, pois sabia que sua filha mais velha, menor de idade, seria ameaçada por seu tio, o infante d. Miguel, filho mais novo de d. João VI e irmão de d. Pedro. D. Miguel considerava que, a partir do momento em que seu irmão mais velho criara uma dinastia no Brasil, ele teria que ficar lá com toda a sua família. De acordo com essa lógica muito pessoal, era ele quem deveria suceder a d. João VI sob o nome de d. Miguel I.

Esse príncipe era ambicioso e vingativo. Ele manifestava sentimentos absolutistas, e seu catolicismo era tão bitolado quanto suas ideias políticas. De certa forma, ele representava o próprio tipo de reacionário do início do século XIX. Seu ativismo, incentivado por sua mãe, a rainha Carlota Joaquina, que o adorava e compartilhava suas ideias obscurantistas, levou-o a fomentar um golpe de Estado em 1823, mesmo com o pai ainda vivo, para abolir a Constituição Liberal. Ele falhou e foi para o exílio, onde continuou a conspirar. Avaliava que a ascensão ao trono de sua sobrinha Maria, que era apenas uma criança, era uma oportunidade que ele saberia aproveitar no momento certo. Portanto, se d. Pedro deixara claro a todos, e em particular ao seu irmão mais novo, que era ele o herdeiro legítimo e direto de seu pai d. João VI, era para fortalecer ainda mais a legitimidade de d. Maria II, que, portanto, não receberia o trono por capricho de seu avô, mas pela renúncia formal de seu próprio pai, d. Pedro IV de Portugal.

D. Pedro não se contentou em fazer a dádiva de sua filha mais velha para Portugal: ele também outorgou a seu país natal, pelo qual mantinha um apego compreensível, a Carta Constitucional de 1826, que estabelecia uma monarquia equilibrada em que as prerrogativas do rei – com o famoso Poder Moderador, copiado da Carta Brasileira de 1824 – e a soberania nacional, expressa pela eleição da Câmara dos Deputados, deveriam coexistir harmoniosamente. Finalmente, para neutralizar seu irmão Miguel, a quem principalmente não queria designar como regente, expressou o desejo de que d. Maria II, ao atingir a idade núbil, se casasse com o tio. A ideia não chegava a ser escabrosa em Portugal, uma vez que d. Maria I, no final do século XVIII, também se casara com o tio d. Pedro III. Mas ele era um homem honesto, e o casal real se dava muito bem. Miguel, por outro lado, era um príncipe perigoso, o tipo de caçula que passava o tempo pensando em como infernizar a vida de seu irmão mais velho. Se ele se casasse com d. Maria II, seria óbvio que relegaria a esposa para um palácio distante ou um convento e reinaria sozinho. Portanto, era uma falsa boa ideia.

Todas essas decisões foram formalizadas sem que os brasileiros tivessem direito a um posicionamento, uma vez que, em teoria, era uma questão interna à dinastia. A princesinha d. Maria do Brasil, abandonando seus pais, seu irmãozinho Pedro e suas irmãs, partiu para Lisboa, onde foi proclamada rainha em 28 de maio de 1826, sob a regência de sua tia, a infanta d. Isabel Maria. À dor dessa separação, foi acrescida à jovem d. Maria II a angústia de nunca mais ver sua mãe, a imperatriz d. Leopoldina, cujo estado de saúde se deteriorava dia após dia. Na verdade, a imperatriz morreria no Rio em dezembro de 1826, sete meses após a partida de sua filha mais velha.

CRISE POLÍTICA NO BRASIL

As complicações dinásticas em Lisboa repercutiram no funcionamento do Estado, no Rio. As hostilidades entre o imperador e os deputados começaram com a abertura da sessão parlamentar de 1826. Muitos políticos, com fibra nacionalista sensível, não tinham apreciado o jogo de cadeiras ao redor da Coroa portuguesa. Eles acusaram o soberano de se preocupar mais com o destino de seu país de origem do que com o de seu país adotivo. Essa disputa era o que José Bonifácio pretendia na época dos acalorados debates constitucionais de 1823, quando, em um clima político apaixonado, o mentor acertou as contas com seu ex-discípulo. Alguns até temiam que "D. Pedro IV" – o nome em si já era uma provocação aos patriotas brasileiros – estivesse pensando em reviver o famoso "Reino Unido" de d. João VI, passando por cima da independência do Brasil, ainda que esta tivesse sido solenemente reconhecida por Portugal no ano anterior. Para d. Pedro I, a preocupação era vã e as suspeitas, ultrajantes, pois era politicamente muito astuto e suficientemente realista para pensar em restaurar uma dupla monarquia em dois continentes, o que na prática seria ingovernável. Sem mencionar que, desde 1822, a independência era uma conquista no Brasil e os brasileiros já se consideravam uma nação plena, com seus próprios interesses e só conservando de seus laços históricos com o país de origem um idioma e uma cultura em comum.

Esse terreno fértil para suspeitas e calúnias injustificadas levou os debates políticos ao seu auge. Os deputados liberais – por mais que fossem favoráveis à monarquia – atacaram o imperador por seu papel muito pessoal que exercia no Executivo, pois era ele quem nomeava os ministros e o chefe de governo sem consultar a Câmara dos Deputados, impedindo que ela derrubasse o gabinete que não lhe prestava contas. O imperador respondeu que aplicava a Carta de 1824, deixava uma margem de manobra significativa para os ministros e o chefe de governo que havia escolhido e, finalmente, sempre se recusara a tomar decisões que não tivessem sido assinadas pelos ministros em exercício.

Os liberais não se satisfizeram com essa resposta, queriam mais. Suas preferências eram por um sistema monárquico puramente representativo, no qual o imperador se contentaria em aprovar ministros escolhidos entre a maioria parlamentar. Nessa hipótese, o governo poderia ser derrubado a qualquer momento pelos deputados sem que o monarca tivesse voz.

No fundo, a partir de 1826, a classe política brasileira se dividia entre partidários do poder imperial e partidários do Parlamento, ou melhor, entre partidários de um Executivo forte que sempre teria a última palavra, e um Legislativo onipotente que, legitimado pelo sufrágio popular – ainda limitado pela exclusão de analfabetos, domésticos, escravos e desempregados –, tinha necessariamente que impor sua vontade. O mesmo roteiro entraria em cena em breve na França, entre o rei Carlos X e sua oposição liberal.

D. Pedro não cedeu. Se, filosoficamente, não estava muito longe das teses liberais, na prática considerava que um sistema monárquico representativo não seria suficiente para liderar na paz e no caminho do progresso a nação emergente que era então o Brasil. Especialmente porque muitos deputados eram ricos proprietários de terras e, portanto, querendo ou não, eram conservadores apegados sobretudo à preservação de seus interesses particulares, apesar das ideias liberais proclamadas. Convém mencionar que o próprio Simón Bolívar, com sua concepção muito constantiniana do "presidente Sol", compartilhava do mesmo ponto de vista. O libertador, como se sabe, também foi traído pela oligarquia dos grandes proprietários de terras, que temiam o advento de uma ditadura imperial.

Muito confiante, d. Pedro I assumiu seu governo autoritário e ao mesmo tempo democrático, já que a imprensa se mantinha livre e o monarca não usava a dissolução para restringir a Câmara, contando com conselheiros esclarecidos que, em sua maioria, eram provenientes da maçonaria, da qual, vale lembrar, ele era o grão-mestre.

A maçonaria brasileira do início do século XIX não tinha nada a ver com o que seria a maçonaria francesa na Terceira República. Não havia uma hostilidade feroz ao catolicismo, reconhecido como a religião do Estado, mas um desejo de manter a Igreja fora do debate político, para que ela pudesse se dedicar exclusivamente ao seu ministério evangélico e à sua obra educacional e social. A maçonaria brasileira realmente se assemelhava muito à da França no final do século XVIII, um vetor ativo de princípios humanistas que seriam perfeitamente incorporados na Declaração dos Direitos do Homem e do Cidadão. O imperador aderiu a esses princípios com convicção: acreditava que o homem nascia livre, que todos os indivíduos eram iguais, que tinham total liberdade de consciência e opinião, desde que a ordem pública fosse respeitada, e que somente o mérito justificava as distinções.

O monarca ia mais adiante ao expressar suas ideias. Vindo de uma dinastia profundamente católica, rejeitava totalmente a noção de "direito divino", o que o aproximava muito de Frederico II da Prússia ou de Gustavo III da Suécia, também maçons, mas de tradição luterana. O príncipe, segundo essa concepção, não era em essência superior aos outros homens e só poderia justificar sua posição eminente no topo da sociedade pelos serviços prestados e pelo contrato social que celebrasse com um povo livre. Assim, d. Pedro recusou a "homenagem reservada a uma divindade" que, tradicionalmente, se prestava aos soberanos cristãos e, em particular, aos católicos. Portanto, não se deve interpretar a unção episcopal da coroação de 1822 como a sacralização da monarquia pela Igreja, mas como sinal do reconhecimento do poder civil pelo clero e da preeminência do catolicismo pelo monarca. A Igreja estava ali para abençoar o imperador e orar para que seu reinado fosse marcado pelo espírito de justiça, o qual o povo tinha o direito de reivindicar àqueles que o governavam.

Esse povo era, justamente, a base da sociedade civil e tinha direito de adquirir conhecimento através da educação e da ciência. A tolerância era a primeira virtude do cidadão esclarecido e, se ela devesse permitir, antes de tudo, a livre expressão das ideias de todos, deveria também levar a igualdade entre todos. A igualdade em uma sociedade mista é a ausência de qualquer distinção ou prevenção étnica entre os cidadãos. D. Pedro foi claro nesse ponto, embora a escravidão ainda reinasse no mundo, inclusive na Europa, onde, sob o nome de servidão, persistia na Rússia e no Império Otomano, que dominava a Península Balcânica. O imperador do Brasil, ainda que chefe de Estado de um país escravagista, condenava a escravidão por não acreditar em classificações raciais. Ele falava de seus "irmãos humanos", expressão que retoma a mensagem do Evangelho. Ele disse, sem rodeios, a um de seus oponentes: "Sei que meu sangue é da mesma cor que o dos negros"[11].

O imperador falava e agia. Ele queria avançar suavemente para não enfrentar uma sociedade ainda retrógrada, mas pretendia, por exemplo, mostrar o caminho para superar o preconceito e rejeitar o obscurantismo e o racismo. Em suas propriedades particulares, como a de Santa Cruz, ofereceu terras aos escravos e os libertou. Surpreendentemente, esse monarca maçom adotara a política da Igreja primitiva, que, para não colidir de frente com a sociedade romana, solicitou aos bispos que primeiro libertassem os escravos que trabalhavam em suas terras.

Podemos, portanto, entender a percepção ambígua e contrastante de d. Pedro I na opinião pública. A burguesia e os ricos desconfiavam de suas ideias progressistas que os intelectuais esclarecidos admiravam e que eram conhecidas nas classes menos favorecidas. Os opositores, porém, em vez de combatê-lo abertamente nesse tema, dificultaram sua vida na Câmara para induzi-lo ao erro.

1828: O ANO TERRÍVEL

O ano de 1828 foi muito ruim para d. Pedro, tanto no plano político quanto no militar e no pessoal.

Enquanto no Rio continuava a queda de braço com os deputados, em Lisboa, o infante d. Miguel arquitetava um golpe para derrubar sua sobrinha d. Maria II e revogar a Constituição Liberal. Esse príncipe criminoso e sem respeito pela palavra dada tornou-se, portanto, o rei d. Miguel I de Portugal, com a bênção das cortes que preferiam abaixar a cabeça a serem dissolvidas pelo ditador real, acossadas por sua vingança. D. Miguel, no entanto, gozava de certa popularidade entre o povo e o Exército, que consideravam sua presença no trono mais tranquilizadora que a de uma infante como a rainha e a de uma jovem com pouca experiência como regente.

A derrubada de sua filha d. Maria por seu irmão d. Miguel provocou uma raiva irreprimível no imperador, que, de repente, pareceu tolerar a calúnia dos parlamentares brasileiros que suspeitavam que ele tivesse coração português e preferisse Portugal ao Brasil. Estavam errados. D. Pedro reagiu como um pai cuja herança da filha fora espoliada por um parente desonesto. Aos seus olhos, d. Maria II era a rainha legítima e d. Miguel, o usurpador. Por direito, ele estava certo, apesar da covardia das cortes de Lisboa. Além disso, a lei foi reforçada pela moralidade, já que d. Miguel, como tio paterno de Maria e seu futuro marido, deveria ter sido o primeiro a protegê-la, em vez de usurpar sua coroa.

D. Pedro era emocional e impulsivo, o que provavelmente foi agravado pelo fato de estar sujeito a crises de epilepsia. É certo que seu desejo, extremamente cavalheiresco, era embarcar imediatamente para Portugal, a fim de restabelecer sua filha no trono. Mas isso representava sérias dificuldades, já que o Brasil estava no meio de uma guerra por causa da secessão da República Cisplatina, atual Uruguai. Se o imperador, chefe do Exército, deixasse o país, os oponentes da Câmara aproveitariam imediatamente de sua "deserção" para forçá-lo a escolher de uma vez por todas entre Portugal e Brasil. D. Pedro, com o coração partido, permaneceu no Brasil.

No plano militar, as coisas não estavam muito melhores. O Exército brasileiro, desde 1826, lutava para reduzir a rebelião cisplatina e estava começando a sofrer grandes derrotas. O imperador teve que partir para a região fronteiriça da província em revolta, no Rio Grande do Sul, depois de ter confiado a regência à sua esposa, a imperatriz d. Leopoldina. Ele havia estabelecido seu quartel-general em Porto Alegre e se tornara líder do Exército, papel que não desempenhara desde a independência. Fez um balanço da situação, revisou em detalhes as operações militares em andamento, deu novas ordens e demitiu alguns oficiais. A guerra pôde assim ser retomada com mais vigor e convicção do lado brasileiro, devido à presença do soberano cuja personalidade carismática tinha um efeito definitivo na moral das tropas. Esse homem de campanha, surpreendentemente impetuoso, que adorava longos passeios e caças à onça, só podia, de fato, seduzir os soldados e mobilizar suas energias.

No entanto, era uma guerra difícil de vencer, pois os brasileiros, como d. Miguel em Portugal, não tinham o direito nem a moral em seu espírito. Na verdade, não havia dúvida de que a Banda Oriental do Rio da Prata, que havia sido anexada em 1821 – os mapas geográficos delimitando as possessões espanholas e portuguesas na América do Sul no final do século XVIII são prova disso –, era de fato um território pertencente ao vice-reino espanhol do Rio da Prata, do qual a Argentina, após a independência, era o principal Estado sucessor. É certo que a anexação brasileira foi justificada pelo fato de esse território ser despovoado e de sua posição geográfica permitir que o Brasil chegasse à margem esquerda do Rio da Prata, uma questão estratégica importante para a Argentina, mas a legitimidade dessa anexação não deixava de ser questionável.

Nesse terreno, d. Pedro I compreendeu que, apesar do início do movimento militar que havia instigado, a província da Cisplatina seria perdida, uma vez que a rebelião havia sido armada pela Argentina e financiada pela Inglaterra. Esta última, assim como os Estados Unidos posteriormente, não queria ver um Estado dominante na América Latina, para melhor impor seu próprio imperialismo econômico. Assim, para vencer, apesar dos obstáculos jurídicos, políticos e diplomáticos, ainda mais importantes que as operações militares, seria necessário que todo o Brasil, em uma espécie de união nacional em torno de seu imperador, reconhecesse que o desafio era vital para a nação. Independentemente das disputas parlamentares sobre o assunto, que atrapalhavam mais as coisas do que as faziam progredir, e objetivamente isso era improvável e perigoso para os brasileiros. A dúvida era que, embora desejassem ter o Rio da Prata como sua fronteira sul natural, por que outros estados emergentes da América do Sul não poderiam manifestar ambições anexionistas semelhantes, que desestabilizariam o Brasil? É preciso levar em consideração que Bolívar, preocupado com o desmembramento das antigas colônias espanholas de Nova Granada e Terra Firme[12], ou seja, a capitania-geral de Caracas, havia criado nessa mesma época a Grande Colômbia, bloco territorial que, observando bem sua posição geográfica, poderia muito bem ter a pretensão de empurrar sua própria fronteira sobre a Amazônia. Para não abrir a caixa de Pandora, os governos latino-americanos, portanto, tinham que fazer prova de sabedoria e respeitar as fronteiras coloniais como haviam sido historicamente herdadas.

D. Pedro I às vezes era muito intransigente e pouco diplomático, mas era um estadista honesto e lúcido. Foi por isso que, com o coração partido, teve que admitir que agora seria impossível manter um Estado luso-brasileiro nos dois lados do Atlântico após a morte de seu pai em 1826. Assim, em 1828, ele percebeu que a Guerra da Cisplatina tinha que terminar o quanto antes, se não quisesse continuar um conflito ruinoso no nível financeiro e sangrento no nível humano. Isso foi feito de forma inteligente em agosto de 1828 por um tratado, em que o Brasil reconhecia a independência da Província Cisplatina, que se tornaria a República Oriental do Uruguai. Foi uma solução geopolítica pertinente, pois evitou que a Argentina, depois de ter apoiado a província rebelde, anexasse esse território em pagamento por sua ajuda. Além disso, a criação de um "estado-tampão" entre duas potências da América do Sul foi uma precaução muito sábia.

O fato é que, para o imperador, "defensor perpétuo do Brasil", foi uma ferida pessoal, da mesma forma que a usurpação do trono de Portugal por d. Miguel havia sido para o pai de família e chefe da dinastia que ele era.

Enfim, no plano pessoal, 1828 foi um período delicado para d. Pedro I. Em dezembro de 1826, ele havia perdido a esposa, a imperatriz d. Leopoldina, sem perceber de fato o quanto ela significava para o Brasil e para ele. Esposa amorosa e discreta e mãe exemplar, essa infeliz arquiduquesa austríaca, que teve tanta dificuldade em adaptar-se ao clima tropical de seu novo país, foi profundamente desprezada por um marido de sangue quente. Relegando-a ao seu palácio, d. Pedro ostentava suas amantes que, obviamente, pareciam ser mais importantes para ele que a digna imperatriz. Pior ainda, obcecado por Domitila de Castro, uma das damas mais bonitas do Brasil, ele ousou impor sua amante à corte. Ter várias aventuras para um monarca era insignificante, pois, embora os sentidos prevalecessem sobre a razão, as paixões carnais eram efêmeras. Mas uma amante titular era uma ameaça direta para a soberana legítima, que, além de ser desprezada, tinha a sensação de que tudo estava desmoronando ao seu redor. De temperamento frágil, d. Leopoldina desapareceu da cena pública, voltou-se para seus filhos e deixou-se morrer de tuberculose[13].

Na época, a perda não pareceu afetar muito o imperador, principalmente porque havia assuntos políticos mais urgentes a serem resolvidos. Mas, nos meses que se seguiram, um fenômeno estranho aconteceu: d. Pedro dormia inquieto, via o espectro acusador da esposa aparecer à noite, convenceu-se de que havia sido desprezível e que tratara d. Leopoldina da mesma forma que sua própria mãe, a rainha d. Carlota Joaquina de Portugal, havia tratado seu pai, d. João VI. De forma invertida, já que fora a rainha que, como sua mãe Maria Luísa de Espanha, havia abundantemente traído seu esposo real. D. Pedro, que acusava sua mãe de ser uma "prostituta", de repente percebeu que ele próprio havia sido um canalha.

Seguiu-se, assim, uma espécie de colapso moral que, ao longo do tempo, levou à contrição pública: o imperador dispensou a amante Domitila de Castro em 1828. Ele chorou muito e finalmente compadeceu-se de seus filhos, principalmente de seu único herdeiro masculino ao trono do Brasil: o pequeno príncipe d. Pedro de Alcântara. Nascido em 1825, órfão de mãe com um ano de idade, a criança só encontrou afeto materno em suas babás negras ou mestiças que trabalhavam sob a autoridade de Mariana de Verna, governanta titular. Essas mulheres dedicadas compensavam como podiam a perda incicatrizável de uma mãe.

Mas d. Pedro I tinha sangue quente e era sedutor, temperamento que exigia satisfação carnal. Ele havia escrito ao sogro Francisco I da Áustria que lamentava a atitude cruel que tivera com d. Leopoldina e implorava perdão a Deus, dizendo que só lhe restava uma solução razoável: um casamento legítimo que satisfizesse sua natureza exigente. No entanto, sua reputação de sedutor e o destino da infeliz primeira imperatriz do Brasil foram um obstáculo aos seus projetos. Todas as cortes da Europa lhe recusaram a mão de suas princesas disponíveis. Sem outra saída, ele implorou a Domitila que voltasse à corte. O caso durou pouco, pois, como um milagre diplomático, acabaram por lhe encontrar uma princesa encantadora: d. Amélia de Leuchtenberg. Filha do príncipe Eugênio de Beauharnais, vice-rei da Itália na época de Napoleão, e da princesa Augusta da Baviera, a escolhida era neta da imperatriz Josefina e de Maximiliano de Wittelsbach, eleitor da Baviera, que havia sido coroado rei da Baviera por Napoleão, em agradecimento por sua colaboração. Em outubro de 1829, no Rio, o segundo casamento imperial foi celebrado e elogiado por todos. A união agradava e tranquilizava os brasileiros, uma vez que estes temiam que o solitário imperador acabasse se casando com sua amante. As nações jovens precisavam, mais do que outras, de respeitabilidade.

O que é historicamente curioso em tudo isso é que o novo casamento de d. Pedro I, já concunhado de Napoleão devido ao seu casamento com d. Leopoldina, tornou-o, pela união com d. Amélia, neto do mesmo Napoleão que havia invadido Portugal em 1807 e forçado os Bragança a se exilarem no Brasil.

O FIM DO PRIMEIRO REINADO

Não se sabe exatamente em que momento o imperador decidiu retirar-se da vida pública brasileira, mas, certamente, 1828 foi o ano em que tudo mudou em sua cabeça. O caso de Portugal e o destino injusto da pequena rainha d. Maria o assombravam. Mas não era apenas a questão dinástica. Havia um assunto ainda mais sério: a inclinação de Portugal para o absolutismo. Miguel, apoiado pelos extremistas do clero e do Exército, suspendeu a Constituição de 1822, aceita por d. João VI, e proclamou solenemente que "a soberania reside na nação". Ele também revogou a Carta Constitucional concedida por seu irmão mais velho em 1826. Esse retrocesso feria d. Pedro, cujas ideias liberais muito avançadas haviam sido desprezadas por seu irmão, que endureceu o regime e reduziu as liberdades públicas dos portugueses enquanto a situação política se radicalizava na França.

O paradoxo era que o imperador do Brasil sofreu as consequências da crise constitucional francesa, pois muitos jornais brasileiros – a imprensa era livre e muito poderosa no Brasil – eram apaixonados pelos acontecimentos de Paris e comentavam com fervor a queda de braço que vinha acontecendo desde 1829 entre Carlos X e a Câmara dos Deputados. Embora d. Pedro I, filosoficamente falando, tivesse pouco em comum com o último rei da França, foram feitas no Brasil comparações ousadas com a situação francesa, devido às tensões permanentes entre o Executivo e o Legislativo e entre o trono e a Câmara. D. Pedro, maçom, humanista, admirador da Revolução Francesa – pelo menos da "Revolução Aceitável", como François Mitterrand teria dito[14] – e que havia introduzido na Constituição brasileira os princípios do *Contrato social* de Rousseau e os da Declaração dos Direitos do Homem e do Cidadão, era caricaturado como déspota absolutista. Isso o magoou e o revoltou, declarando aos seus oponentes que estavam "aproveitando-se das circunstâncias puramente peculiares da França [e pretendiam] iludir-vos com invectivas contra a Minha Inviolável e Sagrada Pessoa, e contra o Governo, a fim de representar no Brasil cenas de horror"[15].

Se é verdade que na política vale tudo para derrotar um adversário, especialmente a má-fé, não resta dúvida de que o imperador deu um passo em falso, que pode levar ignorantes, ingênuos ou otários a acreditar que seu comportamento era idêntico ao do rei francês Carlos X. Em abril de 1831, ao destituir um gabinete que tinha o apoio dos liberais, por ser incapaz de garantir a ordem pública e proteger a comunidade portuguesa, vítima de agressões intoleráveis, d. Pedro colocou lenha na fogueira. Embora o motivo da destituição fosse moralmente louvável e politicamente justificável, a oposição e a imprensa que a apoiavam se juntaram para fazer o monarca curvar-se. Cansado, desmoralizado e obcecado pelos acontecimentos em Portugal, d. Pedro recusou-se a ceder e preferiu abdicar da coroa imperial.

Em 7 de abril de 1831, sem que fosse disparado um único tiro e sem resistência, d. Pedro I do Brasil, libertador do território e pai da independência, desceu os degraus do trono e renunciou a seus direitos em favor do filho de cinco anos e meio, que se tornaria o imperador d. Pedro II, sem contestação e na perplexidade de uma opinião atordoada por esse golpe dramático.

D. Pedro I saiu de cabeça erguida e, para seus seguidores, proferiu palavras simples que vieram do coração: "Deixo um país que sempre amei e que ainda amo"[16]. Ele não fez nenhum pronunciamento público, mas, com surpreendente modernidade, informou a nação por um comunicado à imprensa, que escreveu na baía de Guanabara em uma nau inglesa, a *Warspite*, que o levaria para a Europa: "Retiro-me para a Europa com o sentimento doloroso de deixar pátria, meus filhos e meus verdadeiros amigos. Imponho-me o abandono paterno desses objetos tão caros, privação cruel, mesmo para o mais puro dos corações, considerando-os os mais gloriosos sustentáculos da honra de meu nome e do trono brasileiro. Adeus, pátria, adeus para sempre!"[17].

Não sabemos como o homem e pai se sentiu ao deixar o pequeno Pedro no palácio imperial, a partir desse momento duplamente órfão. Mas sabemos, por outro lado, qual foi a dor da imperatriz d. Amélia ao deixar a criança de quem era, no entanto, apenas a madrasta. A carta que ela escreveu para ele na *Warspite* é comovente: "Adeus, menino querido, delícia de minha alma, alegria de meus olhos, filho que meu coração tinha adotado. Adeus para sempre! Quanto és formoso nesse teu repouso! Meus olhos chorosos não se puderam furtar de te contemplar[18]! A majestade de uma coroa, a debilidade da infância e a inocência dos anjos cingem tua fronte de um resplendor misterioso que fascina... Adeus, órfão-imperador, vítima de tua grandeza antes que a saibas conhecer. Adeus, anjo da inocência e beleza! Adeus, receba este beijo e este e este último!"[19].

AS ÚLTIMAS AVENTURAS DO EX-IMPERADOR D. PEDRO I

De volta a Portugal, depois de receber o apoio moral do rei Guilherme IV em Londres e do marquês de La Fayette e do rei Luís Filipe I em Paris, o ex-imperador tornou-se chefe do Exército sob o nome de general duque de Bragança e pôs sua espada a serviço da filha destituída. Uma guerra civil se seguiu, pois seu irmão d. Miguel não quis ceder. Portugal estava agora dividido entre obscurantistas e liberais. Embora seja verdade que as simplificações são sempre perigosas na política, os 17 mil executados, 16 mil deportados políticos e 26 mil prisioneiros[20] do rei d. Miguel argumentam em favor dessa "simplificação". Aliás, as coisas pioraram tanto que a frota inglesa teve que intervir para forçar o usurpador a libertar cidadãos britânicos e franceses detidos nas prisões portuguesas.

Em 1832, d. Pedro, que já havia se firmado nos Açores e reconquistado parte do território metropolitano, apoderou-se do Porto, o centro econômico do país. Ele obteve ajuda da Inglaterra, pois o Porto, por causa de seu vinho, era para os ingleses um símbolo tão poderoso e intocável quanto Bordeaux fora na Idade Média e quanto seria Marsala na Sicília em 1860, para a grande felicidade do general Giuseppe Garibaldi[21]. Mas a guerra continuou, visto que os carlistas espanhóis, tão absolutistas quanto d. Miguel, saíram em seu auxílio[22]. Em 1834, a inversão finalmente ocorreu graças à intervenção de um exército liberal espanhol, que permitiu dar um fim aos conflitos. D. Miguel fugiu, d. Maria II foi reempossada como rainha e o sistema constitucional foi restaurado. D. Pedro aproveitou pouco seu triunfo, pois, em 24 de setembro de 1834, apenas quatro meses após a fuga de seu irmão, morreu de exaustão física. Seu estado de saúde havia piorado devido à tuberculose, contraída nos campos de batalha.

Em seu testamento ao povo brasileiro, não houve queixa, embora ele pudesse ter denunciado os ataques injustos sofridos de que tinha sido alvo por parte da oligarquia dominante e as insinuações duvidosas sobre seu "patriotismo". Ele também poderia ter-se rendido à neurastenia e dito, como Bolívar: "Eu lavrei o mar". Não, d. Pedro não havia lavrado o mar, sua obra continuaria. Foi fundador e defensor do Brasil, uma nação que havia retirado do limbo para lhe dar liberdade e projetá-la na modernidade. Além disso, restaurou a legitimidade dinástica em Portugal e afastou definitivamente o fantasma da reação absolutista. Agiu durante a vida inteira como um homem de convicção, monarca benevolente com os desfavorecidos e cauteloso com os privilegiados.

Portanto, nenhum arrependimento e nenhuma condenação, apenas uma recomendação e um desejo: a abolição da escravidão no Brasil, "esse câncer que devora a alma das nações que a toleram", e o desejo de que seus restos mortais fossem repatriados.

A abolição da escravidão aconteceria mais tarde, com a tocha sendo transmitida para seu filho. Quanto ao retorno ao Brasil, isso só aconteceria em 1972, nas comemorações do sesquicentenário da independência. Os restos de d. Pedro I seriam sepultados na cripta do Monumento do Ipiranga. Apenas o coração do monarca permaneceria em Portugal, como para lembrar simbolicamente às gerações futuras que esse homem com um destino tão singular pertence inteiramente à grande comunidade lusitana.

NOTAS

1. Axel Gylden, *Le Roman de Rio* [O romance do Rio – sem edição em português].
2. O desejo das cortes era de que o Brasil não tivesse mais um governo central, no Rio de Janeiro, mas um governo descentralizado onde cada província reportaria diretamente à Lisboa. [N. R.]
3. Denyse Dalbian, *Léopoldine, première impératrice du Brésil* [Leopoldina, primeira imperatriz do Brasil – sem edição em português].
4. Assim batizada em homenagem ao Rio de Janeiro, "descoberto" no mês de janeiro [mais especificamente, a baía de Guanabara – N. R.].
5. A Declaração dos Direitos do Homem e do Cidadão foi um documento elaborado durante a Revolução Francesa e definia os direitos individuais e coletivos dos homens. "Os representantes do povo francês, reunidos em Assembleia Nacional, tendo em vista que a ignorância, o esquecimento ou o desprezo dos direitos do homem são as únicas causas dos males públicos e da corrupção dos governos, resolveram declarar solenemente os direitos naturais, inalienáveis e sagrados do homem, a fim de que esta declaração, sempre presente em todos os membros do corpo social, lhes lembre permanentemente seus direitos e seus deveres; a fim de que os atos do Poder Legislativo e do Poder Executivo, podendo ser a qualquer momento comparados com a finalidade de toda a instituição política, sejam por isso mais respeitados; a fim de que as reivindicações dos cidadãos, doravante fundadas em princípios simples e incontestáveis, se dirijam sempre à conservação da Constituição e à felicidade geral." Disponível em: http://www.direitoshumanos.usp.br/index.php/Documentos-anteriores-%C3%A0-cria%C3%A7%C3%A3o-da-Sociedade-das-Na%C3%A7%C3%B5es-at%C3%A9-1919/declaracao-de-direitos-do-homem-e-do-cidadao-1789.html. Acesso em: 6 abr. 2021. [N. E.]
6. Este termo vem da Carta de Luís XVIII de 1814, mas também, sem dúvida, da "Carta Magna" inglesa do século XIII.

7. O sufrágio direto, mas facultativo, seria imposto com a reforma eleitoral de 1881. Somente os cidadãos analfabetos permaneceriam proibidos de votar devido ao risco de manipulação de suas cédulas por chefes locais.
8. Gaston Bouthoul, *L'art de la politique* [A arte da política – sem edição em português].
9. Miguel Hidalgo (1753-1811) foi um padre católico que proclamou o início da guerra de independência do México, em 1810. Francisco de Miranda (1750-1816) foi um militar que participou da independência da Venezuela, tornando-se seu primeiro presidente, em 1811. José Francisco de San Martín (1778-1850) foi um general argentino com participação ativa na independência da Argentina, Peru e Chile. [N. E.]
10. Carsten Holm, *Un petit coin d'Allemagne sous les palmiers* [Um cantinho da Alemanha sob as palmeiras – sem edição em português].
11. Isabel Lustosa, *D. Pedro I: um herói sem nenhum caráter*.
12. Trata-se, respectivamente, das atuais Colômbia e Venezuela.
13. Entretanto, há controvérsias sobre a *causa mortis* de d. Leopoldina. Uma das possibilidades é que tenha sofrido de uma depressão profunda ("negra melancolia"), aliada à infecção generalizada decorrente de um aborto que sofreu e ao subsequente tratamento médico inadequado. [N. R.]
14. Ao contrário de Clemenceau, que considerava a Revolução Francesa um "bloco", Mitterrand acreditava que, se o período de 1789 a 1792 pudesse atrair o apoio de um homem honesto, a Ditadura de Convenção, o Terror, a corrupção do Diretório e a ditadura militar de Bonaparte seriam condenados por seus excessos.
15. Tobias do Rêgo Monteiro, *História do Império: o Primeiro Reinado*.
16. *Revista do Instituto Histórico e Geográfico Brasileiro*, v. 76, p. 269.
17. Jean-Baptiste Debret, *Voyage pittoresque et historique au Brésil* [Viagem Pitoresca e Histórica ao Brasil. Itatiaia, MG: Editora Garnier, 2008. Para a edição brasileira, foi usado Joaquim Silva e Damasco Penna, *História do Brasil*].
18. A imperatriz não quiz acordar a criança no palácio imperial, temendo que ela não pudesse suportar a ruptura.
19. Jean-Baptiste Debret, op. cit. [Para a edição brasileira, foi usado Carlos Sarthou, *Relíquias da cidade do Rio de Janeiro*.]

20. Charles Seignobos, *Histoire politique de l'Europe contemporaine* [História da política da Europa contemporânea – sem edição em português].

21. Giuseppe Garibaldi (1807-1882) foi um general e guerrilheiro italiano que recebeu a alcunha de "Herói de Dois Mundos", devido à sua participação em conflitos na Europa e na América do Sul, principalmente na Revolução Farroupilha. [N. E.]

22. Carlismo foi um movimento político tradicionalista e legitimista de caráter antiliberal, antirrevolucionário e antimaçônico, que surgiu na Espanha no século XIX, quando Carlos de Bourbon declarou-se rei da Espanha após a morte de seu irmão, o rei Fernando VII. Ele almejava estabelecer um ramo alternativo da dinastia dos Bourbon no trono espanhol e defendia o regresso ao Antigo Regime. [N. E.]

CAPÍTULO 3

A TRANSIÇÃO PERIGOSA

A Regência do Brasil foi um período conturbado.
– Pierre Chaunu[1]

A REGÊNCIA E A TUTELA IMPERIAL

Mantidas as devidas proporções, a situação dinástica do Brasil em 1831 era semelhante à da França na época da morte do rei Luís XIV: uma criança órfã no trono, um tutor ambicioso que desperta desconfiança, um exército em expectativa, uma burguesia ansiosa por poder e um povo a quem nada se pede, exceto a aceitação de sua servidão.

D. Pedro II, aos cinco anos e meio, tornou-se o segundo imperador do Brasil independente. Por que ele, que era um dos filhos mais novos de d. Pedro I e d. Leopoldina? Pela estrita aplicação das medidas que d. Pedro I havia estabelecido, que fixavam a ordem de sucessão da coroa brasileira: "A coroa imperial do Brasil é transmitida na descendência do soberano por primogenitura, com preferência para os homens, sendo a linha anterior preferida à linha posterior; na mesma linha, do grau mais próximo ao mais distante; na igualdade de grau, de meninos a meninas; se do mesmo sexo, do filho mais velho para o mais novo"[2]. Essa regra é a mesma que regia a transmissão dinástica da coroa portuguesa, que só excluía as mulheres do trono se houvesse um irmão.

Assim, d. Pedro II era o herdeiro legítimo do trono do Brasil... como também poderia tê-lo sido do trono de Portugal.

Mas sabemos que d. Pedro I optou pela primeira solução, considerando que sua filha mais velha, d. Maria, seria mais bem-aceita pelos portugueses, uma vez que já existira em Lisboa uma d. Maria I, sua própria ancestral. Por outro lado, o Brasil, uma nação jovem e menos refinada que Portugal ou, dito de forma mais suave, pouco sensível às sutis sucessões dinásticas da Velha Europa, teria se chocado com a presença de uma mulher no trono.

A esse respeito, observe-se que, apesar das belas ideias liberais professadas por todos os libertadores sul-americanos, a questão da emancipação das mulheres e sua igualdade com os homens não era mais levada em conta nos países descolonizados do que havia sido durante a Revolução Francesa. Assim como na Europa conservadora, as mulheres eram exaltadas apenas como companheiras do herói masculino. Foi o que aconteceu, como se sabe, com a grande Manuela Sáenz, viúva de Simón Bolívar, que não exerceu nenhum papel político durante a vida do libertador, nem após sua morte. O posto de inspiradora do herói, guardiã da memória, heroína da independência ou, melhor ainda, *"Libertadora del Libertador"*, como Bolívar carinhosamente a chamava[3], já parecia nobre o suficiente a esses cavalheiros para se acrescentar alguma coisa. O que é bastante surpreendente, mas não impossível (afinal, "não há paradoxo na História", como dizia François Mitterrand), é que todos os libertadores sul-americanos, razoavelmente "iluminados" no nível político, compartilhavam o sexismo do príncipe e diplomata austríaco de Metternich, grão-mestre da reação na Europa, que ousou escrever sobre a ascensão de Isabel II ao trono da Espanha graças à abolição da lei sálica por seu pai Fernando VII: "O governo das mulheres permanecerá entregue a tudo o que é mais previsível e detestável"[4].

Em virtude da Carta de 1824, a maioridade do herdeiro do trono brasileiro foi fixada em dezoito anos. Em 1831, estando d. Pedro II muito longe dessa perspectiva, era necessário cuidar do mais urgente: a nomeação de um regente. Na monarquia brasileira, apenas um príncipe ou princesa com 25 anos ou mais poderia exercer essa função. No entanto, naquela época, nenhum membro da família imperial, reduzida à sua expressão mais simples, preenchia essa condição. Assim, d. Pedro I deixou ao Senado e à Câmara dos Deputados a responsabilidade pela escolha definitiva.

Louvável decisão democrática, se não tivesse sido tomada por um monarca a quem às vezes acusavam de despotismo. Sob o choque da abdicação do imperador, o Senado e a Câmara concordaram em confiar o pesado fardo da regência não a um único homem, mas a três, sem dúvida por prudência: foi a Regência Trina, um triunvirato de senadores composto pelo general Francisco de Lima e Silva, Nicolau Pereira de Campos Vergueiro e José Joaquim Carneiro de Campos.

Constitucionalmente, as coisas estavam perfeitamente encaixadas. Contudo, antes de sua partida para o exílio, d. Pedro I, agindo dessa vez como pai e não como monarca, já havia designado três tutores para o jovem imperador e suas irmãs, as princesas d. Januária e d. Francisca. Eram eles José Bonifácio de Andrade e Silva, Mariana de Verna e o negro Rafael.

José Bonifácio havia sido o mentor de d. Pedro e seu companheiro de viagem na época da Independência, depois tornou-se um oponente irredutível durante seu reinado até, finalmente, reconciliar-se com ele. Reconciliação selada por essas palavras do imperador em relação ao amigo: "É um cidadão honrado e patriota, um verdadeiro amigo". É verdade que, apesar de suas discussões sobre o papel do Executivo ou sobre as prerrogativas imperiais, os dois homens compartilhavam duas ideias fundamentais sobre o futuro do Brasil: centralização administrativa e abolição da escravidão. José Bonifácio também era um cientista de reputação internacional, e este foi, sem dúvida, um trunfo para ele nessa função de "tutor" ou "guardião" das crianças imperiais. Naturalista por formação, interessava-se por tudo: política, ciência, literatura, administração, obras públicas. Havia lecionado na Universidade de Coimbra, em Portugal – uma cátedra de metalurgia fora criada especialmente para ele e abrangia todos os campos, desde mineração até fundições –, e havia se tornado secretário permanente da Academia Real de Lisboa. Embora nascido no Brasil, assumiu como obrigação combater os exércitos napoleônicos que invadiram Portugal, ocasião na qual foi promovido a major. Ele era, portanto, ao mesmo tempo erudito e homem de ação, mistura perfeita para a educação de um jovem monarca.

A escolha dos outros tutores foi mais surpreendente, embora, de certa forma, correspondesse bastante à personalidade emocional e fantasiosa de d. Pedro I. Na verdade, confiar a tutoria de seus filhos à governanta Mariana de Verna – a quem o jovem príncipe Pedro considerava sua mãe desde a morte da imperatriz, d. Leopoldina – era compreensivo e comovente, mas ousado se considerarmos que a governanta não apreciava em nada o caráter arrogante e rude de José Bonifácio. No entanto, além de uma malícia de d. Pedro I ou de um desejo de limitar o autoritarismo de seu velho amigo, há outra explicação, descoberta na carta de despedida da imperatriz d. Amélia ao pequeno imperador. Nessa carta, a imperatriz também se dirigiu a todas as mães brasileiras: "Mães brasileiras, eu vos confio este preciosíssimo penhor da felicidade de vosso país e de vosso povo: ei-lo tão belo e puro como o primogênito de Eva no Paraíso. Eu vo-lo entrego: agora sinto minhas lágrimas correrem com menor amargura"[5]. Mariana de Verna, portanto, representava para o jovem imperador todas as mulheres do Brasil, que cuidavam dele como as boas fadas das lendas antigas.

Mas d. Pedro I não parou por aí e nomeou como terceiro tutor um homem que, desde então, se tornou um herói lendário para a nação brasileira e para a comunidade afro-americana em particular: o negro Rafael. Empregado no palácio imperial de São Cristóvão, no Rio de Janeiro, Rafael era o criado e o homem de confiança de d. Pedro, que o acompanhava em todos os lugares, inclusive na linha de frente durante os conflitos. O imperador havia observado quão atento e leal esse homem era às necessidades do príncipe imperial e como se esforçava para distrair a criança de mil maneiras para romper sua solidão. Assim, essa escolha, que deve ter parecido completamente absurda para a alta sociedade brasileira, era perfeitamente compreensível, pois d. Pedro I, que havia negligenciado e maltratado sua primeira esposa, percebera no último momento que também era um pai muito ausente para um filho já privado de sua mãe.

Se pensarmos bem, essa eclética equipe de tutores talvez tivesse para d. Pedro I um significado profundo e simbólico. No contexto brasileiro da época, o político, a governanta e o negro alforriado representavam três categorias muito distintas da sociedade e, devido à sua diversidade, podiam levar ao jovem imperador o conhecimento, a disciplina, a doçura do lar e a amizade devota e fiel. Acrescente-se a isso a ausência de qualquer prevenção social ou racial, o que será um marcador determinante do reinado de d. Pedro II.

Os tutores dispunham de um trunfo importante para o sucesso na missão que d. Pedro I lhes havia confiado, e esse trunfo era o próprio jovem imperador. D. Pedro II foi uma criança bem-comportada e solitária, muito reflexiva para sua idade, órfão de mãe desde o primeiro ano de idade e, apesar do óbvio amor paterno, com um pai distante por conta das dificuldades conjugais, das aventuras amorosas e dos obstáculos políticos que encontrava. Foi mimado por suas amas e sua governanta, cujo carinho compensava as carências familiares.

É verdade que o pequeno príncipe só podia despertar a simpatia de todos que se aproximavam dele. Em função, é claro, da morte prematura de sua mãe, bem como da dor que o drama conjugal causava a essa infeliz imperatriz, que o menino instintivamente deve ter percebido, mas também pela beleza bastante rara para um príncipe proveniente da família Bragança, cuja galeria de retratos reais, é preciso admitir, não é um exemplo de monarcas ou príncipes atraentes. D. Pedro II era bonito porque não se parecia em nada com um Bragança, menos ainda com o pai, um latino de cabelos pretos, com olhos escuros e penetrantes de um aventureiro do Novo Mundo, um caçador de feras e mulheres. D. Pedro II, como muitos meninos, havia herdado os traços de sua mãe e, portanto, da Áustria e dos Habsburgos. Parecia-se com seu primo Napoleão II, duque de Reichstadt, filho da imperatriz Maria Luísa, ou com seu primo Francisco José da Áustria, filho do arquiduque Francisco Carlos. Louro de pele clara, olhos azuis pálidos, olhar nostálgico, tudo o que era necessário para seduzir as mulheres, mas de uma forma diferente de seu pai. E as primeiras mulheres que o menino seduziu foram as de seu círculo de convivência e, mais ainda, do berçário imperial.

Talvez também por terem herdado de forma rocambolesca uma criança-monarca cheia de charme e já marcada por dramas familiares, os brasileiros, em estado de choque após a abdicação de d. Pedro I, nem pensaram em proclamar a República. No entanto, isso parecia inevitável, uma vez que o sentimento monárquico mal tivera tempo de se enraizar no país. Como explicar esse estranho fenômeno político pelo espírito cavalheiresco dos brasileiros, mais dignos nesse caso do que o dos franceses que, em 1830, haviam espoliado a coroa do jovem duque de Bordeaux em favor do duque de Orleans? Ou era simplesmente medo do futuro? Medo de ver o Brasil se separar, como as repúblicas latino-americanas após a morte de Bolívar, e sucumbir a esse "triunfo da fragmentação", mencionado por Pierre Chaunu[6]. Um pouco de tudo, sem dúvida, mas principalmente com o choque da abdicação de d. Pedro I, que ninguém realmente esperava.

O SOPRO DA ANARQUIA E O ESPECTRO DA DESINTEGRAÇÃO

Politicamente, o Brasil não ia bem. As disputas pessoais agravavam os debates, e os conservadores legalistas, partidários de d. Pedro I, culpavam os liberais radicais por terem provocado uma crise constitucional, totalmente desnecessária. O x da questão é que os conservadores, em sua maioria grandes proprietários de terras ou eleitos pela oligarquia fundiária, se opunham ferozmente à abolição da escravidão defendida pelo ex-imperador. Já os liberais, em conflito com ele sobre o papel muito dominante do Executivo, compartilhavam suas ideias progressistas sobre a igualdade das raças, a emancipação dos escravos e a neutralidade da Igreja no campo político.

Os Estados, como os peixes, sempre apodrecem pela cabeça. Os acalorados debates na Câmara, a impossibilidade de desenvolver uma política pública coerente e, diga-se claramente, a ausência de liderança na cúpula do Estado, uma vez que os três regentes tinham apenas um papel formal, incentivaram a fermentação social e política nas províncias. Nessa fase, a desordem se desenvolveu, porque o resultado das eleições era quase sistematicamente contestado pelo partido derrotado, que se queixava de fraude.

Os brasileiros então se comportaram como torcedores questionando o resultado de uma partida de futebol, e o faziam menos por sinceridade que pela vontade de lutar contra seus adversários.

De 1831 até praticamente 1845, o Brasil sofreu com revoltas que já não se sabe muito bem se eram federalistas ou separatistas. De qualquer forma, favoreceram a anarquia nas províncias de Pernambuco – que já havia sido destaque em 1824 –, Bahia e Minas Gerais.

Sem dúvida, foi por causa dessa desordem que se espalhou no país que, em junho de 1831, a composição da regência foi modificada. O general Lima e Silva, homem forte da Regência Trina, foi mantido em seu cargo de regente, mas seus outros dois colegas foram substituídos por José da Costa Carvalho e João Bráulio Muniz. Assim, obtinha-se uma melhor representação territorial do país: o general Lima e Silva era senador do Rio, Costa Carvalho era deputado pela Bahia e Bráulio Muniz, deputado pelo Maranhão.

O general Lima e Silva cuidou de pacificar pela força as províncias em ebulição, onde, à insatisfação com o governo central, somavam-se disputas étnicas entre portugueses e brasileiros. Esse caso é bastante incompreensível para nossos contemporâneos, mas pode ser explicado por razões sociais, uma vez que os portugueses no Brasil, ainda importantes atores no campo econômico, eram em geral mais ricos que os brasileiros e, também por razões políticas, eram suspeitos de lamentar a época colonial, quando estavam no controle. Infelizmente, a explicação deve ser complementada pelo fato de ter-se desenvolvido no Brasil, a partir da Independência, um verdadeiro racismo antiportuguês que durou muito tempo. Esse foi, em particular, um dos muitos assuntos levantados mais tarde nas reuniões do conde de Gobineau, diplomata da França no Rio de Janeiro no período de 1869 a 1870, com o imperador d. Pedro II. Diante do espanto do diplomata face a esse fenômeno recorrente, o imperador, um tanto desiludido, teve que admitir: "Concordo consigo e espero que isso passe. Mas as raças latinas... No fundo, concordo sobre as raças latinas"[7].

Essa situação globalmente preocupante explica a criação, em agosto de 1831, da Guarda Nacional do Brasil, uma força armada cujo objetivo era defender a Constituição e a integridade do Império, manter a tranquilidade pública e apoiar as tropas regulares contra todos os inimigos do país, fossem eles internos ou externos. A lealdade do Exército imperial ao governo central, favorecida pelo general legitimista Lima e Silva, apesar do frequente desprezo dos militares pela casta política, e a assistência substancial prestada pela Guarda Nacional na manutenção da ordem trouxeram de volta uma aparência de unidade e possibilitaram o funcionamento quase normal dos serviços públicos, mesmo que isso custasse milhares de vítimas, pois eram de fato pequenas guerras civis que precisavam ser travadas de todos os lados.

Mas não basta a espada para a estabilidade de um Estado, sobretudo de um Estado democrático que pretendia permanecer assim, como era o caso do Brasil, o único país latino-americano na época que respeitava os princípios gerais do Direito, graças à monarquia constitucional. Esse Estado também precisava de regras claras, firmes e consistentes. Pelo Ato Adicional de 1834, a Carta de 1824 foi modificada para fortalecer as estruturas políticas do país, em particular por proposta dos liberais, em um espírito federalista. As assembleias legislativas provinciais substituíram os Conselhos Gerais puramente consultivos, mas o poder central manteve o controle do executivo das províncias, pois era ele que nomeava os presidentes[8]. Esse início de recuperação também se materializou no ano seguinte com o fim do sistema colegiado de regência, em favor de um único regente eleito por quatro anos, período sem dúvida inspirado no mandato presidencial dos Estados Unidos. Essa última reforma foi relevante, pois a História mostrou que as regências colegiadas nas monarquias, como as presidências colegiadas nas repúblicas, eram fontes de desordem e até de descontinuidade. Para se ter um parâmetro, o reino da Romênia no final da década de 1920 e a República Socialista Federal da Iugoslávia no final da década de 1980 confirmaram dramaticamente esse fato, uma vez que, no primeiro caso, prevaleceu a ditadura e, no segundo, o país explodiu.

Em 7 de abril de 1835, o padre Diogo Feijó, ex-ministro da Justiça e um dos fundadores da Guarda Nacional, foi eleito regente do Império pelo Senado e pela Câmara dos Deputados. Foi o primeiro chefe de Estado eleito no Brasil, representando, é claro, o jovem imperador impedido por sua idade. Feijó era liberal e progressista tanto no campo político, onde defendia uma certa autonomia das províncias e, portanto, uma limitação do poder central, quanto em questões religiosas, em que defendia o fim do celibato dos padres para lutar contra a evolução do concubinato entre os membros do clero. Sobre a questão da escravidão, ele apoiou uma nova ideia: aumentar a imigração estrangeira para que os recém-chegados se tornassem operários agrícolas e substituíssem os negros nos grandes latifúndios.

O novo regente era a favor de conceder uma margem de autonomia às províncias, mas dentro da ordem, o que explica o papel que desempenhou na criação da Guarda Nacional. No entanto, o equilíbrio era instável e logo foi posto à prova. O Brasil, já enfraquecido pelas tensões locais, foi confrontado naquele ano por um novo conflito interno, com a declaração unilateral de independência da República do Rio Grande do Sul. Foi uma verdadeira guerra civil travada contra o poder central por grandes latifundiários, que consideravam as restrições tributárias e administrativas impostas pelo governo do Rio um obstáculo à expansão econômica da região. Classicamente, era uma briga de ricos e escravagistas que se recusavam a dividir o bolo com os outros. O fato é que essa guerra durou quase dez anos, causou dezenas de milhares de vítimas e foi uma das primeiras aventuras épicas do grande Giuseppe Garibaldi. Ele, que havia se refugiado no Rio de Janeiro para escapar da corte marcial que o condenara à morte por um motim fomentado em Gênova, na Itália, estava em processo de expulsão, visto que o governo brasileiro tinha sido pressionado com queixas do ministro do reino da Sardenha, que não aguentava mais suas provocações. Curiosidade: Garibaldi, em sua total ingenuidade, mas com convicção, lutou por uma república cujos líderes buscavam apenas o lucro pessoal sob o disfarce de slogans humanitários. Assim, em seu espírito jovem e ardentemente revolucionário, o Brasil, por ter um imperador – uma formalidade à época – e especialmente um padre católico como chefe do governo, só poderia ser um país obscurantista e clerical. Entretanto, o padre Feijó era muito liberal, ligado à maçonaria[9], e não tinha nem mesmo o cheiro da santidade sugerida por Roma[10].

O regente travou uma guerra vigorosa contra a República do Rio Grande do Sul – ou República de Piratini, em homenagem à sua nova "capital"[11] –, porque percebeu que o extremismo dos particularismos locais levava diretamente à desintegração do país. Graças a esse conflito, conseguiu criar ao seu redor uma espécie de união sagrada que, como toda união sagrada, durou infelizmente pouco tempo. No Senado, assim como na Câmara, as disputas partidárias recrudesceram, à medida que a guerra se prolongava.

Foi sob a regência de Feijó que se estruturaram os dois blocos que agora deveriam desempenhar um papel importante no Brasil imperial e democrático: o bloco progressista, que formaria o Partido Liberal, e o bloco regressivo, que se coagulou em torno do Partido Conservador. Em termos gerais, os liberais eram a favor da autonomia administrativa das províncias, da monarquia representativa e da abolição da escravidão. Já os conservadores apoiavam um forte poder central, uma monarquia na qual o soberano seria o árbitro ativo da vida política e a manutenção da escravidão, cuja abolição arruinaria os grandes latifúndios e jogaria nas ruas dezenas de milhares de homens livres mas sem recursos.

Em 1837, Feijó ainda não havia conseguido dar um fim à guerra civil do Rio Grande do Sul e era constantemente atacado na Câmara por liberais que o censuravam por sua intransigência, por conservadores que o achavam muito mole e pela hierarquia católica, por suas visões sulfurosas sobre a moralização do clero local ou sobre o ensino primário público que pretendia estabelecer. Sob pretexto de problemas de saúde, renunciou ao cargo após ter designado o seu sucessor: Pedro de Araújo Lima, marquês de Olinda. Em estado de choque, como haviam ficado após a abdicação de d. Pedro I, o Senado e a Câmara legitimaram essa escolha.

A MAIORIDADE DE D. PEDRO II OU O "SALVE-SE QUEM PUDER!" DOS POLÍTICOS

A guerra de secessão no Sul do país e as revoltas esporádicas no Nordeste continuaram ameaçando o Estado brasileiro. Em 1839, a situação piorou repentinamente quando a província de Santa Catarina, ao norte do Rio Grande do Sul, também proclamou sua independência sob o nome de República Juliana[12] e se federou à República de Piratini.

Foi o golpe de misericórdia.

A classe política se viu nua por causa de suas divisões e disputas, sem soluções, sem nenhum homem providencial para salvar o país em perigo e em processo de desintegração.

Temporariamente reconciliados, os políticos do Rio de Janeiro – com exceção de um pequeno grupo de extremistas radicais que sonhava com a República – subitamente se lembraram de que havia um imperador no Brasil. Voltaram-se então para o palácio de São Cristóvão, na Quinta da Boa Vista, onde residia o jovem monarca, como se procurassem um tabernáculo que contivesse o Santíssimo Sacramento salvador.

Em 1839, em Pedro II tinha catorze anos. Era um adolescente sério, reservado e solitário. Marcado por provações familiares, era muito maduro para sua idade. Ele havia forjado uma personalidade original, de aparência reservada e tímida, mas, no fundo, já firme de seus princípios.

A educação que havia recebido era exemplar, graças às regras estabelecidas por seu principal tutor, José Bonifácio de Andrade e Silva. Este, justificando a confiança de d. Pedro I, cumpriu seu papel com perfeição. Ele mesmo ensinou matemática e ciências ao seu pupilo e escolheu homens talentosos para substituí-lo em outros campos. Assim, Luís Aleixo Boulanger era professor de caligrafia, leitura, geografia e história. O padre Renato Pedro Boiret, que havia ensinado francês a d. Pedro I quando era apenas o príncipe herdeiro de d. João VI, fez o mesmo com d. Pedro II. As artes não foram esquecidas, uma vez que Simplício Rodrigues iniciou o jovem monarca ao desenho, Fortunato Mazzioti à música e Lourenço Lacombe à dança. Lacombe era oficialmente "mestre de dança" do imperador, fazendo-o sentir como se estivesse em Versalhes.

Os professores de origem francesa estavam em alta nessa equipe educacional e incutiram no adolescente o gosto pela língua, pela literatura e pela cultura francesas. Eles também despertaram nele um interesse genuíno pela Revolução de 1789 e pelos princípios humanistas que ela havia transmitido. Esse período da História fascinava o aluno que, particularmente com Boulanger, revivia na doçura pacífica do parque da Quinta da Boa Vista os eventos trágicos ou gloriosos cujas consequências sua família, os Bragança de Portugal, havia parcialmente sofrido. Primo-irmão do duque de Reichstadt, d. Pedro II também sentia, como muitos rapazes entrando na idade adulta entre 1830 e 1840, certo fascínio por Napoleão, de quem ficou ainda mais próximo após o segundo casamento de seu pai com d. Amélia de Leuchtenberg. O fascínio romanesco estava muito mais ligado ao personagem e ao seu trágico destino que à memória – que naquela idade não poderia ter – das centenas de milhares de mortos deixados nos campos de batalha da Europa pela epopeia napoleônica.

A educação e a formação intelectual do jovem imperador não foram, pelo menos aparentemente, prejudicadas pela crise de 1833, quando José Bonifácio foi destituído de suas funções de tutor imperial. Esse homem, apelidado de "Patriarca da Independência", era muito inteligente, um cientista de primeira ordem e um político de grande envergadura, mas a consciência que ele tinha de sua superioridade sobre a de seus contemporâneos o tornava detestável. Sua vaidade e agressividade, como se sabe, já haviam arruinado suas relações com d. Pedro I – antes da reconciliação *in extremis* em 1831 – e com o ministro da Justiça da Primeira Regência, o padre Feijó. Os dois homens se odiavam, e o ódio de Feijó foi herdado por seu sucessor na Justiça, Aureliano Coutinho, que, em 1833, destituiu José Bonifácio de suas funções e se gabou aos seus amigos com estas palavras inequívocas: "Derrubamos o Colosso!". Qual teria sido o motivo dessa demissão brutal, que a vítima considerou abusiva? Foi a suspeita que se tinha sobre sua lealdade à regência. Ele era suspeito, na verdade, de colaborar com as revoltas locais que envenenavam e ameaçavam o Brasil para, ao insistir na incapacidade do governo de controlar os eventos, favorecer o retorno da Águia, ou seja, a restauração de d. Pedro I!

Claro, José Bonifácio não cedeu. Ele negou, incriminou seus acusadores, resistiu como um louco em todas as tentativas de expulsão do palácio, onde estava incrustado como uma ostra. Só saiu de lá em 1834, com um mandado de prisão executado à força. O homem então se retirou da política e se trancou em sua própria ilha de Elba: a ilha de Paquetá, na baía de Guanabara. Acabou sendo também sua Santa Helena, sua última morada, pois ficou gravemente doente em 1838 e foi levado às pressas para a cidade vizinha de Niterói, onde morreu.

Esse caso tenebroso foi uma forma de a classe política brasileira livrar-se de um encrenqueiro, de quem se temia, a longo prazo, ser má influência sobre o jovem d. Pedro II. No entanto, a trama para restaurar d. Pedro I parece ter sido apenas um pretexto falacioso. Aliás, se José Bonifácio visasse realmente à restauração do ex-imperador, a regência deveria ter eliminado com ele todos os próximos ao ex-monarca.

O novo tutor escolhido para o jovem imperador foi o coronel Manuel Inácio de Andrade Souto Maior Pinto Coelho, marquês de Itanhaém, amigo de d. Pedro I, que o tinha escolhido para carregar a bandeira imperial durante a coroação de 1822 e que havia sido promovido a marquês por sua lealdade à dinastia.

Em 1839, isso já era passado. José Bonifácio e d. Pedro I estavam mortos, e d. Pedro II aguardava bem-comportado no palácio de São Cristóvão.

Muitas delegações de senadores e deputados foram, então, ver quem era esse jovem monarca. O belo rapaz, loiro e alto, causou uma excelente impressão nos parlamentares, que eram morenos e rechonchudos. Além disso, era bem-apessoado, o que já é muito para um chefe de Estado, e dono de uma distinção inata, mas de conversa um pouco limitada para um jovem de temperamento tímido, criado na solidão de seu palácio. O marquês de Itanhaém só tinha elogios para seu pupilo, descrevendo-o aos senhores como intelectual e sábio. O que era verdade: curioso a respeito de tudo, um verdadeiro homem do século XIX sob esse ponto de vista, d. Pedro havia se formado com professores talentosos que o cercavam desde 1831. Seus mestres foram frequentemente forçados a aprofundar seus próprios conhecimentos, porque o aluno fazia perguntas sobre qualquer assunto, sem se contentar com respostas superficiais ou dilatórias. Situação que muitas vezes os constrangia, pois, se é normal os professores se irritarem com um aluno taciturno, eles também ficam particularmente irritados com quem lhes faz muitas perguntas. D. Pedro deve tê-los irritado com frequência, mas ficaram quietos. Afinal, o novato também era descendente dos reis Carlos V e Luís XIV[13].

D. Pedro II puxara a curiosidade intelectual da mãe, d. Leopoldina, a quem obviamente não conhecera muito, uma vez que ela morreu um ano após seu nascimento, mas que era descrita como alguém que "tinha uma forte inclinação pelo estudo, falava várias línguas e era apaixonada por ciências naturais[14]". A infeliz imperatriz compensava uma vida conjugal desastrosa com um marido brutal e pouco atencioso devorando os livros de história, de geografia, de viagens e colecionando minerais e todas as plantas exóticas que lhe traziam oficiais da Marinha, muitas vezes franceses, uma vez que era a irmã favorita da ex-imperatriz francesa Maria Luísa. Além disso, ela tocava piano maravilhosamente e desenhava com perfeição. O jovem imperador seguiu seus passos, expandindo ainda mais seus conhecimentos em campos tão variados como medicina, astronomia, mecânica, etnologia ou arqueologia. Pesquisador nato, sempre ia até o fim de sua curiosidade e suas paixões.

Assim, a fotografia o entusiasmou desde a invenção do daguerreótipo, em 1839, e com a leitura cuidadosa que fez da comunicação da Academia de Ciências de Paris sobre esse assunto. No ano seguinte, sabendo que um navio-escola da francesa iria ancorar na baía de Guanabara e que o capelão da embarcação, padre Louis Comte, propunha fazer aos cariocas uma apresentação do daguerreótipo, d. Pedro, para assisti-la, deixou o palácio imperial de São Cristóvão incógnito e ficou entusiasmado com a experiência.

D. Pedro comprou imediatamente um dispositivo e começou a fotografar as pessoas próximas, as paisagens, os monumentos e tudo que chamava sua atenção e parecia digno de ser memorizado. No final de seu reinado, havia acumulado um acervo de 25 mil fotografias, que, após sua morte, foram doadas à Biblioteca Nacional do Brasil. Essa fabulosa coleção, que a Unesco hoje reconhece como "memória do mundo", foi enriquecida com as obras produzidas pelos fotógrafos mais talentosos da época, de quem o imperador era patrocinador e a quem nunca deixou de pedir conselhos técnicos para melhorar seu próprio trabalho. Como nunca fazia as coisas pela metade, Pedro ajudou financeiramente os fotógrafos brasileiros e até criou para eles o título de "fotógrafo da Casa Imperial"[15].

Após conversas e debates, os parlamentares concordaram que d. Pedro II já estava em condição de reinar. Aos catorze anos e meio? Era uma decisão ousada. Foi, aliás, ele mesmo que, ao conversar com os delegados enviados em 22 de julho de 1840, disse-lhes, timidamente, que só atingiria seus quinze anos no próximo dia 2 de dezembro. Isso não mudava o problema constitucional, uma vez que a maioridade imperial era fixada em dezoito anos, que ocorreria apenas em 1843, mas já era um avanço. Os parlamentares admitiram que catorze anos e meio era muito pouco para reinar, que quinze anos seria melhor, mas ainda assim demoraria demais, pois, em um país em ebulição, cinco meses de espera era muito tempo. Então, imediatamente seria melhor para todos, em especial para um príncipe erudito e para uma classe política sem herdeiros. D. Pedro, com um sussurro, respondeu: "Sim".

Porém havia um problema: seria necessário mudar a Constituição, e o tempo estava se esgotando. Optou-se, portanto, por uma votação parlamentar simples, mais rápida e, acima de tudo, menos arriscada que os debates constitucionais, que sempre tendem a se afundar em polêmicas estéreis. No dia seguinte à recepção da delegação parlamentar e à aceitação de d. Pedro, em 23 de julho de 1840, por iniciativa do Partido Liberal, as duas câmaras, sem oposição, votaram a declaração de maioridade do monarca.

Assim, nesse dia, d. Pedro II se tornou Imperador Constitucional e Defensor Perpétuo do Brasil. No entanto, a Constituição deixou-se violar levemente.

De qualquer forma, o povo exultou e expressou sua alegria cantando e dançando nas ruas do Rio de Janeiro. É compreensível, pois um jovem e bonito rapaz no trono era bem mais agradável do que os velhotes da Câmara e, mais ainda, do Senado. Juventude é esperança!

NOTAS

1. Pierre Chaunu, *Histoire de l'Amérique latine* [História da América Latina – sem edição em português].
2. Philippe du Puy de Clinchamps, *Les grandes dynasties* [As grandes dinastias – sem edição em português].
3. Gilette Saurat, *Bolivar le Libertador* [ver nota 1, cap. 1].
4. Memórias publicadas pelas Edições Henri Javal, 1959, volume III, nota de 30 de abril de 1836.
5. Jean-Baptiste Debret, *Voyage pittoresque et historique au Brésil*. [Ver nota 18, cap. 2. Para a edição brasileira, foi usado Carlos Sarthou, *Relíquias da cidade do Rio de Janeiro*.]
6. Pierre Chaunu, op. cit. Deve-se lembrar que a década de 1830 protagonizou o desmembramento, na América espanhola, das grandes unidades territoriais formadas após a independência. Assim, quase ao mesmo tempo, a Federação dos Andes se dividiu em cinco estados: Colômbia, Peru, Bolívia, Venezuela e Equador, bem como a Confederação da América Central deu lugar a Guatemala, Honduras, El Salvador, Nicarágua e Costa Rica.
7. Georges Raeders, *Le Comte de Gobineau au Brésil* [O conde de Gobineau no Brasil. São Paulo: Paz e Terra, 1997].
8. O título *presidente* mais tarde seria substituído por *governador*, em 1947, para evitar uma confusão com o presidente da República. Porém, *governador* também foi utilizado entre 1821 a 1824, com os *governadores de capitania*. De 1824 a 1889, o título passou a ser *presidente de província*; de 1889 a 1930, *presidente de estado*; e de 1930 a 1947, *interventor federal*. [N. T.]
9. Era maçom iniciado na Loja Inteligência Porto Feliz, a primeira loja maçônica de São Paulo. [N. R.]
10. Sobre esse episódio da epopeia garibaldiana, ver o livro do autor: *Garibaldi, l'aventurier de la liberté* [Garibaldi, o aventureiro da liberdade – sem edição em português].
11. A capital oficial do Rio Grande do Sul era, como ainda é, Porto Alegre [Piratini, pequeno município a 300 km de Porto Alegre, foi escolhido pelos Farrapos para ser

— NOTAS —

a base de operações da Revolução graças a sua posição estratégica e, posteriormente, a nova capital da República do Rio-Grandense ou República de Piratini – N. E.].
12. Levou este nome por ter sido proclamada em julho. [N. E.]
13. D. Pedro II descendia de Carlos V pelos Habsburgo-Lorena e de Luís XIV pelos Bourbon da Espanha.
14. Denyse Dalbian, *Léopoldine, première impératrice du Brésil*. [Ver nota 3, cap. 2.]
15. Rodrigo Cunha, *Acervo de fotos inéditas de d. Pedro II "vem à luz"*. A coleção inestimável do imperador é chamada de *Coleção Imperatriz Tereza Cristina*, um tributo do monarca à sua esposa, que morreu poucas semanas após os trágicos eventos de novembro de 1889. Não é de admirar que a paixão de D. Pedro II pela fotografia o torne hoje, aos olhos de alguns, o inventor da "selfie" no Brasil. Na verdade, por volta de 1860, o imperador fotografou a si próprio colocando um daguerreótipo em um móvel no palácio imperial de São Cristóvão e acionando o obturador por um engenhoso sistema de cordas. Ver mais em: http://www.facebook.com/PedroIIBrasil/posts.

CAPÍTULO 4

O ADVENTO DO SEGUNDO REINADO

Meu filho tem sobre mim a vantagem de ser brasileiro. Os brasileiros prezam-no. Governará sem dificuldade e a Constituição garante-lhe seus direitos. – D. Pedro I[1]

OS PRIMEIROS PASSOS

O garoto tímido e reservado que subiu ao trono brasileiro em 23 de julho de 1840 estava mais preparado para sua função do que os políticos poderiam ter imaginado.

Formado por José Bonifácio de Andrade e Silva e depois pelo marquês de Itanhaém, d. Pedro II se interessava pela coisa pública. Tanto que já havia escrito por conta própria um documento em inglês, com título pomposo por se tratar de um adolescente: *Political Right*[2]. Era uma espécie de agenda ou *vade-mécum* para uso do futuro chefe de Estado que ele seria um dia. Nesse caso, o que é espantoso não é a ânsia de escrever, atitude típica da adolescência, mas as ideias pessoais que expressava nesse texto e que, de fato, seriam a base de sua ação política futura.

É raro ver alguém iniciar a difícil travessia da puberdade expressando ideias tão fortes quanto: "O espírito de moderação deve ser o espírito do legislador", ou ainda: "Jamais separarei a justiça da política. A justiça deve nortear a arte de governar em uma sociedade civil"[3]. Tudo dito em poucas palavras por um garoto sem experiência política prática, mas que reinaria por 49 anos seguindo os princípios que estabelecera em sua juventude. Talvez tivesse sido influenciado. E quanto à moderação, que não é a principal virtude da adolescência, deve-se reconhecer que não buscou inspiração na impetuosidade irada de seu pai, nem na vaidade autocrática de seu primeiro tutor.

Estranha maturidade desse jovem monarca que, alguns meses depois, encontraria no Rio o príncipe Adalberto da Prússia, neto do rei Frederico Guilherme II da Prússia, que voltou encantado com a visita: "D. Pedro II tem um desenvolvimento e um vigor mental muito notáveis para a sua idade. [...] Seu maior prazer é presidir ao crescimento e progresso da instrução, aplicando-se ao estudo de toda sorte de conhecimentos. A história é seu estudo favorito, mas se interessa por outros assuntos, a botânica, por exemplo"[4].

O príncipe alemão, que era muito mais velho que o imperador brasileiro, surpreendeu-se com a regularidade do cotidiano de seu anfitrião, que sempre se levantava às seis da manhã para ir ao seu gabinete e, quando os assuntos do Estado lhe davam uma trégua, dedicava-se à leitura, "atividade que lhe trazia grande proveito graças a uma excelente memória"[5].

Enfim, se d. Pedro era disciplinado e bem organizado, também demonstrava, com grande presença de espírito e cortesia, um senso diplomático muito assertivo. Sendo pintor amador, mas de certo talento como sua mãe e escolhendo por gosto temas históricos, ofereceu ao seu anfitrião, "da forma mais graciosa", um retrato a óleo de Frederico, o Grande, pintado por ele à mão. Um gesto de coração, mas com fino requinte político e calculista. A Prússia, na época, era uma potência emergente na Europa e pretendia agrupar em torno dela todos os Estados de língua alemã. D. Pedro II, que há muito havia percebido que o Brasil, assim como Portugal, corria o risco de se tornar um território vassalo da Inglaterra, pretendia mostrar claramente, desde sua ascensão ao trono, que suas alianças seriam diversificadas. Além disso, o imperador sabia que seu pai havia incentivado a imigração alemã e que essa população era trabalhadora e legitimista. A acolhida amigável dada ao príncipe Adalberto foi, portanto, também uma forma de expressar o desejo de que essa contribuição de uma mão de obra competente e capaz de rápida integração continuasse e se tornasse um trunfo demográfico e econômico para o país.

As qualidades de seriedade e aplicação de d. Pedro II, como sua preferência ao assinar documentos oficiais de usar não o seu primeiro nome, como é costume nas monarquias, mas a palavra "Imperador"[6] – parecendo indicar que o homem se apaga diante da função –, foram de uma inestimável ajuda para ele desde os primeiros meses de seu reinado, devido ao caos que ameaçava o Brasil e que havia acelerado sua entronização.

Primeiro, d. Pedro II concedeu uma anistia geral, que beneficiou a todos os rebeldes presos e aos que entregaram as armas. Era um gesto de clemência e uma decisão política, pois se tratava de estender a mão a todos os homens de boa vontade. De forma mais imprevisível, sobretudo para os liberais que haviam sido os primeiros a pedir a redução de sua maioridade constitucional, resolveu dissolver a Câmara, o que levou a novas eleições e ao retorno em peso dos conservadores em março de 1841. Difícil dizer se essa medida foi pessoal ou lhe foi inspirada por pessoas ao seu redor – provavelmente, o marquês de Olinda, fundador do Partido Conservador e último regente –, estimando que a descentralização adotada pelos liberais no Ato Adicional de 1834 havia ido longe demais e que sua aplicação estava levando o Império ao desastre. Entretanto, o imperador parecia estar suficientemente a par da situação para perceber, por si só, de onde vinha o perigo para a monarquia e para o país.

Em 18 de julho de 1841, a ascensão ao trono foi suntuosamente solenizada pela coroação, que seguiu o ritual já aplicado em 1822 para d. Pedro I. Na capela imperial, d. Pedro II recebeu as insígnias do poder das mãos do bispo do Rio de Janeiro. Supõe-se que, como católico praticante, tenha levado mais a sério a unção episcopal que seu pai maçom, cuja visão era puramente utilitarista da religião católica, tal como Napoleão. A coroa do Brasil que cingia sua testa era "de ouro, adornada com oito palmetas alternadas com pérolas, e a faixa tinha diamantes da maior pureza. Oito arcos decorados com pérolas, unidos em forma de tiara para sustentar uma esfera armilar, encimada pela cruz da Ordem de Cristo esmaltada em vermelho". O conjunto – ouro, pérolas e diamantes – era naturalmente proveniente do Brasil. Já o cetro, tão comprido quanto o de Napoleão I, não era encimado por uma águia, mas por um "dragão alado, figurando como cimeira nas armas do rei d. Duarte I de Portugal no século XV"[7]. As cerimônias foram seguidas de inúmeras festividades populares, e milhares de pessoas aplaudiram o monarca durante a travessia da cidade em uma carruagem[8]. O júbilo era geral e, na verdade, surpreendente em um país onde a tradição monárquica era recente. Pode-se deduzir que o sistema político em vigor desde 1831 havia sido rejeitado e que o povo aspirava ver enfim no poder um homem que personificasse a autoridade e o futuro da nação.

Os primeiros atos do novo monarca foram particularmente significativos. Além do decreto de graça, que estava de acordo com os costumes monárquicos durante eventos desse tipo, d. Pedro II, apaixonado por pesquisas médicas e questões de saúde pública em um país frágil sob esse ponto de vista, devido às febres tropicais e à insalubridade dos bairros populares, assinou o decreto de fundação do Hospício Pedro II no Rio de Janeiro. Já era tempo de considerar o destino dos "alienados mentais", cujo tratamento no Brasil era absolutamente retrógrado, para não dizer desumano. Sem dúvida, o gesto era simbólico, pois o imperador desejava que o início de seu reinado não fosse apenas festivo, mas também marcado por uma vontade de não deixar ninguém para trás. O estabelecimento seria inaugurado em 1852 e começaria a funcionar com a assistência de médicos franceses enviados do Hospital Sainte-Anne, em Paris[9].

Mais tarde, o Hospital Marítimo de Santa Isabel e, em 1857, o Instituto de Educação de Surdos completariam essa rede hospitalar, com a assistência especial do pedagogo Edouard Huet, formado no Instituto Imperial de Surdos-Mudos de Paris, a quem d. Pedro II mandaria buscar especialmente da França em 1857 para promover o que se tornaria a Libras, ou seja, a língua brasileira de sinais.

O ano de 1841 foi de grandes mudanças políticas. O Partido Conservador, também conhecido como Regressista – termo que nos parece um tanto pejorativo, embora fosse comumente utilizado não no sentido de "retrógrado" ou "reacionário", mas de "revisionista", comparado à política seguida anteriormente –, sofreu as consequências da falência política. Em novembro e dezembro, novas leis constitucionais fortaleceram o poder administrativo central e puseram fim à política de descentralização que levava ao desmembramento do país. Também restabeleceram o Conselho de Estado de d. Pedro I, um órgão de governo essencial do imperador que havia sido abolido pelos liberais em 1834. Cercado por doze eruditos que nomeava sem exclusividade partidária, d. Pedro II podia fundamentar uma opinião antes de tomar decisões importantes. Enfim, o novo monarca resgatava as prerrogativas de seu pai: escolhia os ministros, demitia-os, convocava e dissolvia a Câmara dos Deputados, nomeava um determinado número de senadores. Certamente era um poder considerável, que, na prática, era regulado pelo Poder Moderador do soberano. Na verdade, esse poder seria exercido de forma mais eficaz sob o reinado de d. Pedro II do que o fora sob o de seu pai, devido à personalidade voltada naturalmente mais ao consenso que ao confronto e de uma preocupação constante em seguir as recomendações dos conselheiros de Estado. Uma atitude de grande sabedoria para um garoto que chegou tão cedo ao poder.

A RECUPERAÇÃO MILITAR

Enquanto os políticos cuidavam de política e, particularmente, de elaborar uma reforma territorial flexível o suficiente para permitir que as províncias respirassem firme o bastante para preservar a autoridade do poder central – era a eterna disputa entre os dois principais partidos do governo –, o imperador, enquanto comandante supremo das Forças

Armadas, era o responsável por trazer a paz a uma nação em ebulição. Ele o fez sem agressividade e sem espírito de retaliação, mas considerando que "as pequenas pátrias provinciais deviam desvanecer diante da grande [pátria], da qual o Rio de Janeiro representava a cabeça"[10].

Sua atenção foi chamada pelo coronel Luís Alves de Lima e Silva, filho do ex-regente Francisco Alves de Lima e Silva. Comandante das forças imperiais e presidente da província do Maranhão, ele tinha acabado de subjugar uma revolta popular chamada Balaiada, iniciada em 1838 e que já durava três anos. Foi um presente maravilhoso que oferecera à Sua Majestade por sua coroação. D. Pedro II ficou agradecido e concedeu ao vencedor o título de barão de Caxias e a patente de general. Caxias era autoritário, contudo não carecia de qualidades humanas e, apesar de ter tido uma luta ardorosa contra os rebeldes, mostrou preocupação em tratar seus adversários derrotados com benevolência. Isso correspondia totalmente ao desejo do imperador e a seus próprios sentimentos de generosidade.

Tendo se tornado a espada do Império, o novo general barão de Caxias não pôde aproveitar por muito tempo sua licença, amplamente merecida, pois novas rebeliões eclodiram em 1842 em Sorocaba, na província de São Paulo, e em Barbacena, na de Minas Gerais. Ele foi imediatamente enviado para restaurar a calma pela força das armas e cumpriu rapidamente sua tarefa. D. Pedro II, admirador da história da França, havia encontrado seu marechal Turenne[11].

Portanto, era natural que o imperador pedisse para Caxias resolver a interminável guerra civil que, no outro extremo do país, inflamava desde 1836 o Rio Grande do Sul, que havia se proclamado República de Piratini – também conhecida como República Rio-Grandense – e havia formado uma confederação em 1839 com a efêmera república separatista vizinha, Santa Catarina, que se tornara República Juliana ou Catarinense.

Essa guerra havia sido desprezada pelos brasileiros, que a chamavam com descaso de Guerra dos Farrapos ou Revolução Farroupilha, para zombar de seus adversários que não tinham uniformes dignos do nome e pareciam mendigos ou esfarrapados, o que explica o nome "farrapos"[12]. Pior para eles, pois esses "mendigos", homens da terra e das vastas planícies, eram durões como verdadeiros gaúchos. O fato de esses homens corajosos terem sido manipulados e usados pela oligarquia dos latifundiários do Rio Grande do Sul e de Santa Catarina é a prova de que os levantes populares, às vezes, são instrumentalizados por forças cujos objetivos proclamados têm, na realidade, pouco a ver com os objetivos perseguidos. O próprio jovem Garibaldi deixou-se enganar.

De qualquer forma, Caxias não era homem de fazer perguntas e, para ele, apenas a vitória sobre os rebeldes importava. Conseguiu reforços, avançou nas províncias do Sul, foi impiedoso e exterminou vivamente todos aqueles que queriam a morte do Brasil e se atreviam a pegar em armas contra um jovem imperador que nada lhes fizera. Porém, se a guerra convencional foi logo vencida pelas forças legalistas, ela continuou na forma de guerrilha esporádica que durou até 1845, quando, finalmente, a paz foi assinada. Aliás, uma paz generosa, pois concedia anistia geral, incorporação ao Exército imperial dos ex-rebeldes que assim o desejassem, direito da população local de fiscalização sobre o futuro presidente da província e pagamento das dívidas de guerra pelo Estado brasileiro. Esta última disposição foi bastante surpreendente, mas justificada pela vontade de d. Pedro II de estender uma mão fraterna aos separatistas cujo território estava economicamente arruinado. Quanto ao grande vencedor, o general barão de Caxias foi elevado ao título de conde e depois de marquês.

É certo que foi grande a frustração do imperador por não ter participado dos combates ou, pelo menos, não ter estado presente na frente de batalha. Mas, devido à sua tenra idade, à falta de um herdeiro e seu lugar de destaque no sistema institucional brasileiro, nem o governo nem o Parlamento concordaram em deixá-lo ir. Especialmente porque a guerra do Rio Grande do Sul era uma guerra de secessão, portanto uma guerra civil, e a presença do monarca no comando dos exércitos, mesmo assistido de perto pelo general Caxias, lhe dificultaria a tarefa de conduzir uma política de reconciliação. Porém, a atitude que ele adotaria em 1865 durante a Guerra do Paraguai parece comprovar que, como grande admirador de seu pai, que havia sido um valente soldado nos campos de batalha do Brasil ou de Portugal[13], ele secretamente sonhava poder um dia imitá-lo.

A MELHOR FORMA DE GOVERNAR

É necessário lembrar, e essa é uma regra antiga do governo dos homens, que não devemos nos ater ao texto de uma constituição, mas à forma como ela é aplicada. Assim, a monarquia de d. Pedro II, legalmente muito personalizada, na prática foi muito democrática pelo uso que o monarca fez dela. Isso explica o nome Segundo Reinado, que é dado ao governo de d. Pedro II a partir de sua maioridade constitucional para diferenciá-lo do Primeiro Reinado de seu pai, claramente mais autoritário. No entanto, em ambos os casos, a Constituição foi basicamente a mesma, pois ainda se tratava da Carta de 1824, à qual d. Pedro II dedicou respeito quase místico: "Mesmo que não tivesse jurado defender a Constituição, ela seria para mim uma segunda religião"[14].

A divergência de comportamento entre pai e filho é um risco inerente às monarquias hereditárias, nas quais o soberano exerce responsabilidades efetivas. Assim, podemos passar, com base em um texto idêntico, de um monarca respeitoso da vontade nacional para outro com uma visão mais pessoal da conduta dos assuntos. Um exemplo revelador é o da França sob os reinados sucessivos de Luís XVIII e depois de seu irmão Carlos X.

Aliás, é esse perigo real para a democracia que levará todas as monarquias do tipo ocidental a evoluir a partir do final do século XIX para um sistema puramente representativo, reservando para o chefe de Estado apenas um papel simbólico.

Não há dúvida de que a monarquia brasileira, se tivesse perdurado, teria seguido o mesmo caminho que seus congêneres europeus. Mas d. Pedro II não foi um monarca representativo. Foi um monarca democrata, apegado aos princípios da soberania nacional, que cuidava dos equilíbrios políticos, econômicos e sociais do Império.

Era isso, aliás, o que a opinião pública exigia após o caos da regência, pois um país emergente e frágil como o Brasil precisava de um capitão segurando firme o leme do navio na tempestade ou simplesmente indicando o rumo a ser seguido quando o mar estivesse calmo.

No entanto, as coisas costumam ser mais sutis do que se pensa. Durante seu reinado, em especial quando atingiu a meia-idade, d. Pedro II contestou o fato, observado por muitas testemunhas, de que ele "reinava" e "governava" ao mesmo tempo. Ele preferia dar uma interpretação mais colorida e refinada de seu papel pessoal, como se quisesse enriquecer a reflexão das gerações futuras de historiadores ou cientistas políticos. Assim, em julho de 1882, sua conversa com o barão Von Hübner, ministro da Áustria-Hungria no Rio de Janeiro, foi particularmente interessante, pois fez parte desse debate sobre o papel do monarca constitucional que dividiu violentamente os franceses sob o reinado de Luís Filipe I, que abrange o período de 1830 a 1848, ou seja, justamente os primeiros anos de d. Pedro II à frente do Brasil[15].

É conhecida, de fato, a disputa entre Thiers, que proclamou que "o rei reina, mas não governa", e Guizot, que não aceitava que "o trono fosse uma poltrona vazia"[16]. D. Pedro II, de certa forma, propunha uma alternativa que, se não resolvia de vez a questão, pelo menos mostrava sua sutileza. A seu interlocutor austro-húngaro, que lhe dizia que, se ele respeitasse escrupulosamente as regras constitucionais brasileiras, na prática reinava e governava, respondeu: "Não, Excelência, está enganado. Deixo a máquina institucional funcionar, pois é bem construída e tenho confiança nela. No entanto, quando as rodas rangem e correm o risco de travar, coloco um pouco de óleo!"[17].

Entendemos portanto que, se o imperador reina mas não governa "em tempos normais", ele intervém "em tempos de crise" para colocar as coisas em ordem. Ele age como um mecânico com sua máquina defeituosa ou como um professor com um aluno que não respeita as regras. Assim, o poder de influência pessoal do monarca é considerável, especialmente em um país latino, onde as disputas de partidos e pessoas não facilitam a tarefa dos governos vigentes, muito menos dos governos provinciais.

O sistema político de Pedro d. II também foi baseado na alternância que ele favoreceu conscientemente entre liberais e conservadores. Cada partido tinha, alternadamente, sua parcela de poder – serão 36 governos em 49 anos de reinado efetivo. O país conseguiu funcionar sem muitos percalços e, principalmente, desentendimentos, pois bastava ter paciência e esperar até o pêndulo eleitoral oscilar para uma direção favorável. O imperador escolhia seus ministros no partido majoritário, se o veredito das urnas fosse claro, e encontrava espaço para manobras quando as maiorias eram frágeis ou estreitas. Não alimentava muitas ilusões sobre a regularidade dos escrutínios, pois, na época, a fraude eleitoral era bastante difundida tanto em nível local quanto provincial. Mas ninguém jamais o censurou por ter favorecido deliberadamente um ou outro dos dois principais partidos parlamentares com tomadas de posição que pudessem ter distorcido o veredito das urnas.

Da mesma forma, durante as nomeações para o Senado ou o Conselho de Estado, ele garantiu o equilíbrio político, privilegiando a competência dos candidatos e não seu rótulo partidário, mesmo que, infelizmente, muitas vezes aconteça na política de o senador ou o conselheiro que não foi escolhido reclamar de injustiça ou favoritismo. Não houve injustiça nem favoritismo no Brasil nas nomeações feitas por d. Pedro II, porque não havia cortes no Rio de Janeiro ou "panelinhas" no palácio imperial, e a nobreza no Brasil não tinha o papel que podia ter na Europa antes de 1789 ou de 1830. Todos, portanto, sempre elogiaram as escolhas pertinentes feitas pelo imperador de pessoas particularmente qualificadas em seu campo de competência. É certo que essa neutralidade se devia à natureza de d. Pedro II, que era muito ponderado, mas também ao fato de que, em cada lado do espectro político, havia homens com quem ele tinha vínculos intelectuais e, algumas vezes, diferenças notáveis. Assim, ele era próximo dos conservadores na questão da centralização, mas se opunha a eles sobre a abolição da escravidão. Foi a mesma situação com os liberais, porém com uma frente inversa.

As reflexões do imperador sobre "o bom funcionamento da máquina constitucional" levaram-no, por ser um homem de ideias, a favorecer o surgimento de um verdadeiro sistema parlamentar no Brasil. Embora até 1847 tenha escolhido os ministros com base nos resultados das eleições, ele decidiu que, a partir daquele momento, nomearia apenas o chefe de governo – logicamente o líder da oposição, se o partido majoritário não estivesse enfraquecido por brigas internas –, que, por sua vez, escolheria os membros de seu ministério. Lembremos que, em 1847, d. Pedro II tinha apenas 22 anos e que, nessa idade, caracterizada pela audácia e pela esperança, um rei Luís XIV ou um tsar Pedro, o Grande, só pensavam em governar por si próprios e sozinhos[18]!

Acrescentemos a isso para completar o estudo da governança de d. Pedro II. Se o imperador tinha naturalmente, como qualquer homem, afinidades particulares com um ou outro de seus chefes de governo, ele teve o cuidado de nunca interromper a alternância, mantendo a todo custo no poder e, por conforto pessoal, um presidente do Conselho criticado pela opinião pública ou contestado pela classe política. Grande sabedoria, especialmente se compararmos essa atitude com a dos reis Carlos X e Luís Filipe na França, que perderam a coroa por terem apoiado, sem nenhum motivo, um Polignac[19] ou um Guizot.

É verdade que d. Pedro II lia atentamente a imprensa francesa, visto que a França era, na época, um laboratório surpreendente de experiências institucionais contraditórias. Sem dúvida, isso enriqueceu um pouco mais seu pensamento político, e ele tirou o maior proveito das análises que podia fazer sobre a situação francesa.

NOTAS

1. Henrique Dias Tavares, *O fracasso do imperador: a abdicação de D. Pedro I*.
2. Pode ser entendido como "direito constitucional".
3. Mary Wilhelmine Williams, *Dom Pedro the Magnanimous, Second Emperor of Brazil*. [Dom Pedro, o Magnânimo, segundo imperador do Brasil – sem edição em português.]
4. *Travels of His Royal Highness prince Adalbert of Prussia* [Viagens de Sua Alteza Real príncipe Adalberto da Prússia], em *Dom Pedro II, imperador do Brasil*, de Benjamin Mossé.
5. Georges Raeders, *Le Comte de Gobineau au Brésil* [ver nota 7, cap. 3].
6. Na correspondência privada, assinaria "Pedro", "Dom Pedro" ou "Dom Pedro de Alcântara".
7. Arnaud Chaffanjon, *La merveilleuse histoire des couronnes du monde* [A maravilhosa história das coroas do mundo – sem edição em português].
8. A coroa e a carruagem estão hoje no Museu Imperial de Petrópolis. Outra carruagem que pertencia às cavalariças imperiais está no Château d'Eu, Seine-Maritime, na França.
9. A influência francesa é muito importante aqui, pois foi em 30 de junho de 1838 que o governo de Luís Filipe I promulgou a "lei de assistência aos alienados", primeiro texto moderno sobre o tratamento de doentes mentais.
10. Armelle Enders, *Histoire de Rio de Janeiro* [História do Rio de Janeiro, 3 ed. São Paulo: Gryphus Editora, 2015].
11. Henrique de La Tour de Auvérnia (1611-1675), visconde de Turenne, foi um célebre militar do século XVII. Destacou-se na Guerra de Trinta Anos e na Guerra da Holanda, quando atacou o Exército alemão em pleno inverno. [N. E.]
12. Entretanto, estudos recentes apontam que o nome derivava de uma facção política exaltada, dentro do Partido Liberal, chamada Farroupilha. Ver, por exemplo, Moacy Flores, *História do Rio Grande do Sul*. [N. R.]
13. D. Pedro I é frequentemente chamado de "Libertador" ou "Imperador Soldado".

14. Diário do imperador d. Pedro II, 31 de dezembro de 1861. Em Armelle Enders, *Histoire du Brésil* [História do Brasil – sem edição em português].
15. Havia laços familiares entre Luís Filipe I e d. Pedro II desde 1843, quando a princesa imperial d. Francisca, filha de d. Pedro I e irmã mais velha de d. Pedro II, casou-se com o príncipe Francisco de Joinville, filho do rei da França.
16. Adolphe Thiers (1797-1877), historiador e político francês, foi primeiro-ministro entre 1836 e 1840, durante o reinado de Luís Filipe I, e presidente da França entre 1870 e 1873, durante a Terceira República Francesa. François Guizot (1787-1874), historiógrafo e político liberal-conservador, foi primeiro-ministro entre 1847 e 1848, também no reinado de Luís Filipe I. [N. E.]
17. Roderick J. Barman, *Citizen Emperor. Pedro II and the making of Brazil 1825-1891*. [Imperador cidadão: Pedro II e a construção do Brasil. São Paulo: Editora Unesp, 2012].
18. Luís XIV (1638-1715), conhecido também como Rei Sol, foi um dos mais símbolos do absolutismo europeu e autor da famosa frase "O Estado sou eu". O tsar Pedro, o Grande (1672-1725), foi responsável pela modernização da Rússia e por abrir as portas para o Ocidente. Assumiu o trono aos dezessetes anos, após depor sua meia-irmã Sofia, confinando-a a um convento, e executar vários de seus apoiadores. [N. E.]
19. Jules de Polignac (1780-1847), político francês, foi primeiro-ministro da França entre 1829 e 1830, durante o reinado de Luís Filipe I. [N. E.]

CAPÍTULO 5

O IMPERIOSO DEVER DINÁSTICO

A imperatriz Teresa Cristina não teve nenhum papel político, mas foi muito amada por seus súditos por sua dignidade, sua conduta impecável e seu apoio à cultura brasileira. – Gotha d'Hier et d'Aujourd'hui[1]

EM BUSCA DE UMA ESPOSA

Qualquer dinastia, em especial uma dinastia recente, deve prosperar para consolidar o trono que ocupa. Oficialmente nascida em 1822, a dinastia brasileira tinha que aceitar logo esse desafio se não quisesse acabar de forma prematura ou que os brasileiros se vissem forçados a procurar um monarca no exterior. É verossímil que essas duas hipóteses tenham levado ao mesmo resultado inevitável: a Proclamação da República. Foi uma pena, visto que um jovem tão bonito e sábio estava no trono imperial e aparecia como uma dádiva de Deus para uma nação ainda frágil, onde o risco de desagregação não estava totalmente descartado.

Tão jovem e tão sábio, mas sério demais. Como todos os rapazes sensíveis dessa época ainda romântica, d. Pedro II não estava muito interessado no amor carnal. Tendo aprendido, por força das circunstâncias, que seu pai havia sacrificado muito por paixões, passou a considerar esse assunto com a maior cautela, principalmente por causa de sua mãe, a primeira vítima infeliz desses excessos.

D. Pedro II também era católico praticante, novamente o oposto de seu pai, que via na religião apenas um meio de controle social. Tudo isso contribuiu para o confinamento emocional de um jovem que, aliás, só conhecia mulheres através de sua governanta, Mariana de Verna, e suas irmãs, as princesas d. Januária e d. Francisca. Não eram muitas, ou melhor, eram insuficientes. Além disso, o Brasil fica longe da Europa, portanto não existiam princesas jovens na América, e os Estados Unidos em nada sugeriam o que seria no futuro uma Grace Kelly ou uma Jackie Kennedy para aristocratizar um povo supostamente tão republicano. Assim, o muito jovem d. Pedro II não tinha como namorar princesas europeias de fé católica, que, na verdade, salvo no lado austríaco ou bávaro, não eram propriamente de grande beleza.

Para os políticos brasileiros, o assunto era sério. O imperador era simpático, conciliador e preocupado em agir corretamente. Sob todos os pontos de vista, era mais consensual do que teria sido um presidente eleito entre os liberais ou conservadores, que inevitavelmente, como costuma acontecer nos regimes mais democráticos, teria tido sua legitimidade e sua ação contestadas de imediato pela oposição, principalmente após uma eleição acirrada. No fundo, esse jovem monarca era bastante prático. Era preciso conservá-lo e, se possível, gerar príncipes à sua semelhança, a fim de que o sucedessem para perpetuar o sistema de governo.

Portanto, era necessário um casamento, e o mais rápido possível!

Não se sabe como a questão foi encarada e, sobretudo, com que finalidade. Suspeita-se que diplomatas brasileiros bem-intencionados tenham unido forças com o chanceler austríaco Metternich, que já havia intervindo no casamento de d. Pedro I com d. Amélia de Leuchtenberg. É possível e até provável, pois Metternich, burocrata, detalhista e bisbilhoteiro, se intrometia em tudo. Além disso, tendo contribuído pessoalmente, após as guerras da Revolução e do império francês, na restauração das antigas dinastias em seus tronos, aonde quer que fosse conhecia perfeitamente todos os príncipes e princesas católicos em idade de casar. Portanto, era um homem de muitos conselhos.

Uma coisa levou à outra, e de reuniões a acordos diplomáticos, de que d. Pedro II não participava de forma alguma, a escolha dos casamenteiros caiu sobre a princesa d. Teresa Cristina de Bourbon-Duas Sicílias, filha do rei Francisco I do Reino das Duas Sicílias[2]. Francisco havia sido um bom rei e incrivelmente popular, tendo reinado durante apenas cinco anos, de 1825 a 1830, pois morreu cedo. Na época das negociações matrimoniais relativas ao imperador do Brasil, foi seu filho, o rei Fernando II, quem cuidou do processo. Fernando II é conhecido na História como "Rei Bomba", por ter bombardeado a rebelde Palermo, e, de modo mais geral, era um obscurantista que perseguia todos os liberais que cruzavam seu caminho. Inútil dizer que, se d. Pedro II tivesse sido informado sobre as negociações em andamento, teria certamente ficado incomodado com a ideia de ter um tipo desses por cunhado. O futuro confirmaria essa antipatia e até o desprezo de d. Pedro por Fernando II, que representava para ele o exemplo típico de reacionário teimoso.

Por parte de mãe (a infanta Maria Isabel de Bourbon), d. Teresa Cristina era sobrinha do rei Fernando VII da Espanha, mais um daqueles monarcas obtusos dos quais as monarquias e povos abririam mão com prazer. Essa triste figura, no entanto, deve ser vista com certa indulgência por ter abolido a lei sálica que os Bourbon da Espanha haviam importado da França[3].

Tudo isso não era muito empolgante para o futuro noivo brasileiro. Essas velhas e sórdidas histórias de família eram evitadas para não o entediar. Surgiu, no entanto, outro problema mais sério: o porte físico da escolhida. Três anos mais velha que d. Pedro II, d. Teresa Cristina tinha, para culminar, um físico ingrato, de acordo com os padrões da época. Os cavalheiros pensavam seriamente em casar uma mulher de baixa estatura, morena e bastante comum com um dos príncipes mais bonitos, mais louros e esbeltos do Gota[4]!

Em sua defesa, ou melhor, a seu favor, a princesa tinha um caráter agradável, muito doce e empático. Em suma, tinha um coração de ouro e se incomodava com a miséria social que então assolava seu país natal.

Isso foi providencial, pois essa miséria também existia no Brasil entre as classes populares. D. Pedro II, que tinha ideias sociais avançadas, ficou sensibilizado com esse traço de caráter que lhe foi relatado e imaginou que a futura imperatriz do Brasil poderia ajudá-lo eficazmente em sua luta pela erradicação da pobreza.

Por outro lado, o que foi muito desleal por parte da equipe política brasileira, particularmente dos diplomatas alocados em Nápoles, é que o retrato da princesa mostrado ao futuro noivo para atraí-lo e seduzi-lo era muito diferente da realidade. Contudo, já o mal já estava feito. Em 30 de maio de 1843, o contrato de casamento do imperador d. Pedro II do Brasil com a princesa d. Teresa Cristina Maria das Duas Sicílias foi assinado em Nápoles por procuração, uma vez que acharam mais prudente não levar o jovem ao local para que não formasse opinião própria sobre aquela que se tornaria sua esposa diante de Deus e da História.

Triste destino dos príncipes, de quem geralmente vemos apenas o lado "mágico" da existência.

Quando d. Teresa Cristina desembarcou da fragata *Constituição* no Rio de Janeiro, em 3 de setembro de 1843, era tarde demais. Pedro, profundamente desapontado, teve dificuldade em esconder sua decepção. O choque foi tão grande que ele não se dirigiu à princesa, e dizem até que lhe deu as costas. Decerto isso é um exagero, pois ele era um jovem bem-educado. Entretanto, dizem que procurou não aprofundar seu relacionamento com ela na época e depois chorou no colo de sua governanta, Mariana de Verna: "Enganaram-me, Dadama[5]!". Assim sendo, é preciso relativizar. D. Teresa Cristina certamente não era a bela adormecida que o jovem imperador aguardava, mas por meio de seus retratos, em especial as fotografias realistas posteriores feitas por Joaquim José Insley Pacheco, vemos que a nova imperatriz não tinha uma beleza arrebatadora, mas pelo menos teve a sorte de não se parecer com a mãe, Maria Isabel da Espanha, ou com a avó materna, Maria Luísa da Espanha, que competiam entre si em feiura e vulgaridade.

Não adiantava chorar sobre o leite derramado. Em 4 de setembro, a cerimônia solene de casamento foi celebrada na capela imperial. Recuperado de suas primeiras emoções, d. Pedro se deu conta de que a jovem imperatriz – já que seria de fato a imperatriz – saberia manter a linha e não envergonhá-lo. Afinal, ela era diferente de seu avô, o rei Fernando I de Nápoles, que se divertia vendendo no mercado o peixe que pescara e só servia macarrão a seus convidados à mesa no palácio real por uma questão de economia – alguém de quem se poderia esperar de tudo.

Nada disso. Extremamente modesta e católica, d. Teresa Cristina era uma esposa respeitosa e amorosa e uma soberana exemplar por seu comportamento e discrição, distinguindo-se assim de sua mãe e sua avó, que foram intriguistas. Ela não interferiu na vida política brasileira, exceto para chamar a atenção do marido para uma ou outra situação social calamitosa.

Os brasileiros adoravam essa imperatriz despretensiosa mas sempre afável, com "aquele ar de bondade que atrai à primeira vista e a torna agradável"[6]. Para o imperador, ela era uma pessoa benéfica e tranquilizadora. Lúcida o suficiente para reconhecer que nunca estaria em seu nível intelectual, compensou essa lacuna com amor sincero e grande devoção. Alguns anos depois, d. Pedro II deve ter se convencido que, afinal, sua discretíssima esposa era uma companhia bem mais agradável que a de seu primo Francisco José I da Áustria, que, com sua exuberante Elisabeth, suportou abnegadamente uma vida conjugal que nenhum outro homem teria aceitado, sem contar as iniciativas políticas intempestivas que incentivaram o particularismo húngaro.

No nível diplomático, deve-se observar que o casamento napolitano do imperador do Brasil também foi, sem dúvida, um meio de o rei francês Luís Filipe I estender a influência de sua família no Brasil. Assim, mesmo que os Bourbon de Nápoles estivessem ostensivamente protegidos pela Áustria e por Metternich, não se pode esquecer que d. Teresa Cristina era a sobrinha da própria rainha Maria Amélia, filha de Fernando I de Nápoles.

Além disso, antes mesmo de d. Pedro II casar-se com d. Teresa Cristina, sua irmã mais velha, d. Francisca, havia se casado no Rio de Janeiro em 1º de maio de 1843 com Francisco de Orleans, príncipe de Joinville, de longa carreira na Marinha e um dos muitos filhos de Luís Filipe e Maria Amélia de Nápoles. Sente-se por trás disso tudo a discreta implantação da política dinástica dos Orleans, que procurava estender suas ramificações na Europa e no mundo, com a rainha Luísa da Bélgica, esposa de Leopoldo I em 1832, com o príncipe Antônio de Orleans da Espanha, duque de Montpensier, casado em 1846 com a infanta Luísa Fernanda, irmã mais nova de Isabel II, e com o casamento brasileiro do príncipe de Joinville em 1843. Era um claro ativismo dinástico que irritou extremamente os ingleses, até então grandes protetores de Luís Filipe, sendo uma das causas da ruptura da primeira Entente Cordiale em 1846.

Por fim, e isso não é anedota, a princesa d. Januária, irmã mais velha de d. Pedro II, casou-se em abril de 1844 com o príncipe Luís de Bourbon-Duas Sicílias, conde de Áquila, irmão da imperatriz Teresa Cristina. Não é certeza que essa união tenha sido bem-vista pelo imperador, que mantinha uma péssima relação com o cunhado. Este, ao contrário da irmã e em comunhão de ideias com a mãe e a avó, era um personagem frívolo, ambicioso e intrigante. A ruptura foi consumada no final de 1844. A pedido do imperador, o conde e a condessa de Áquila tiveram que deixar o Brasil de forma definitiva para se estabelecer em Nápoles.

O conde de Áquila, tão intriguista em Nápoles quanto havia sido no Rio, condenou a fraqueza de seu sobrinho Francisco II das Duas Sicílias durante a Expedição dos Mil[7]. Ele queria que a resposta à agressão de Garibaldi fosse mais firme e planejou depor seu sobrinho para substituí-lo como regente. Em meados de 1860, Francisco II o expulsou de Nápoles, como d. Pedro II o havia expulsado do Brasil.

UMA CONSOLIDAÇÃO DINÁSTICA EM MEIO-TOM

D. Teresa Cristina cumpriu de forma admirável seu papel de genitora para reforçar a família imperial do Brasil. Não se sabe se sua relação conjugal com o imperador era calorosa, mas foi frutífera. Em 1845, dois anos após seu casamento religioso com d. Pedro – o que sugere que o início foi lento e complicado –, ela deu à luz um filho, o príncipe d. Afonso.

Por que d. Afonso e não d. Pedro? Era uma tradição portuguesa, sem dúvida, uma vez que houve cinco reis de Portugal chamados d. Afonso na Idade Média, uma peculiaridade que pode sugerir que o jovem d. Pedro II ainda não tinha perdoado totalmente seu pai – fundador da dinastia brasileira – pelo destino injusto reservado à mãe e por seu próprio abandono em 1831.

O casal continuou sua missão de procriadores com o nascimento da princesa d. Isabel em 1846 e da princesa d. Leopoldina em 1847. Aqui, ao contrário do que aconteceu em 1845, a homenagem filial do imperador à sua mãe, a infeliz, ignorada e maltratada imperatriz, é perfeitamente transparente. Enfim, em 1848, houve o nascimento do príncipe d. Pedro Afonso, o caçula da família. Portanto, a sucessão ao trono agora estava muito bem assegurada.

Entretanto, o destino foi cruel, pois os dois meninos morreram prematuramente devido a doenças. D. Afonso morreu em 1847 e seu irmão, em 1850.

Surge uma questão nesse ponto: por que d. Pedro II e sua esposa não tentaram ter outros herdeiros do sexo masculino? Afinal, na morte de d. Pedro Afonso, d. Pedro II tinha apenas 25 anos e d. Teresa Cristina, 28. Havia razões de saúde ou foi uma decisão do casal de parar de fingir e viver como irmãos a partir de então?

Seja o que for, essa situação comprometia seriamente o futuro. A princesa Isabel se tornou herdeira do trono, com todas as dificuldades que isso poderia implicar, tanto para superar os preconceitos misóginos da época quanto para um dia encontrar para ela um partido adequado.

NOTAS

1. *Teresa Cristina, impératrice du Brésil 1822-1889* [Teresa Cristina, imperatriz do Brasil – 1822-1889]. *Gotha d'Hier et d'Aujourd'hui*, 7 de novembro de 2013. Disponível em: http://gotha2.blogspot.com/2013/11/qui-etait-cette-dame_6.html. Acesso em: 15 jun. 2021.

2. Lembremos que historicamente existem duas Sicílias: a Sicília propriamente dita, ou Sicília "Insular", e a Sicília "Peninsular", mais comumente denominada "Reino de Nápoles". Essa originalidade vem do fato de que, depois de ter recebido do papa o título de reis da Sicília no século XI pela libertação da ilha dos invasores muçulmanos, os cavaleiros normandos de Hauteville conquistaram todo o sul da Itália, expulsando não apenas os muçulmanos que ainda mantinham alguns pontos estratégicos, mas também os bizantinos, que, desde Justiniano, haviam conquistado toda a Itália sobre os Ostrogodos no século VI.

3. [A lei sálica foi um código legal estabelecido no século IV pelos francos sálios para ditar as regras básicas de convivência em sociedade, como impostos, crimes, punições e, principalmente, os direitos à herança, adotado pelos reinos europeus ao longo da História. – N. E.] A lei sálica viria a ser restabelecida na Espanha pelo general Franco em 1947, com uma atenuação notável: se as mulheres fossem excluídas do trono, podiam, no entanto, transmitir a coroa a seus filhos. Após a restauração efetiva da monarquia em Madri em 1975 e a Constituição de 1978, a lei sálica desapareceu. Assim, o rei Filipe VI, que só tem duas filhas, poderá um dia ver sua filha mais velha sucedê-lo.

4. Almanaque que servia de referência à nobreza europeia desde o século XVIII, listando as principais casas reinantes, famílias nobres, diplomatas e altos funcionários do Estado. [N. R.]

5. Pedro chamava Mariana de Verna de "Dadama", pois não conseguia pronunciar corretamente quando criança a palavra "madame". [N. T.]

6. Auguste Mayor, *Visite de l'empereur du Brésil à Neuchâtel* [Visita do imperador do Brasil a Neuchâtel – sem edição em português].

7. Entre 1815 e 1870, a Península Itálica, dividida em pequenos Estados, foi assolada por um movimento de unificação conhecido como *Risorgimento* (ressurgimento), que anexou os reinos de Sardenha, da Lombardia, do Vêneto e das Duas Sicílias, o Ducado de Módena e Reggio, o Grão-Ducado da Toscana, o Ducado de Parma e os Estados Pontifícios, culminando no Reino da Itália, sob a regência da Casa de Saboia. Em 1860, Giuseppe Garibaldi liderou um grupo de voluntários, os camisas-vermelhas, para conquistar o Reino das Duas Sicílias e destituir Francisco II – evento que ficou conhecido como Expedição dos Mil. [N. E.]

CAPÍTULO 6

OS PRIMEIROS ANOS DO REINADO

APAZIGUAMENTO INTERNO, CONFLITOS INTERNACIONAIS E FORTALECIMENTO DO PODER CENTRAL

De 1840 a 1848, ideias desorganizadoras apareceram mais algumas vezes, mas foram derrotadas; o espírito governamental estava ganhando terreno, e seu progresso deu origem a outros interesses que abriram novos e mais nobres horizontes para mentes e ambições.
– João Manuel Pereira da Silva[1]

NORMALIZAÇÃO E ÚLTIMOS SOBRESSALTOS PROVINCIAIS

A pacificação do país, cuja unidade esteve seriamente ameaçada durante a Regência, foi totalmente alcançada em 1845, apesar de revoltas locais esporádicas que, em sua maioria, tinham se originado de inevitáveis tensões sociais em um país tão vasto, heterogêneo e desigual como o Brasil da primeira metade do século XIX. A unidade política é uma coisa, a revolução social é outra, e é difícil que as duas aspirações ou projetos possam sempre estar em harmonia. Especialmente porque as elites que defendem a unidade buscam, acima de tudo, consolidar ou ampliar seus privilégios, enquanto os menos favorecidos esperam que a união lhes traga, se não a igualdade social, pelo menos uma melhoria significativa em seu grupo. Essa contradição teria consequências particularmente trágicas na Itália do final do século XIX, quando Giuseppe

Garibaldi, desesperado, percebeu que havia lutado sem querer pela preservação dos interesses da aristocracia e da burguesia, e não dos interesses do povo ao qual pertencia².

D. Pedro II era um homem de convicção. Ele havia lutado com firmeza contra as províncias separatistas do Sul, porque sabia que o bloco territorial brasileiro corria o risco de ser profundamente quebrado por esses movimentos internos, que poderiam contaminar outras províncias. Mas também era um homem de paz e boa vontade. Portanto, cessando as hostilidades, fez um gesto de reconciliação em relação às duas províncias subjugadas pelo Exército imperial. Primeiro, foi para a ex-República Catarinense, depois visitou sua coirmã e aliada, a ex-República Rio-Grandense. Nos dois casos, recebeu uma calorosa acolhida popular, visto que os acordos de paz com o poder central haviam sido negociados com desejo firme de apaziguamento. Também é provável que as populações locais tenham compreendido, nessa ocasião, que um jovem monarca humanista e benevolente talvez tivesse mais condições de atender a suas demandas sociais que uma oligarquia ambiciosa e preocupada em proteger, sobretudo, seus próprios interesses econômicos.

No entanto, após a queda do rei Luís Filipe na França, em fevereiro de 1848, e o movimento revolucionário que abalou toda a Europa, varrendo os governos monarquistas mais conservadores, como o do príncipe de Metternich em Viena, a febre tomou conta da província de Pernambuco em novembro de 1848 com a Revolução Praieira³, um movimento híbrido e socialmente dirigido contra a burguesia comerciante portuguesa e os grandes proprietários de escravos, mas politicamente baseado em demandas diversas. Os manifestantes exigiam a extensão do sufrágio universal para toda a população – o sistema eleitoral brasileiro, como o de todas as grandes democracias ocidentais da época, era censitário e excluía os empregados domésticos, indigentes, desabrigados e escravos –, além da garantia de trabalho para toda a vida, independência dos poderes locais, liberdade total de imprensa com a abolição da censura pelo respeito à boa moral ou à proteção da família reinante, fim do Poder Moderador do monarca e do direito de graça, abolição do serviço militar e reforma da Justiça para garantir as liberdades individuais.

Certas medidas eram dirigidas de forma clara contra o imperador, cujo governo, então liderado pelo ex-regente Pedro de Araújo Lima, havia destituído o presidente local liberal de Pernambuco, Antônio Chichorro da Gama, para substituí-lo por um conservador. A decisão era motivada pela incapacidade do presidente em restaurar a ordem em uma província atingida pela crise na indústria açucareira. Contudo, os rebeldes consideravam que o Poder Moderador do imperador deveria ser abolido, pois se consideravam mais esclarecidos e moderados do que ele. Na realidade, havia nas circunstâncias uma absoluta ignorância das regras institucionais do Brasil, já que o Poder Moderador não pretendia bloquear as decisões do governo legal, mas garantir o equilíbrio político e social do país. Por fim, as aspirações do movimento eram nitidamente federalistas, uma vez que não queriam mais que o governo central pudesse demitir um responsável político local. Era a antiga ladainha das oligarquias provinciais, cujas segundas intenções eram, sobretudo, garantir o controle sobre os territórios e, assim, dividir o bolo brasileiro. Em detrimento do povo, evidentemente.

Algumas das reivindicações dos rebeldes, como o sufrágio universal estendido a todos os brasileiros ou a absoluta liberdade de imprensa, só podiam beneficiar-se da simpatia de d. Pedro II, mas, embora essas medidas fossem desejáveis a seu ver, elas só poderiam ser implementadas no longo prazo e em função do nível de educação das classes menos favorecidas. Sobre o sufrágio universal, em particular, ele compartilhava basicamente as mesmas convicções de seu contemporâneo Benjamin Disraeli[4], que dizia que a democracia exigia "um alto grau de civilização", ou mesmo Garibaldi, que considerava que o sistema republicano só poderia ser implementado na Itália quando o povo estivesse suficientemente educado. Quanto à liberdade de imprensa, d. Pedro também foi, e muito naturalmente, a favor de sua ampliação. Não tendo nenhum preconceito de classe, ele certamente não se importaria se a família imperial perdesse a imunidade de que gozava[5].

Por outro lado, em relação à abolição da censura destinada a proteger os bons costumes, ele acreditava, como a maioria dos estadistas de sua época, que, se essa medida fosse tomada, sem dúvida seria saudada pelos burgueses progressistas, mas condenada não apenas pela Igreja Católica, como também pelos meios populares, que costumavam ter uma visão mais estreita da moralidade que a burguesia dominante.

A Revolta Praieira foi finalmente reprimida pelo Exército, e os principais líderes políticos foram presos, julgados e condenados. No entanto, como era seu costume, d. Pedro II os anistiou em 1851, e a maioria deles conseguiu recuperar as funções que ocupava antes dos eventos. O Poder Moderador tinha, portanto, seu lado bom, como o direito de graça do monarca, cuja abolição os rebeldes também tinham exigido.

QUEDA DE BRAÇO COM A INGLATERRA[6]

Com a situação interna quase restaurada, um conflito diplomático iria surgir, dessa vez entre Brasil e Inglaterra. Os ingleses, como se sabe, eram os protetores de Portugal desde a Idade Média e se consideravam, por isso mesmo, os "padrinhos" do Brasil desde a regência ultramarina de d. João VI. Expulsos dos Estados Unidos no final do século XVIII, eles ainda mantinham, no início do século XIX, duas importantes cabeças de ponte no continente americano: o Canadá, peça essencial do novo Império colonial britânico, onde reinava a rainha Vitória desde 1837, e o Brasil, onde mantinham interesses comerciais consideráveis. Para os ingleses, o Brasil representava um desafio geoestratégico que pretendiam dominar. Assim, os casamentos da princesa Francisca com o príncipe de Joinville, de d. Pedro II com d. Teresa Cristina de Bourbon-Duas Sicílias e, finalmente, da princesa d. Januária com Luís de Bourbon-Duas Sicílias os desagradaram profundamente. Se as ambições familiares de Luís Filipe da França os incomodavam por arriscarem frustrar sua própria influência, o prestígio que os Bourbon de Nápoles haviam obtido dos casamentos no Rio de Janeiro lhes parecia uma afronta. Na verdade, desde 1815, a Inglaterra queria a queda da dinastia napolitana, pois os Bourbon, refugiados em Palermo e protegidos das ambições de Napoleão e de Murat pela Marinha Real britânica na Sicília, não haviam demonstrado gratidão no momento de sua restauração. Não lhes havia sido oferecida nenhuma vantagem comercial, nenhuma concessão mineradora ou portuária, nem mesmo profícuos contratos para o desenvolvimento das ferrovias[7] em plena expansão nas Duas Sicílias.

Os ingleses são rancorosos ou pelo menos têm uma memória de elefante, diferentemente dos franceses. Mas, se não esqueceram a ingratidão dos Bourbon de Nápoles, lembraram que foi graças à Marinha Real que os Bragança, fugindo de Portugal invadido pelas tropas napoleônicas em 1807, puderam refugiar-se no Brasil. Portanto, era necessário, por uma questão de autoestima nacional, evitar que o Brasil se aproveitasse da situação como as Duas Sicílias. Por outro lado, para eles, comércio e diplomacia andavam de mãos dadas desde o reinado de Elisabeth I, e o comércio exterior havia sido, por muito tempo, responsabilidade do Ministério das Relações Exteriores. Assim, como não tinham meios nem títulos para contestar o casamento de d. Pedro II com a princesa d. Teresa Cristina ou o da princesa d. Januária com o conde de Áquila, eles manifestaram seu descontentamento – agravado ainda mais pela decisão do governo imperial de impor pesados impostos às importações em 1844 – ao causar uma crise com o Brasil sobre o tráfico, ou seja, o comércio transatlântico de escravos, em 1845.

A escravidão existia no Brasil, mas em 1826 o país havia assumido o compromisso com a Inglaterra de proibir esse comércio infame. Vinte anos depois, as violações, devido à ganância dos comerciantes de escravos locais e às convulsões que sacudiram o país e levaram a uma desorganização administrativa, foram levantadas pelos ingleses, que acusaram o governo do Rio de Janeiro de não honrar seus compromissos.

Em termos morais, a causa era justa. Em termos factuais, também era fundamentada, pois a autoridade do governo central brasileiro era contestada em várias províncias litorâneas, o que, naturalmente, impedia a fiscalização regular e favorecia os fraudadores. Porém a resposta foi desproporcional quando o Parlamento de Westminster, aprovando uma lei de lorde Aberdeen[8], secretário de Estado do Ministério das Relações Exteriores, autorizou unilateralmente, sem negociações prévias, que a Marinha Britânica fiscalizasse todos os navios mercantes brasileiros suspeitos de tráfico e os arrestasse, assim como à sua carga, se os fatos fossem comprovados – decisão que, rapidamente, foi aplicada e posta em prática. Foi uma política de *big stick*[9], legitimada por uma causa que valia a pena do ponto de vista humano, mas que poderia ter sido resolvida de forma diplomática. Se o Brasil fosse uma grande potência militar e um país estável, uma guerra poderia ter sido deflagrada, o que não aconteceu, mas o governo brasileiro, ciente de que a questão era moral, mesmo se as pressões e as ameaças britânicas se traduzissem por métodos puramente imperialistas, conseguiu, com a ordem já tendo sido restaurada no país, endurecer as leis contra o tráfico para erradicá-lo definitivamente. Em 1850, entrou em vigor a nova legislação, conhecida como Lei Eusébio de Queirós, nome do ministro da Justiça do Brasil, conselheiro de Estado e assessor da Casa Imperial. Dois anos depois, a Inglaterra considerou o litígio encerrado[10].

D. Pedro II, visceralmente contrário à escravidão, assim como seu pai havia sido, desempenhou nesse caso um papel de apaziguamento e conciliação. Se ele tivesse sido, como tantos na América Latina naquela época, o ditador das circunstâncias de um país recém-descolonizado, poderia ter aproveitado a autoestima de seu povo para envolver-se em um jogo de queda de braço com a Inglaterra, cujas consequências teriam sido catastróficas para o país[11]. Mas, como monarca hereditário e legítimo, não era obrigado a excitar a fibra nacionalista para fortalecer ou manter seu poder, sobretudo em um caso certamente tratado de forma ferina e pretoriana pela Inglaterra, mas que, do ponto de vista do humanista que era, também lhe permitiria continuar sua luta pessoal em favor da abolição. Além disso, a Revolução Praieira, que colocou os trabalhadores agrícolas contra os proprietários, provou que a questão continuava acesa.

No entanto, os métodos usados pela Inglaterra deixaram um gosto amargo para o imperador, que, como os ingleses, também tinha uma memória de elefante. Alguns anos depois, em 1861, um navio mercante britânico encalhou e foi saqueado na costa do Rio Grande do Sul; depois, em 1862, oficiais da Marinha Real em escala no Rio perturbaram a ordem pública e foram presos por embriaguez e tumulto, ocasião em que o cônsul de Sua Majestade, William Christie Dougal, exigiu, em tom insultante, desculpas e reparações do governo brasileiro. Declarou até que estava pronto, se necessário, a convocar a frota inglesa para apreender navios mercantes brasileiros em compensação pelos danos sofridos. Imediatamente, d. Pedro II reagiu e rejeitou o ultimato. Melhor ainda, reforçou as frotas e ordenou que a Marinha disparasse contra qualquer navio estrangeiro que ameaçasse a costa brasileira. Surpreso por essa reação inesperada de um monarca que ele talvez considerasse mais ou menos como um "rei negro", para usar a linguagem dos colonialistas europeus da época, Dougal recuou, propondo um acordo amigável ou arbitragem internacional. Contudo, como os argumentos apresentados pelos ingleses eram de total má-fé e juridicamente infundados, não obtiveram nada, e, em 1863, o Brasil rompeu as relações diplomáticas com Londres.

O imperador provou assim que, por mais pacífico e filósofo que fosse, não podia aceitar que seu país fosse tratado com desprezo.

A PRIMEIRA GRANDE GUERRA EXTERNA

Após a anexação do Uruguai sob o reinado de d. João VI, seguida da independência desse país, a qual d. Pedro I viu-se obrigado a conceder em 1828 para pôr fim a um caso mal iniciado, e por fim os dez anos de guerra interna com a secessão do Rio Grande do Sul e de Santa Catarina, o Brasil precisava de paz com seus vizinhos. Nos dois casos citados, o verdadeiro rival do Império havia sido a Argentina ou, como era chamada na época, a Confederação das Províncias Unidas do Rio da Prata. Ela havia apoiado militarmente o Uruguai em sua resistência à anexação brasileira, com o objetivo de apropriar-se desse território, que se estendia à margem esquerda do rio da Prata. Da mesma forma, havia fornecido armas e mercenários à república separatista do Rio Grande do Sul para enfraquecer o Brasil e promover a criação de um estado-tampão entre ela e o Brasil, caso o Uruguai fosse anexado por ela. No entanto, por trás desses conflitos locais, ainda era a Inglaterra que estava no comando. Ela não tinha nenhuma ambição territorial na América Latina livre do colonialismo, mas temia o surgimento de Estados poderosos que ameaçassem seu imperialismo econômico. Em pouco tempo, seriam os Estados Unidos que iriam assumir essa política por conta própria, sem nenhum escrúpulo. É claro que, para estar em posição de força, é melhor ter diante de si uma profusão de pequenos Estados que se invejam e brigam entre si em vez de governos fortes e centralizados. Portanto, era lógico que a Inglaterra apoiaria secretamente o Uruguai ou a República Rio-Grandense contra o Brasil ao incentivar as ambições da Argentina. Nem que tivesse que se voltar posteriormente contra esse país, se por acaso se tornasse muito forte.

Entretanto, a situação interna da Argentina logo perturbaria tudo na região. Um homem autoritário, o general Juan Manuel de Rosas, líder enérgico, tinha tomado o poder em Buenos Aires em 1829 e ampliado sua autoridade a todo o país, que também estava ameaçado de desintegração. Demorou um pouco, mas ele conseguiu instaurar um regime ditatorial, no qual a maioria das liberdades fundamentais havia sido suspensa. O governo de Rosas era, portanto, a antítese absoluta do governo imperial de d. Pedro II, ao qual, aliás, ele havia se oposto ao apoiar os secessionistas no Rio Grande do Sul.

Rosas amava a guerra e já havia lutado contra a Bolívia e o Peru para empurrar as fronteiras ocidentais da Argentina. Seu sonho era claramente constituir uma "Grande Argentina", anexando os territórios vizinhos. Ele também ameaçaria o Paraguai, cuja independência o Brasil reconheceria em 1844, para fazer o ditador de Buenos Aires entender que esse país agora se beneficiava de sua proteção. Mas Rosas era teimoso. Persistiu em suas provocações e, em 1843, ameaçou diretamente o Uruguai, do qual pretendia apropriar-se "suavemente", apoiando o líder conservador uruguaio Manuel Oribe, que compartilhava as mesmas ideologias. O Brasil então interveio nesse jogo de xadrez, apoiando incondicionalmente Fructuoso Rivera, oponente liberal de Oribe e partidário da independência absoluta do Uruguai. No Rio de Janeiro, estimava-se que, se Rosas tomasse o Uruguai com a cumplicidade de Oribe, ele logo seria uma ameaça na fronteira sul do Império e colocaria em risco a importante comunidade brasileira do Uruguai. Seguiu-se uma guerra civil nesse país, cuja capital, Montevidéu, sofreu um longo e difícil cerco por parte dos argentinos, que queriam fazer a população passar fome para forçar as autoridades a se renderem, e só terminou em 1851[12]. O Brasil então se aliou ao Uruguai dos liberais e às províncias argentinas de Entre Ríos e Corrientes, que rejeitavam a ditadura de Rosas.

Esse conflito, conhecido como Guerra do Prata, tinha, portanto, um objetivo tanto defensivo quanto político para o Brasil, pois se tratava de derrubar o conservador uruguaio Oribe e, na sequência, a ditadura de Rosas na própria Argentina, favorecendo nos dois casos o surgimento de regimes democráticos. Foi um sucesso total, pois, em 1852, os brasileiros, os liberais uruguaios e os das províncias argentinas revoltadas contra Rosas esmagaram as tropas do ditador na Batalha de Monte Caseros. Essa derrota militar contundente levou à queda de Rosas, que se exilou na Inglaterra, onde morreu pacificamente em Southampton, em 1877, sem que ninguém o questionasse pelas perseguições políticas que cometeu em seu país durante a ditadura.

Esse caso prova, mais uma vez, o jogo um tanto dúbio do governo britânico, que, na questão do tráfico de escravos em 1845, dera lições de moral para o Brasil com a intenção manifesta de humilhar o jovem Império, mas que, sete anos depois, acolheu e protegeu um ditador argentino que tinha nas mãos o sangue de milhares de compatriotas.

NOTAS

1. João Manuel Pereira da Silva, *Le Brésil en 1858 sous l'empereur dom Pedro II* [O Brasil sob o imperador d. Pedro II – sem edição em português].
2. Refere-se ao movimento *Risorgimento*. Ver nota 7, cap. 5. [N. E.]
3. Referência à sede do *Diário Novo*, jornal de oposição, cuja sede estava localizada na rua da Praia, em Recife.
4. Benjamin Disraeli (1804-1881), conde de Beaconsfield, foi primeiro-ministro do Reino Unido em duas ocasiões (de fevereiro a dezembro de 1868 e de 1874 a 1880). Ficou conhecido principalmente por seu posicionamento conservador e é considerado o pai do Partido Conservador moderno. [N. E.]
5. Na década de 1870, a imunidade de que a família reinante se beneficiava foi, de fato, abolida pela recusa do imperador em intentar uma ação contra os jornais satíricos, que, como na Inglaterra ou na França, não poupavam ninguém. D. Pedro II e seus ministros estavam certamente entre os personagens mais caricaturados da época, com algumas legendas humorísticas que, em outros tempos, teriam valido uma condenação criminal aos seus autores.
6. O termo "Inglaterra" é usado neste livro por conveniência para designar o que, desde 1801, era na verdade o Reino Unido da Grã-Bretanha e Irlanda.
7. Os ingleses se vingaram em 1860: protegeram o general Garibaldi e seus mil camisas-vermelhas durante o desembarque em Marsala, forçaram as tropas de Bourbon a assinar um armistício em Palermo, sob o pretexto de proteger os cidadãos de Sua Majestade que ali residiam, favoreceram a travessia do Estreito de Messina aos garibaldinos e bloquearam o porto de Nápoles para impedir a chegada de reforços em apoio ao governo legítimo. Eles até tiveram o cinismo de oferecer ao rei Francisco II de Bourbon um de seus navios para levá-lo ao local do exílio que ele escolhesse.
8. Alcunha pela qual ficou conhecido George Hamilton-Gordon (1784-1860), político britânico que foi primeiro-ministro entre 1852 e 1855. [N. R.]

9. O *big stick* (ou, em português, "grande porrete") refere-se a um estilo de diplomacia que, através de uma política externa forte, foi usado pelo presidente estadunidense Theodore Roosevelt Jr. (entre 1901 e 1909) para deter as intervenções europeias, principalmente britânicas, no continente americano. Dessa maneira, os Estados Unidos assumiriam a liderança dentro do continente. [N. E.]

10. Na verdade, o número de escravos que chegavam ao Brasil era de 43 mil por ano entre os anos 1820 e 1830. Esse número se estabilizou antes de atingir um pico de 49 mil em 1849, caindo depois para menos de 25 mil em 1850 e desaparecendo definitivamente a partir de então.

11. A Inglaterra queria fazer do Brasil sua reserva econômica. Ela não suportava que o Brasil fosse atraído pela França e pelos Estados Unidos, portanto sempre colocou obstáculos na política brasileira. O apoio à abolição era uma forma de esconder suas ambições sob um pretexto humanitário. Dito isso, é verdade que o d. Pedro II também encontrava resistências dos grandes proprietários de terras e escravos, gerando tensão e conflitos internos.

12. Foi no cerco de Montevidéu, a partir de 1843, que Giuseppe Garibaldi se destacou lutando contra os argentinos com sua Legião Italiana. Dessa vez ele não errou o alvo, pois estava lutando contra um verdadeiro ditador, o que não era o caso durante sua aventura no Rio Grande do Sul.

CAPÍTULO 7

O IMPULSO DO PROGRESSO

O reinado de d. Pedro II aparece na história da América como um dos momentos mais marcantes de sua evolução. – Jacques Pirenne[1]

COMPROMISSO ECONÔMICO E TECNOLÓGICO

Homem de ciência e cultura, d. Pedro II sabia tudo o que acontecia no mundo, pois devorava diariamente a imprensa internacional, mesmo que os jornais chegassem atrasados da Europa. Assim, ele pôde acompanhar de perto o extraordinário desenvolvimento industrial da Inglaterra e da França sob os reinados da rainha Vitória e do rei Luís Filipe I.

A partir de 1830, Luís Filipe I aproveitou o grande sopro liberal da Revolução de Julho para, a partir de uma França já restabelecida e enriquecida pela Restauração[2], fortalecer ainda mais as estruturas econômicas do país. A burguesia financeira que havia levado o "Rei-Cidadão" ao poder envolvera-se nesse processo que liberou as iniciativas privadas e incentivou os industriais, os empresários e os comerciantes a seguirem o mesmo caminho ousado, quiçá aventureiro, que seus colegas britânicos haviam começado a explorar sob os reinados de Jorge IV e Guilherme IV.

Quanto a Vitória, se ela subiu ao trono em 1837 ignorando tudo sobre as questões econômicas, industriais ou comerciais do país, mais tarde foi auxiliada nessa área por figuras particularmente brilhantes, como *sir* Robert Peel, de quem não gostava, e o príncipe Alberto de Saxe-Coburgo-Gota, seu marido, a quem adorava. Desde então, a Inglaterra vitoriana, também empurrada por uma burguesia dinâmica e empreendedora, tornou-se a primeira potência industrial e comercial do mundo, que, graças a Benjamin Disraeli, logo resultou no maior império colonial que existiu desde Roma.

Historicamente, nesse contexto de progresso e desenvolvimento, d. Pedro II em nada se assemelhava a seu primo-irmão, o imperador Francisco José I da Áustria, um burocrata detalhista, mais preocupado em conservar do que modernizar e sempre desconfiado das inovações tecnológicas. Em compensação, era muito mais parecido com o príncipe-consorte Alberto de Saxe-Coburgo-Gota, que era seis anos mais velho e com quem não tinha nenhum laço de sangue[3]. Era impressionante a semelhança de comportamento e temperamento entre o jovem imperador brasileiro – ansioso por modernidade – e o príncipe inglês – promotor e organizador da Exposição Universal de Londres em 1851. Ambos eram homens pudicos, solitários, sérios e estudiosos, voltados para o estudo e a pesquisa, constantemente movidos por uma profunda curiosidade intelectual e sempre em busca do progresso científico e tecnológico. Mas esse entusiasmo não foi motivado apenas pela modernização ou pelo enriquecimento de seus respectivos países – tinha um objetivo mais amplo. O que os animava profundamente era a melhoria da precária, se não miserável, condição social das classes populares, deixadas à mercê do capitalismo triunfante.

Observa-se também que, na esfera política, os dois homens reagiram exatamente da mesma forma e na mesma direção: desenvolver a democracia. D. Pedro II conduziu o Brasil pelo caminho de um parlamentarismo regulado pelo Poder Moderador imperial, enquanto Alberto estava lutando em Buckingham ou Windsor para convencer sua doce mas autoritária esposa de que os desejos reais deveriam ceder ante a escolha dos eleitores e que a nomeação de primeiros-ministros não dependia das simpatias do monarca, mas da vontade do povo.

A FUNDAÇÃO DE PETRÓPOLIS

Como Alberto, que foi um príncipe construtor em Balmoral ou Osborne, o imperador se lançou, desde o início do reinado, à construção de uma residência de veraneio em uma região idílica, que seu pai d. Pedro I já havia notado devido à beleza do lugar e onde ele havia adquirido a fazenda do Córrego Seco, propriedade de que, na verdade, não usufruiu muito por causa de sua abdicação.

O nascimento desse projeto foi semelhante ao exemplo de Luís XIV, ancestral de d. Pedro II pelos Bourbon da Espanha, que construiu Versalhes em volta do pavilhão de caça de seu pai, Luís XIII.

Assim nasceu, em 1843, a 68 km ao norte do Rio de Janeiro, a cidade de Pedro: Petrópolis – de certo modo, uma São Petersburgo de d. Pedro II, porém mais modesta, visto que o monarca não pretendia construir uma capital do Império[4], mas um tranquilo lugar de veraneio, ideal para estudar, refletir e descansar da agitação febril e constante do Rio. É claro que, fiel a si mesmo, chamou os melhores arquitetos, engenheiros e jardineiros, com quem discutia os detalhes técnicos, porque, afinal, era um homem polivalente com conhecimento e muitas ideias. Ele empregou muitos trabalhadores alemães da Renânia na obra do palácio, assim como na da nova cidade que ele desejava à sua volta, e contratou os serviços do engenheiro militar Julius Friedrich Koeler para supervisionar as operações. Nesse ponto, d. Pedro tinha mais flexibilidade que o príncipe Alberto, que não se permitia apelar de forma muito vistosa aos seus compatriotas do outro lado do Reno, já que os ingleses da época tinham muita antipatia pelos alemães, criticando até mesmo o marido da rainha por ser muito germânico.

Aliás, mesmo correndo o risco de ofender a autoestima dos franceses, é preciso dizer que, ao contrário dos persistentes alemães, os 59 franceses contratados em 1843 em condições salariais muito favoráveis pela província do Rio de Janeiro para construir a estrada que liga Porto de Mauá a Petrópolis cansavam-se rapidamente e, com saudade do país de origem, voltaram à

França, muitas vezes de forma arrogante e aproveitando-se dos passaportes brasileiros que tinham sido emitidos pelas autoridades. No final, restaram apenas treze franceses em 1847[5].

A presença germânica marcaria Petrópolis, que voltaria a ficar famosa em 1942, quando o grande escritor austríaco Stefan Zweig, que fizera da cidade seu último refúgio, cometeu suicídio. Essa cidade, "que evocava irresistivelmente Baden-Baden ou Ischl com seu teatro, seu pequeno cassino, os balneários do velho mundo, sua elegância antiquada e seu aroma de cura"[6], um refúgio de paz nos trópicos, lhe trazia de volta as boas lembranças da Áustria, da Baviera e do Grão-Ducado de Baden.

Petrópolis, no entanto, não era um simples capricho principesco, mesmo que d. Pedro II tivesse desejado ressuscitar, pelo estilo e pela cor das alas do palácio, "cuja tonalidade marrom-avermelhada era um dos avatares do amarelo de Schönbrunn contra o qual se destaca o branco das colunas, pilastras e frisos"[7], o cenário em que sua mãe d. Leopoldina vivera em sua juventude. Era, acima de tudo, um projeto que permitiria lançar uma política de infraestrutura rodoviária e ferroviária, da qual o Brasil, devido à sua imensidão territorial (quase 8,5 milhões de km^2) e a diferenças extravagantes no relevo, tinha a maior necessidade para o desenvolvimento econômico.

Assim, a primeira linha ferroviária, que ia da baía de Guanabara a Fragoso, na raiz da serra de Petrópolis, seria destinada não apenas ao conforto pessoal do imperador, mas também ao escoamento da produção de café no vale do Paraíba. Ela foi solenemente inaugurada em 30 de abril de 1854 por d. Pedro II e pela imperatriz d. Teresa Cristina, cercados por todos os membros do governo, a fim de indicar que esse evento era particularmente simbólico para um Brasil que entrava na modernidade. O projeto, complicado por dificuldades técnicas e pela configuração acidentada do terreno, foi obra do abastado empresário e banqueiro Irineu Evangelista de Sousa, apelidado de "Rothschild brasileiro"[8], que já havia estudado a operação de ferrovias na Inglaterra. O imperador concedeu-lhe o título de barão de Mauá, nome do porto no início da ferrovia, como forma de agradecimento a um homem que, mesmo tendo recebido uma concessão estatal, trabalhou com os fundos de sua própria empresa. Em 1876, uma viajante inglesa, Lady Anna Brassey, descreveu de forma pitoresca a viagem que fez do Rio de Janeiro a Petrópolis: "Partimos para Petrópolis de trem, às onze horas. O trem passa por plantações de cana-de-açúcar e de café, estabelecidas no meio de florestas de palmeiras, onde haviam sido abertas grandes clareiras"[9].

Esse grande passo em direção à modernidade, personificado pelas ferrovias e locomotivas a vapor, seria seguido por muitos outros: em 1858, foi inaugurada a linha Cinco Pontas-Cabo (província de Pernambuco), bem como a linha Estação da Corte-Queimados (província do Rio de Janeiro), que inicialmente chamava-se Estrada de Ferro D. Pedro II, depois Estrada de Ferro Central do Brasil, e constituiria o primeiro trecho do elo estratégico entre o Rio de Janeiro e as províncias de São Paulo e Minas Gerais; em 1860, Calçada foi ligada a Paripe (província da Bahia); em 1867, Santos-Jundiaí (província de São Paulo); em 1873, Fortaleza-Porongaba (província do Ceará); em 1874, Porto Alegre-São Leopoldo (província do Rio Grande do Sul); em 1881, Sítio-Barroso (província de Minas Gerais); em 1885, Paranaguá-Morretes (província do Paraná). A realização deste último projeto se deve aos irmãos André, Antônio e José Rebouças, netos de um alfaiate e uma escrava[10], engenheiros civis e militares, abolicionistas e próximos a d. Pedro II[11]. Assim, a rede ferroviária se expandiu[12], com a preocupação do poder central em cobrir todas as grandes províncias e, principalmente, as mais turbulentas e periféricas, como Pernambuco e Rio Grande do Sul. Ninguém deveria ser esquecido na grande família que constituía o Brasil imperial.

Entretanto, ferrovias e estradas são coisas diferentes em um país imenso que, "exceto nas províncias do Rio de Janeiro e São Paulo, não tem estradas adequadas, apenas caminhos mal abertos, muitas vezes intransitáveis durante a estação chuvosa"[13]. Mais uma vez, houve um verdadeiro avanço das obras que pouco a pouco permitiram a penetração no país. De 1856 a

1861, testemunhou-se a construção pela empresa privada União e Indústria da primeira grande rodovia moderna que ligava Petrópolis (e, portanto, o Rio de Janeiro) a Minas Gerais, a região mineradora mais importante do país. Essa estrada seguiu o traçado de uma antiga trilha colonial, e, em sua realização, foi empregado todo o imaginário tecnológico do século XIX, com as inevitáveis pontes metálicas e o macadame, revestimento reforçado graças à técnica inovadora do engenheiro inglês John Loudon McAdam.

O exemplo seria seguido em breve nas outras províncias, onde pouquíssimas estradas eram transitáveis. Esse movimento foi fomentado pelo tipo de descentralização inteligente defendida pelo imperador. Na verdade, se por um lado d. Pedro II não pretendia tolerar o separatismo local, por outro considerava que os governos provinciais deveriam ter voz em um setor tão vasto quanto o de infraestrutura. O impulso dado no Rio de Janeiro e especialmente em Petrópolis expandiu-se para todo o país. Assim, os políticos locais competiram para dotar suas respectivas províncias de estradas e ferrovias adequadas, favorecendo assim a livre circulação de pessoas e mercadorias. Aos olhos do imperador, tratava-se de colocar as energias provinciais a serviço da nação para que elas não se esgotassem em discussões internas e partidárias que freavam a decolagem do Brasil.

Finalmente, levando em conta a imensidão territorial do país e sua configuração geográfica – cerca de 15 mil km de fronteira, incluindo 7,5 mil km de costa –, eram as ligações marítimas de norte a sul que iriam permitir conectar com vapores todas as principais cidades portuárias, de Belém a Porto Alegre, que em breve também subiriam o rio Amazonas. D. Pedro II incentivou o desenvolvimento de companhias marítimas com capital americano, inglês e francês, para que a frota mercante brasileira, precária no início de seu reinado, pudesse competir com as frotas estrangeiras. Obviamente, essa política visava fortalecer o comércio entre as províncias marítimas, mas também facilitar as exportações agrícolas, especialmente de café e açúcar, nas quais se baseava grande parte da riqueza nacional.

Se o notável desenvolvimento das comunicações no Brasil a partir de 1850 teve um impacto positivo na vida econômica do país, não se deve ignorar, no entanto, que também contribuiu para a unificação do território, que era outra prioridade do imperador. Assim, durante uma viagem feita dez anos depois no país, um jornalista francês pôde constatar que a melhoria da cabotagem entre os portos brasileiros havia tido consequências políticas extremamente positivas: "As tendências separatistas estão diminuindo a cada dia. O governo constitucional do imperador não dá mais espaço a recriminações políticas. Os vapores que cruzam continuamente o Atlântico fazem sentir a mão do poder, destruindo cada vez mais as inclinações de isolamento, facilitando as comunicações"[14].

Assim, deve-se reconhecer de forma objetiva que, no campo da infraestrutura, o avanço dado por d. Pedro II, que acreditava que "o melhor uso do dinheiro público está nos meios de comunicação"[15], foi o vetor mais decisivo para a modernização e a unificação do Brasil no século XIX.

RIO DE JANEIRO, CAPITAL IMPERIAL

D. Pedro II sonhava com um Império unido em torno de uma capital incontestada em sua primazia, sem prejudicar o desenvolvimento de outras cidades brasileiras que também tinham um papel a desempenhar no equilíbrio do país e, portanto, para sua coesão.

No período colonial, Salvador era a capital administrativa do país. Era lá que residia o vice-rei, representante do monarca português. D. João VI havia transferido a capital para o Rio de Janeiro, decisão eminentemente simbólica, indicando que o Brasil estaria em pé de igualdade com Portugal. Foi também esse monarca que dotou a cidade com as primeiras grandes instituições e monumentos de utilidade pública. D. Pedro I, seu filho, mal teve a satisfação de fazer o mesmo durante seu reinado interrompido, mas d. Pedro II continuou o trabalho do avô.

Foi no palácio imperial de São Cristóvão, que se tornara residência real na época de d. João VI, que d. Pedro II nasceu e de onde governou o Império. Ele modernizou a construção, que data do início dos anos 1800, e criou os esplêndidos jardins arborizados na Quinta da Boa Vista, para dar ao lugar e seus arredores o carimbo e a beleza neoclássica dos palácios reais da Velha Europa. Era em seu escritório que ele trabalhava do amanhecer ao anoitecer pela felicidade de seu povo e pela grandeza do país, atento às emoções da cidade e seus perfumes exóticos. O coração do Estado batia no Rio de Janeiro, e o Rio de Janeiro era o coração do Império[16].

O Rio de Janeiro tornou-se uma cidade moderna, com urbanismo de qualidade, parques magníficos e lojas onde se podiam encontrar os produtos mais recentes da França ou da Inglaterra, pois era necessário atender ao gosto tanto da crescente burguesia quanto da aristocracia, que não era uma casta parasitária, mas representava a elite da administração e do mundo intelectual e artístico. Como sempre, ou pelo menos como costumava acontecer no século XIX, os ingleses forneciam à capital e às grandes cidades produtos manufaturados robustos e de alta qualidade, enquanto os franceses se destacavam nos setores do luxo e da moda. As mulheres da alta sociedade brasileira quase não saíam de casa naquela época, mas, quando o faziam, igualavam-se em elegância às mulheres mais bonitas de Paris, com um toque de exotismo que teria garantido seu sucesso com os estrangeiros residentes no país, se seus maridos, possessivos e ciumentos como sicilianos, não as observassem de perto. A França também estava presente nos jornais e nos livros. A burguesia brasileira falava de negócios em inglês, mas o francês continuava sendo a língua da política e da intelectualidade. Com suas inúmeras gráficas, livrarias e sua Biblioteca Nacional, o Rio de Janeiro tinha o aspecto de uma pequena Paris, enquanto suas academias de prestígio, como o Instituto Histórico e Geográfico Brasileiro – o famoso IHGB –, tornavam a cidade um importante centro intelectual.

Mas o Rio de Janeiro também era uma cidade tropical que precisava ser saneada para tornar-se salubre e evitar a propagação de epidemias. O principal problema era a água, resolvido pelo engenheiro militar André Rebouças, filho de um comerciante português e uma escrava negra. Amigo íntimo do imperador, que admirava seu talento e em quem tinha absoluta confiança, André trabalhou na distribuição de água corrente por um sistema de canalizações que irrigava a capital a partir das serras próximas, enquanto as unidades de tratamento a montante garantiam a sua pureza.

Com iluminação a gás e possuindo um dos primeiros bondes, Rio de Janeiro ascendeu assim à categoria de uma capital moderna, conectada ao resto do país por ferrovias e estradas finalmente transitáveis e ao mundo inteiro por um tráfego incessante de vapores que se cruzavam na baía de Guanabara, chegando ou partindo para a Europa ou a América do Norte.

Essa mudança foi acompanhada pelo imperador, que fomentou a influência cultural e científica da capital, recebendo em sua corte a elite de cientistas, escritores e artistas do Brasil, Estados Unidos e Europa de forma muito modesta, sem frescura nem formalidade. Graças a ele, o Rio de Janeiro se tornou um destino procurado pelas mais ilustres personalidades da época, que apreciavam o clima dessa região exuberante, temperada pela proximidade da serra e do Atlântico Sul e ampliada ainda mais pelo esplendor de suas paisagens naturais. Ferdinand Wolf, curador da Biblioteca Nacional de Viena, prestou homenagem a esse ativismo cultural ao dizer que "d. Pedro II não agia por cálculo, como Augusto, nem por vaidade egoísta, como Luís XIV, para fazer desses homens eminentes o trampolim de sua ambição, mas porque amava a ciência e as artes"[17].

UM DESAFIO PARA O FUTURO: A JUVENTUDE

Particularmente surpreendente para um garoto de sua idade, d. Pedro II pensava, desde sua ascensão ao trono, no futuro no Brasil e na formação de uma elite intelectual capaz de continuar a tarefa iniciada pela geração da Independência.

Ele voltou de imediato sua atenção para o Colégio Imperial Dom Pedro II, no Rio de Janeiro, fundado sob a Regência em 1837 durante sua minoridade e batizado em sua homenagem. Ele, que diria um dia "Se eu não fosse imperador, desejaria ser professor. Não conheço missão maior e mais nobre que a de dirigir as inteligências jovens e preparar os homens do futuro"[18], queria que esse estabelecimento se tornasse a *alma mater* da educação no Brasil e formasse todas as elites administrativas do Império. Deveria se parecer com as grandes escolas parisienses que preparavam para a Escola Normal Superior e, ao mesmo tempo, prefigurava a Escola Nacional de Administração, criada por De Gaulle[19], em 1945, com exatamente o mesmo objetivo: a formação de uma função pública de qualidade a serviço do Estado. D. Pedro dava tanta importância a esse colégio que até brincava: "Eu só governo duas coisas no Brasil: a minha casa e o Colégio Pedro II"[20].

Os alunos do Colégio Imperial – Ensino Fundamental e Médio, para seguir os padrões atuais –, de famílias ricas ou sustentados por bolsas de estudos concedidas pelo Estado, passariam a estudar humanidades clássicas sob a tutela dos mais ilustres professores. O imperador garantia pessoalmente que o corpo docente recebesse escritores de renome, como Joaquim Manuel de Macedo, ou historiadores talentosos, como João Capistrano de Abreu. Ao sair da instituição depois dos estudos secundários, os melhores alunos seguiam o que Armelle Enders chama de "os caminhos da excelência do Brasil monárquico"[21], ou seja, os estudos de Direito nas faculdades de Recife ou São Paulo – fundadas em 1827, sob o reinado de d. Pedro I –, para, em seguida, iniciar uma carreira política ou entrar nos negócios. Alguns deles, tentados pela pesquisa, podiam até mesmo ingressar no prestigioso Instituto Histórico e Geográfico Brasileiro, fundado em 1838, cuja "proteção imediata" foi assumida por

d. Pedro II em 1850, favorecendo inclusive sua instalação no parque do palácio imperial de São Cristóvão.

Quanto ao ensino superior científico, é importante lembrar que d. João VI havia criado uma Faculdade de Medicina e Cirurgia em Salvador e outra no Rio de Janeiro, além de um Observatório Astronômico. Ele também foi o idealizador do Real Arquivo Militar, instituição dotada de uma rica mapoteca, onde mais tarde foram encontrados projetos estratégicos e econômicos de penetração no interior do país, elaborados durante seu reinado. Assim, seu neto d. Pedro II conseguiu explorar caminhos de desenvolvimento que haviam sido objeto de estudos aprofundados na década de 1820.

O desenvolvimento do Ensino Superior no Brasil sob o reinado de d. Pedro II foi uma verdadeira revolução, pois antes, no início do século XIX, os jovens que desejassem realizar um curso universitário de alto nível precisavam ir para a Universidade de Coimbra, em Portugal, uma das mais antigas e famosas da Europa. Concordemos que esse privilégio era inacessível, não apenas aos filhos das classes trabalhadoras, mas também aos da pequena burguesia.

Se o imperador pensava nas elites administrativas para ocupar os cargos de responsabilidade do Império, tampouco se esquecia das camadas mais desfavorecidas ou menos abastadas do seu povo. Portanto, ele também concentrou seus esforços no ensino primário, inteiramente nas mãos do clero católico até os primeiros anos da Independência, e no ensino médio, destinado principalmente aos filhos de famílias de classe média que, embora não fossem pobres, não tinham meios de pagar tutores. O esforço precisou de perseverança. Assim, em 1856, havia 2.460 escolas primárias e secundárias no Brasil, frequentadas por quase 83 mil alunos[22]. Em 1869, a progressão continuou, com 3.516 escolas e 115.735 alunos. Finalmente, em 1889, o último ano de seu reinado, havia 7,5 mil escolas e 300 mil alunos[23].

Pragmático, o imperador sabia muito bem que o ensino público era ainda muito insuficiente e que não conseguiria resolver sozinho a questão da educação para o maior número possível de pessoas, portanto aceitou a ajuda das congregações religiosas, principalmente francesas, portuguesas e espanholas, que vieram se estabelecer no Brasil em meados do século XIX[24]. Os jesuítas, os lazaristas e os salesianos abriram escolas secundárias para meninos em várias províncias, enquanto as dominicanas se dedicaram à educação das meninas. As meninas eram até então as grandes negligenciadas na política educacional do Estado, mesmo que o imperador sonhasse com um ensino igualitário. Contudo, esse projeto ainda era muito ousado para os brasileiros, que consideravam que as mulheres deviam ficar em casa e não sair, exceto para ir à missa ou participar de recepções destinadas, acima de tudo, a reforçar a influência social de seus maridos.

Com d. Pedro II, nada era feito pela metade. Se ele supervisionava diretamente o Colégio Imperial d. Pedro II, revisando os programas e cuidando do recrutamento de professores, não deixava de visitar com frequência outros estabelecimentos de ensino do país para verificar seu funcionamento. As inspeções eram às vezes improvisadas, o que lhe permitia opinar sobre a qualidade do ensino oferecido e as dificuldades que algumas crianças podiam encontrar. Como um novo Carlos Magno, a quem inevitavelmente lembrava com sua bela barba loira, ele ouvia os alunos, distribuía prêmios aos mais merecedores e oferecia bolsas de estudos por sua dotação. Esse envolvimento, que seria considerado excessivo hoje em dia e que o corpo docente da época deve ter considerado oneroso, era da natureza de um homem que via a educação como uma questão de civilização, principalmente em um país novo como o Brasil. Além disso, ciente das disfunções inerentes aos serviços públicos, em geral, e aos serviços públicos nos trópicos, em particular, o imperador, que teria sido um excelente inspetor da Academia, sabia que carências muito flagrantes na formação de novas gerações seriam desastrosas para o futuro da nação[25].

NOTAS

1. Jacques Pirenne, *Les grands courants de l'histoire universelle* [As grandes correntes da história universal. 7 volumes. Lisboa: Sociedade de Intercâmbio Cultural Luso-Brasileiro, 1950-1962].
2. A Restauração Francesa (ou Restauração Bourbon) foi o período entre a queda de Napoleão, em 1814, e a Revolução de Julho, em 1830. Foi marcado pelo conservadorismo, por revoltas populares e pela forte influência da Igreja Católica na política. [N. E.]
3. A partir de 1836, porém, passaram a ter laços familiares, já que a irmã mais velha de d. Pedro II, d. Maria II de Portugal, se casou com o príncipe Fernando de Saxe-Coburgo-Gota, irmão de sangue de Alberto.
4. Em 1703, Pedro, o Grande, fundou São Petersburgo para substituir Moscou como a capital do Império Russo. A cidade ficou conhecida como "janela para a Europa", pois abandonava as características mais "orientais" russas e se aproximava das principais capitais europeias no Ocidente. Além disso, conectava a Rússia ao mar Báltico, permitindo a construção de uma Marinha e o desenvolvimento do comércio. [N. E.]
5. Laurent Vidal, *Ils ont rêvé d'un autre monde* [Eles sonharam um outro mundo: história atlântica dos fundados do Falanstério do Saí (1841-1846). São Paulo: Edusp, 2019]. Eram principalmente trabalhadores falanstérios, discípulos de Charles Fourier.
6. Dominique Bona, *Stefan Zweig, l'ami blessé* [Stefan Zweig, o amigo ferido – sem edição em português].
7. Ibid.
8. Sobrenome relevante, visto que os Rothschild, assim como os Péreire, desempenharam um papel decisivo no desenvolvimento das ferrovias na Europa, principalmente na França. [Rothschild era uma importante família de banqueiros judeu-alemães, que frequentemente socorriam os sempre combalidos cofres brasileiros e do próprio d. Pedro II; os irmãos Jacob e Isaac Péreire eram poderosos banqueiros que tiveram papéis decisivos na modernização de Paris – N. T.]

9. Lady Anna Brassey, *Le tour du monde en famille* [Pelo mundo todo com a família – sem edição em português].
10. Na versão original, foi utilizado o termo francês *mulâtre* para definir descendentes de relações entre brancos e negros. Entretanto, na edição brasileira, optou-se por adequar as ocorrências, explicitando o motivo pelo qual o autor quis dar destaque para a descendência da personalidade e, assim, evitar uma expressão que não cabe nos tempos atuais. [N. E.]
11. Especialmente André, que acompanhou D. Pedro II para o exílio após o golpe de 1889.
12. Em 1867, a rede tinha 601 km; em 1870, 997 km; em 1880, 3.521 km; em 1887, 8.486 km; e em 1888, 9.200 km. No final do Império, a marca de 10 mil km foi ultrapassada (Gaston Dodu, *Les autres Patries* [Os outros países – sem edição em português]).
13. Ibid.
14. Adolphe d'Assier, *Le Brésil et la société brésilienne* [O Brasil e a sociedade brasileira – sem edição em português].
15. Diário do imperador d. Pedro II, 2 de janeiro de 1862. Em Armelle Enders, *Histoire du Brésil* [ver nota 16, cap. 4].
16. O palácio imperial de São Cristóvão é hoje o Museu Nacional do Brasil.
17. Georges Raeders, *Le Comte de Gobineau au Brésil* [ver nota 7, cap. 3].
18. Heitor Lyra, *História de Dom Pedro II (1825-1891)*.
19. Charles de Gaulle (1890-1970) foi um estadista francês que liderou as Forças Francesas Livres durante a Segunda Guerra Mundial e presidiu o Governo Provisório da República Francesa de 1944 a 1946, a fim de restabelecer a democracia em França. [N. R.]
20. Lilia Schwarcz, *As barbas do imperador*.
21. Armelle Enders, op. cit.
22. João Manuel Pereira da Silva, *Le Brésil en 1858 sous l'empereur dom Pedro II* [ver nota 1, cap. 6].

— NOTAS —

23. Frédéric Mauro, *Histoire du Brésil* [História do Brasil. São Paulo: DIFEL/Saber Atual, 1974].

24. Maria Alzira da Cruz Colombo, *La venue des congrégations religieuses françaises au Brésil à la fin du XIXe siècle et au début du XXe siècle* [A chegada de congregações religiosas francesas ao Brasil no final do século XIX e início do século XX – sem edição em português].

25. Em sua obra intitulada *Instrução pública no Brasil*, publicada em 1889, alguns meses antes da queda do Império, o dr. José Ricardo Pires de Almeida descreveu exaustivamente o desenvolvimento da educação pública durante o reinado de d. Pedro II.

CAPÍTULO 8

O PODER MODERADOR FRENTE ÀS TURBULÊNCIAS POLÍTICAS

O imperador, que sabia perfeitamente que as eleições eram pouco significativas e queria evitar que os mesmos grupos de influência e os mesmos círculos se perpetuassem no poder, estava à procura do país real.
– Bartholomé Bennassar e Richard Marin[1]

ORDEM E PROGRESSO

Apesar de o lema positivista "Ordem e Progresso" ser da época da República, ele também pode caracterizar os primeiros anos do reinado de d. Pedro II. Desde que, é claro, ele seja interpretado no sentido de que o próprio imperador pudesse entendê-lo, ou seja, "progresso em ordem".

Na verdade, foi graças a esse desenvolvimento na paz civil que o Brasil das décadas de 1850 e 1860 deixou definitivamente o mundo antigo para entrar diretamente na modernidade do século XIX, como já havia feito a maioria das nações da Europa Ocidental, a exemplo da Inglaterra e da França. Tendo o Brasil colonial e pós-colonial desaparecido, era uma sólida potência regional que emergia do limbo sob o cetro benevolente de d. Pedro II e a autoridade de governos que, adotando os sábios preceitos do monarca, deixaram temporariamente de lado as brigas pessoais e os confrontos partidários para trabalhar pelo bem público. Curiosamente, para surpresa geral do mundo todo, esse Brasil tropical, país de calor intenso e chuvas torrenciais, terra de luz, sangue, paixão e violência, nação tão diferente daquelas com clima temperado na Europa, adotou um sistema democrático ao qual Montesquieu teria sem dúvida pensado que não estava predestinado devido à sua natureza selvagem e primitiva.

Esse foi o milagre brasileiro. Deixando suavemente o colonialismo ou, pelo menos, com infinitamente menos lutas e sangue que a América espanhola, o Brasil do século XIX entrou no mundo democrático evitando os golpes militares, as ditaduras e as tiranias que foram, até quase o final do século XX, o pesadelo das repúblicas latino-americanas. Não há dúvida de que esse movimento só pôde ter início no Brasil graças a um sistema de monarquia constitucional inspirado nos ideais da Revolução Francesa. No fundo, d. Pedro I e principalmente d. Pedro II, com personalidades tão diferentes, souberam, por essa sutil combinação da autoridade do príncipe e da soberania nacional, como alcançar essa síntese que nem Luís XVI nem os deputados da Assembleia Constituinte puderam atingir e, por isso, veriam a revolução afundar e a República respingada de sangue do Terror, manchado pela corrupção do Diretório e finalmente enterrada pelas baionetas de Bonaparte.

De certa forma, esse sucesso brasileiro também se deve, de modo paradoxal, ao choque que a inesperada abdicação de d. Pedro I provocou no Brasil. Monarca sinceramente democrático, apesar do caráter exaltado, d. Pedro I sem dúvida não teria tido as mesmas aptidões que seu filho para construir com serenidade um império constitucional exemplar. Sendo um homem inflamado de paixões incontidas e próximo de seu povo, ele não teria conseguido se tornar o líder de que o Brasil precisava nesse momento preciso da História. Aliás, essa pode ter sido a principal causa de sua retirada. Lúcido, ele entendeu que, se tivesse dado o impulso inicial com sucesso, teria as maiores dificuldades para reinar com uma equipe política dividida diante dos consideráveis desafios econômicos e sociais. Como resultado, a abdicação de 1831 havia literalmente despertado os brasileiros, que entenderam que, depois de massacrar o pai, deveriam juntar-se ao filho para salvar o país. O choque foi tão violento que, com exceção de alguns radicais, ninguém pensou em estabelecer a República no Brasil, apesar de o sistema republicano estar dominando toda a América Latina desde o fracasso do imperador Agostinho I no México, em 1823, e o efêmero reinado dos monarcas do Haiti².

Um símbolo surpreendente da legitimação monárquica foi a lealdade dos regentes para com o imperador-criança. Para garantir seu poder e tranquilizar o povo sobre o futuro do país, os regentes costumavam buscar o garoto na Quinta da Boa Vista para expô-lo à multidão durante os grandes eventos patrióticos. Era uma forma quase religiosa de afastar o mau-olhado em um país terrivelmente dividido e com sua sobrevivência ameaçada por movimentos separatistas locais.

Certamente d. Pedro II não teria escolhido a carreira política se não tivesse nascido no lugar onde Deus o havia colocado. Mas, sendo um homem de dever, ele se moldou assim que sua maioridade foi declarada em 1840, reforçada por sua coroação no ano seguinte. Era esse tipo de consagração popular que legitimava uma decisão parlamentar insensata. Porque, finalmente, um monarca adolescente ocupava o trono no século XIX... Aposta louca, mas ganha.

De natureza empática e benevolente, d. Pedro dominou sua timidez para dirigir-se às pessoas, sem que as distinções de classe ou raça fossem um obstáculo para ele, o que continua sendo bastante notável para um herdeiro de tantas dinastias europeias de prestígio atuais. Muito aguçado no campo intelectual, entrou no jogo e fez seu trabalho. Curioso e atento, ele foi se formando politicamente com seus tutores e depois com os sucessivos regentes. Aos quinze anos, já tinha plena consciência do funcionamento institucional do Brasil e também de suas deficiências. O respeito que tinha pelos homens, no entanto, não o impedia de questionar os métodos e caracteres. O autoritarismo de José Bonifácio, em particular, e esse sentimento de superioridade do "patriarca" em relação a todos os homens de sua geração devem ter sido uma fonte de reflexão para d. Pedro.

Desde sua ascensão ao trono, d. Pedro II teve muitos trunfos. Além de sua capacidade intelectual, sua seriedade e seu gosto pelo trabalho, ele era politicamente novo e totalmente "virgem", ou seja, não era responsável pelos erros do passado cometidos tanto por seu pai quanto pelos políticos da época. Aliás, foram os próprios políticos que precipitaram sua ascensão ao trono, agarrando-se a ele como tábua de salvação. Portanto, foi nesse contexto muito favorável que ele reinou sem oposição, com a única reserva do caráter moderado. Foi nesse momento, graças ao poder de influência que tinha e que era aceito por todos e com a ajuda de ministros competentes, engenheiros talentosos e empresários dinâmicos, que pôde reativar a máquina, aliviar as tensões internas, afastar os perigos externos, incentivar as iniciativas privadas e modernizar o Brasil, desenvolvendo sua economia graças às novas infraestruturas ferroviárias, rodoviárias, fluviais ou marítimas, sem omitir o telégrafo, que permitia, ainda mais que as ferrovias, as diligências ou os navios, reduzir as distâncias entre as pessoas.

E fez tudo isso sem ostentação. Trabalhador dedicado – esse é o único ponto em comum que d. Pedro tinha com seu primo austríaco Francisco José –, levantava-se cedo e dormia tarde, estudando atentamente seus dossiês, muitas vezes anotando suas próprias reflexões nas margens. No final do dia, quando sobrava tempo, ele o dedicava aos estudos, aos seus livros, à correspondência pessoal que mantinha com todas as sumidades da época e aos seus *hobbies*: música, pintura, poesia, fotografia ou o estudo de línguas antigas. Vestido como burguês, mas vivendo de forma modesta e comendo mal, ele execrava a vida mundana e aboliu, no início da década de 1850, os bailes e recepções da corte no palácio imperial. Nesse ponto, estava em perfeito entendimento com a imperatriz d. Teresa Cristina que, pouco à vontade em público, detestava esses eventos tanto quanto ele.

Melhor ainda, d. Pedro acreditava que o imperador deveria dar o exemplo de moralidade pública. Percebendo que funcionários públicos e políticos brasileiros não eram modelos de virtude e, como muitos outros ao redor do mundo, tinham a tendência de abusar do sistema e explorar o povo, deu instruções precisas para um melhor funcionamento da administração pública. Fixou a jornada de trabalho dos agentes estatais, colaboradores e ministros em oito horas e garantiu que todas as nomeações fossem feitas não por favoritismo, praga dos sistemas parlamentares como as antigas monarquias, mas em função do mérito e da honestidade dos candidatos. É claro que houve oposição, pois muitas autoridades brasileiras preferiam a tranquilidade de suas casas de veraneio ou o sol das cidades litorâneas a seus escritórios abafados, onde pilhas de arquivos se acumulavam. Mas o que dizer, o que fazer, quando Sua Majestade é um viciado em trabalho e ainda considera que é pago em excesso, recusando sistematicamente a reavaliação de sua lista civil – muitas vezes proposta pela admiração de governos e fixada desde sua maioria constitucional em 800 mil reais por ano[3]?

Obviamente, d. Pedro II, exigente consigo mesmo, o era também com os outros e, em particular, com seus conselheiros e ministros, cuja qualidade do trabalho ele supervisionava. Mais de uma vez, retomando seu chapéu de controlador ou inspetor, "ele governa e acompanha todos os projetos de seus ministros, que lê e anota com seu lápis fatídico"[4]. Na verdade, tudo era feito com gentileza e até humor, o que não faltava ao monarca. O fato é que a função de ministro ou conselheiro na época não era para ser um mar de rosas todos os dias, embora não haja nenhum exemplo flagrante de demissão arbitrária. Por outro lado, quando as ideias de um desses senhores não lhe convinham sobre um assunto que lhe interessava – a abolição da escravatura, por exemplo, ou a moralização da vida pública –, o imperador esperava pacientemente novas eleições ou a reforma do governo. Ele então sugeria ao presidente do Conselho que se livrasse da pessoa que o incomodava, chegando ao ponto de condecorar ou enobrecer a pessoa em questão – o enobrecimento no Brasil era uma recompensa honorária sem transmissão hereditária –, para evitar torná-la um oponente amargo do novo gabinete.

COMPOSIÇÃO, RECOMPOSIÇÃO, DECOMPOSIÇÃO

O imperador gostava da alternância entre os dois grandes blocos parlamentares, pois ele não tinha absolutamente nenhum espírito partidário, considerando que a verdade às vezes é relativa e que um debate justo e imparcial pode mudar os pensamentos. Sua mente científica rejeitava a ideia de que a política era uma ciência exata. Na verdade, ele acreditava mais nos homens que nos partidos e sabia que tanto os liberais quanto os conservadores estavam muito mais divididos do que as aparências sugeriam.

No outono de 1853, ele encarregou Honório Carneiro Leão, marquês do Paraná e líder do Partido Conservador, de formar um novo governo, pois o gabinete anterior, também conservador, havia renunciado. D. Pedro II aproveitou a oportunidade para tentar mudar de linha, considerando que a antiga equipe não tinha o espírito de seu projeto de renovação do sistema parlamentar pela constituição de maioria de ideias transpartidárias. Ele acreditava que a era do desenvolvimento econômico e tecnológico em que o Brasil havia entrado justificava, por questão de eficiência, uma reformulação da governança política e dos costumes parlamentares.

Carneiro Leão respeitou seu roteiro e estendeu a mão a alguns parlamentares liberais que ingressaram no governo, mas, ao contrário do que o imperador imaginava, o peso do sistema ainda estava lá, e a relutância começou a se manifestar. A ala direita do Partido Conservador achou imprudente que as pastas ministeriais fossem entregues a adversários políticos, já que os conservadores ainda tinham muitos talentos – e, sem dúvida, muitas ambições – que estavam apenas esperando para serem expressos.

Foi exatamente nessa época que d. Pedro II teve que abandonar seu pesado manto imperial – o qual ele só usava para os discursos do trono, por ocasião da sessão parlamentar – e vestir o uniforme de "mecânico encarregado de colocar óleo para que a máquina não emperrasse", a fim de retomar a bela imagem usada mais tarde durante suas conversas com o barão Von Hübner. Mas, apesar de seu apoio ao gabinete, as boas intenções do governo de Carneiro Leão colidiram com as ambições de seu próprio partido e a vontade hegemônica de seus amigos. O presidente do Conselho, seguro da confiança imperial, persistiu e enfrentou seus próprios aliados – situação moralmente cruel e às vezes até insustentável. Em setembro de 1856, a experiência transpartidária, denominada Período de Conciliação, foi bastante enfraquecida, não por um golpe parlamentar, mas pela morte do presidente do Conselho, exausto após três anos de lutas internas.

O fracasso do projeto de recomposição política era iminente. O imperador, pesando na balança de poder, confiou uma missão de bons ofícios a três conselheiros de Estado: Joaquim Rodrigues Torres, visconde de Itaboraí; Paulino Soares de Sousa, visconde do Uruguai; e Eusébio de Queirós – homens de experiência e boa vontade que já haviam exercido funções ministeriais. Infelizmente, as oposições eram tão nítidas e decididas que a conciliação fracassou. De fato, após as divisões do Partido Conservador entre a extrema direita e a direita moderada – sendo esta favorável ao espírito de abertura do falecido Carneiro Leão –, o Partido Liberal, por sua vez, acreditando que os conservadores estavam condenados, endureceu sua posição e voltou aos seus fundamentos. Foi um impasse político. D. Pedro assumiu e entregou o governo a homens de confiança que foram, a princípio, o general Luís Alves de Lima, marquês de Caxias; depois, em 1857, Pedro de Araújo Lima, marquês de Olinda; seguido por Antônio Paulino Limpo de Abreu em 1858; e, finalmente, por Ângelo Moniz da Silva Ferraz em 1859. Em 1860, o imperador, ainda buscando consenso, resolveu dissolver a Câmara e convocar os cidadãos às urnas.

Os liberais avançaram nas eleições e fortaleceram sua representação parlamentar, mas ainda não era o suficiente para chegar ao poder. O governo conservador manteve no comando, mais uma vez, o fiel general marquês de Caxias, amigo íntimo do imperador. No entanto, esse gabinete teve que renunciar dois anos depois, em 1862, pois os conservadores dissidentes se uniram aos liberais para formar um novo partido político: a Liga Progressista.

No final, foi um progressista do Partido Liberal, Zacarias de Góis e Vasconcelos, que se tornou presidente do Conselho com uma maioria relativamente estável. Objetivamente, a chegada dos progressistas ao poder foi um sucesso pessoal para d. Pedro II, uma vez que esses homens vinham de dois partidos tradicionais, mas pretendiam trabalhar juntos pelo bem do país. É certo que essa experiência durou pouco, terminando em 1864 quando o Partido Liberal voltou aos negócios, mas o espírito progressista permaneceu, pois, alternadamente, chefes de governo liberais e conservadores se sucederam na presidência do Conselho sob o rótulo de "liberais" até o retorno dos conservadores tradicionais, em 1868.

Sem dúvida, essas vicissitudes constitucionais têm o fascínio de *vaudeville*, com cortinas abrindo e atores entrando por uma porta e saindo por outra, mas que mostravam que o imperador não desistia de seu projeto transpartidário e continuava trabalhando pacientemente para o fim das velhas estruturas. Continuava colocando óleo nas rodas, várias vezes e sempre...

Esse período da história política do Brasil é muito característico da habilidade de d. Pedro II, demonstrando os métodos utilizados para alcançar o objetivo desejado: a renovação do sistema político pela remoção de barreiras ideológicas que dividem os partidos em blocos antagônicos. Desse ponto de vista, ele venceu a batalha das mentes a longo prazo, visto que as principais leis sobre a humanização da escravatura até sua abolição, bem como as relativas à democratização do sistema de votação e à transparência das eleições, foram votadas por maioria de ideias, além das sensibilidades partidárias. Isso correspondia precisamente ao seu renovador pensamento político e à sua filosofia pessoal, que o levaram a construir pontes em vez de erguer muros entre os homens de boa vontade. Ele também tinha essa filosofia em outro campo fora da política: nas relações entre catolicismo e maçonaria que sempre buscou enquanto católico praticante, a fim de apaziguar e aproximar, apesar das duras censuras de Roma.

O episódio do "período de conciliação" é surpreendente, pois d. Pedro não trabalhava para reforçar seu poder pessoal, como teria feito a maioria dos líderes colocados à frente de um Estado ou governo, uma vez que encontrava sua verdadeira felicidade fora da política. Não, ele trabalhava como um cientista em seu laboratório para iniciar uma nova democracia, na qual, sob a tutela benevolente do monarca, o país seria governado por ideias, não por partidos. O que também não devemos esquecer é da sua forma de combater o clientelismo e a corrupção, pragas do Brasil imperial, assim como de muitas democracias parlamentares da época, em especial nos países latinos. Portanto, podemos dizer que, no campo político, ele estava em total descompasso com seu tempo ou, em todo caso, com os costumes políticos de seu tempo – o que, afinal, é o destino de todos os visionários.

Nesse estágio, podemos questionar se esse imperador hereditário não estaria realmente trabalhando para um Brasil formado por cidadãos livres e responsáveis que, um dia, seriam capazes de governar a si mesmos, em boas condições, guardando dele somente a lembrança um tanto nostálgica do professor indulgente, generoso e paternal que um dia fora. O fato de d. Pedro sempre se recusar a receber o título de "soberano" é bastante esclarecedor desse ponto de vista. Monarca, imperador ou chefe de Estado, sim, mas soberano, não – pois, aos seus olhos, o detentor da verdadeira soberania era o povo brasileiro[5].

NOTAS

1. Bartholomé Bennassar e Richard Marin, *Histoire du Brésil* [História do Brasil. Amadora, PT: Teorema, 2000].
2. O México foi a única colônia espanhola a estabelecer uma monarquia após a declaração da independência, porém durou apenas oito meses (Primeiro Império). Agostinho de Itubide, coroado como Agostinho I, foi o único imperador. Quando uma parcela do Congresso começou a se opor a seu governo, Agostinho I decidiu por sua dissolução, o que levou a uma revolta militar e, mais tarde, à declaração da República (o imperador foi declarado um traidor e executado). Já o Haiti, após a Revolução Haitiana (1791) estabeleceu-se como uma república, porém dividiu-se em República do Haiti ao sul e em Estado do Haiti ao norte, que mais tarde se tornaria Reino do Haiti sob o comando de Henrique Cristóvão. Entretanto, foi um governo extremamente impopular, que acabou nove anos depois, com o suicídio do rei e a execução do príncipe herdeiro. [N. E.]
3. Essa lista civil, que representava 3% das despesas do Estado em 1840, passou a representar apenas 0,5% no final da monarquia em 1889 [ver Heitor Lyra, *História de dom Pedro II (1825-1891)*]. Metade da lista civil do imperador foi dedicada a apoiar associações de caridade, científicas ou culturais.
4. Armelle Enders, *Histoire du Brésil* [ver nota 16, cap. 4].
5. Da mesma forma, d. Pedro II preferia o título de "senhor" ao de "Majestade", sendo este último reservado apenas aos documentos oficiais.

CAPÍTULO 9

A GUERRA DO PARAGUAI OU DA TRÍPLICE ALIANÇA

Considerar o governo brasileiro o único responsável pelo massacre e, principalmente, atribuir-lhe uma vontade deliberada de exterminar o povo vizinho não tem fundamento. As responsabilidades devem ser compartilhadas entre os beligerantes.
– Marc Bergère e Luc Capdevila[1]

O RIO DA PRATA: UM DESAFIO ESTRATÉGICO

Desde a independência do Uruguai, em 1828, o Império do Brasil estava em paz com seus vizinhos, embora não perdesse de vista a região geoestratégica do rio da Prata.

Olhando de longe, não dá para entender o que está em jogo para o país nessa parte do continente, mas, na realidade, as coisas são simples, e a geografia explica tudo. Na ausência de conexões ferroviárias e rodoviárias na época, a forma mais fácil e conveniente de chegar às províncias meridionais de Mato Grosso e Paraná era por via marítima e fluvial. Os navios brasileiros entravam no rio da Prata, onde deságua o rio Paraná, depois subiam esta importante hidrovia para o norte, ladeando as províncias argentinas de Entre Rios, Corrientes e Misiones. O rio Paraná, após a confluência com o rio Paraguai, que por si só já era uma via de acesso ao Mato Grosso, seguia a fronteira paraguaia para o leste. Mato Grosso e Paraná eram províncias economicamente estratégicas para o Brasil, pois a primeira era rica em minerais (pedras preciosas, ferro, ouro, prata) e recursos agrícolas tropicais (baunilha, quinquina, cacau, anil, mandioca), enquanto a segunda era uma terra de pecuária e plantação de café e algodão.

No plano político, a situação era mais complexa, uma vez que o Uruguai, à margem esquerda do rio da Prata, estava praticamente em guerra civil há vinte anos. Os conservadores, chamados *blancos*, e os liberais, conhecidos como *colorados*, concorriam com armas na mão. Essa situação havia aguçado as ambições do ditador argentino Rosas, que queria anexar o país com a colaboração dos *blancos* e seu líder Oribe. Por outro lado, o Brasil apoiava a independência do Uruguai, pois muitos cidadãos brasileiros moravam lá. Na verdade, Brasil e Uruguai estavam separados apenas parcialmente pelo rio Quaraí, que corria ao longo da província brasileira do Rio Grande do Sul antes de desaguar no rio Uruguai e, depois, no rio da Prata. Devemos lembrar que a independência do Uruguai havia sido reconhecida pelo Brasil em 1828, após um conflito armado que d. Pedro I não conseguira resolver. No início da década de 1860, nada havia sido resolvido, embora Rosas e seu aliado Oribe tivessem deixado o cenário político. O Uruguai afundava no caos, e, como normalmente acontece nesses casos, os estrangeiros viravam alvo. Este era o caso específico dos brasileiros, que foram agredidos fisicamente enquanto suas propriedades e seus bens eram saqueados, uma vez que seu governo apoiava oficialmente os *colorados*.

Em outubro de 1864, o Brasil imperial decidiu reagir para proteger seus cidadãos. Em dezembro, o Exército brasileiro entrou no Uruguai para realizar uma operação de pacificação e consolidar a posição dos liberais uruguaios. Tratava-se também, e principalmente, de impedir que a Argentina, atraída pelo caos uruguaio, dominasse o país e ficasse frente a frente com o Brasil na fronteira sul do Império. Essa intervenção brasileira foi condenada pela Inglaterra, que, praticando abertamente a "diplomacia das canhoneiras"[2], se ofendera com a iniciativa sob o pretexto de que atrapalharia o comércio com os países da região.

A intervenção brasileira era para ser curta, mas de repente um estranho personagem entrou em cena, e as coisas degeneraram em conflito generalizado.

O HUMANISTA E O DITADOR

O personagem em questão era Francisco Solano López, conhecido como *El Supremo*, o que, por si só, já indicava seu poder. Solano López era ditador do Paraguai e, pode-se dizer, um ditador hereditário, tendo sucedido a seu pai, Carlos Antonio López, ele mesmo sucessor de seu tio Gaspar de Francia. Era um patriota megalomaníaco, que sonhava em desencravar o Paraguai para torná-lo um vasto conjunto territorial, abrangendo as províncias argentinas de Corrientes, Entre Rios e Missiones, o Uruguai e a província brasileira do Rio Grande do Sul. Essa nova unidade territorial se abriria amplamente para o Atlântico Sul – o objetivo final. Fascinado pelo modelo prussiano que estudara na Europa, montou um poderoso exército que lhe permitiria satisfazer suas ambições.

Em termos ideológicos, Solano López, em quem o geógrafo libertário francês Elisée Reclus via um "herói republicano", vítima de um "imperador escravagista brasileiro"[3], não era nem republicano nem democrata, muito menos liberal. Nesse ponto, Émile Daireaux resgatou a realidade das coisas: "A verdade é que o sistema republicano nunca existiu no Paraguai, exceto pelo nome; não havia cidadãos, nem Constituição, nem instituições republicanas, nem leis votadas e respeitadas. Todas essas garantias dos povos livres eram substituídas pela vontade caprichosa e arbitrária de um homem exercendo um poder incrível sobre um povo há muito preparado para esse rebaixamento político e moral"[4].

El Supremo, que vinha preparando seu formidável exército há muito tempo, aproveitou a oportunidade inesperada da intervenção brasileira no Uruguai para iniciar as hostilidades. Era um pretexto, já que o Paraguai não estava ameaçado por ninguém e a fronteira entre Brasil e Uruguai estava geograficamente muito longe do seu território. No entanto, para justificar sua decisão perante seu povo e a comunidade internacional, o ditador alegou que o Brasil queria pura e simplesmente anexar o Uruguai. Era uma afirmação gratuita, pois o Brasil, desde 1828, havia percebido que a criação de um estado-tampão entre ele e a Argentina era uma garantia de paz entre as duas nações. Além disso, para fanatizar um pouco mais os patriotas paraguaios, Solano López afirmou, da mesma forma gratuita e peremptória, que o Brasil considerava o Paraguai como uma extensão natural do Mato Grosso e que pretendia anexá-lo.

O primeiro ato de agressão paraguaia foi o sequestro do vapor mercante brasileiro *Marquês de Olinda*, no rio Paraguai, que margeava ao norte o Mato Grosso. Para agravar ainda mais a situação, o presidente da província, que estava a bordo do navio, foi preso. Na sequência, aproveitando-se do elemento surpresa, os paraguaios invadiram o Mato Grosso e depois as províncias argentinas de Corrientes e Missões. A partir daí, seguiram em frente e entraram no Rio Grande do Sul.

Obviamente, tudo isso foi feito "como medida preventiva", pois nem a Argentina nem o Brasil haviam declarado guerra ao Paraguai. Essa agressão devastadora e extremamente eficaz, que poderia ser caracterizada pelo termo alemão *blitzkrieg* (guerra-relâmpago), só pode ser explicada por uma estratégia desenvolvida há muito tempo e cujo objetivo estava claramente definido: constituir um Grande Paraguai, dominando toda a região do Prata e ameaçando diretamente o Sul do Brasil. Sem dúvida havia também o desejo de anexar a província de Santa Catarina que, como se sabe, já havia outrora se separado do Brasil, assim como a província do Rio Grande do Sul. Conquistados todos esses territórios e detentor da chave dos três grandes rios Paraguai, Paraná e Uruguai[5], Solano López passava a ser o senhor absoluto e inevitável da região.

D. Pedro II, defensor perpétuo do Brasil e comandante supremo das Forças Armadas, assinou sem hesitação o decreto de mobilização geral das tropas, elaborado por seu governo com o aval das câmaras, para reagir à afronta e lutar contra o invasor. O monarca queria ir pessoalmente à frente de batalha para supervisionar as operações militares, mas o governo e o Parlamento se opuseram formalmente para preservar o regime e evitar o caos se, por infortúnio, o monarca viesse a perder a vida. Diante dessa recusa, d. Pedro ameaçou abdicar. Deixaram-no então partir, e ele ganhou o apelido de "primeiro voluntário do Império". Viajou de barco, depois de trem e, finalmente, a cavalo até os limites da cidade brasileira de Uruguaiana, a oeste do Rio Grande do Sul, na divisa com Uruguai e Argentina, que havia sido tomada pelos paraguaios. O Exército imperial sitiou a cidade ocupada, e os soldados inimigos, após um período de resistência, concordaram em evacuá-la quando souberam que o imperador do Brasil estava presente e garantira que suas vidas seriam preservadas se se retirassem em ordem e sem armas.

O imperador não gostava de guerra e considerava a arbitragem e os acordos diplomáticos como a forma civilizada de resolver litígios territoriais ou econômicos entre os países. Certamente, o método não era infalível, e ele lembrava com amargura o fracasso de sua tentativa, em 1855, de encerrar amigavelmente a disputa de fronteiras entre a Guiana Francesa e o Brasil. Napoleão III havia rejeitado essa mão estendida com desdém[6], o que não facilitou as relações posteriores dos dois imperadores, que o destino trágico de Maximiliano no México, primo-irmão de d. Pedro II, agravou ainda mais em 1867[7]. Mas, sob seu reinado, o número de transações amigáveis com os Estados vizinhos foi impressionante. Assim, de forma pacífica, foram sendo estabilizadas as fronteiras do Brasil com o Uruguai e o Peru em 1851, com a Colômbia em 1853, com a Venezuela em 1859 e com a Bolívia em 1867. No entanto, apesar de suas profundas aspirações pela paz, d. Pedro travou uma guerra contra o Paraguai com seriedade e perseverança – chegaram até a acusá-lo de extremista –, porque o humanista havia se tornado soldado, metamorfose muito comum na história quando o problema é civilizacional. E, de fato, foi.

Solano López representava tudo o que o imperador brasileiro abominava e condenava: o nacionalismo ultrajante e agressivo, a exploração da fibra identitária – a exaltação da grandeza do povo guarani –, a ditadura, o confisco das liberdades públicas, a repressão sistemática e física dos oponentes. As prisões em Assunção, capital do Paraguai, transbordavam de infelizes que só saíam de lá para serem fuzilados, enquanto no Brasil o perdão imperial se tornara um meio humanitário de governo e de reconciliação nacional. E havia, sobretudo, essa oposição suprema, paroxística, quase caricatural entre os dois regimes, representados de um lado por um tipo avançado de democracia na forma de uma monarquia constitucional e parlamentar e de outro por uma ditadura transmitida hereditariamente e sem interrupção desde a independência do Paraguai, em 1811: a família do ditador José Gaspar Rodriguez de Francia, conhecido como *El Perpetuo*.

Então, qual solução deveria ser adotada nessas circunstâncias? A arbitragem? Era tarde demais, uma vez que as fronteiras do Sul do Brasil e do norte da Argentina já haviam sido violadas. Além disso, quais eram as chances de se chegar a um acordo com um homem que há muito preparava seus exércitos para uma guerra de agressão? Se Napoleão III havia recusado a arbitragem bastante favorável à França nas fronteiras da Guiana e do Brasil, quem poderia imaginar que *El Supremo* a consentiria, visto que seu olhar estava obstinadamente fixo na linha azul do Atlântico Sul? Certamente não o imperador do Brasil.

GUERRA SEM TRÉGUA[8]

Em maio de 1865, vendo o perigo que o ditador paraguaio representava para a região, o Brasil, a Argentina e o Uruguai assinaram um pacto de assistência militar chamado Tríplice Aliança. Solano López ficou surpreso, pois tinha apostado nas disputas que outrora separavam esses três países, mas persistiu. Melhor ainda, para provar que ele ainda era o lutador resoluto do início do conflito, fez com que um Congresso submisso lhe concedesse o título de marechal.

Ao contrário do que se poderia pensar, os aliados estavam bem menos preparados militarmente que o Paraguai. Na verdade, o Brasil só podia enviar 18 mil homens, a Argentina, 8 mil, e o Uruguai, mil. Já o Paraguai, militarizado havia anos, tinha um exército de 64 mil homens, com uma reserva de 28 mil homens, que dispunha de equipamentos modernos de origem europeia e encontrava-se sob o comando de oficiais treinados à moda da Prússia[9]. Além disso, em uma aliança desse tipo, podiam surgir dificuldades práticas, pois as operações eram coordenadas, na medida do possível, por um triunvirato militar composto pelos generais Bartolomé Mitre (Argentina), Venancio Flores (Uruguai) e Polidoro Jordão (Brasil). Do lado brasileiro, nos teatros de operações navais e terrestres, a personalidade dominante era, no entanto, o almirante Joaquim Marques Lisboa, visconde de Tamandaré.

Assim, enquanto a guerra prosseguia – os paraguaios eram soldados ferozes e bem treinados –, os aliados, principalmente o Brasil, tiveram que aumentar seus efetivos. O Exército brasileiro logo atingiu 150 mil homens. Como o exército profissional não era suficiente, foi necessário chamar a Guarda Nacional e, depois, voluntários. Foram convocados até escravos, que se inscreveram com uma promessa de alforria, que seria cumprida, pois era uma questão de honra para o imperador. Evidentemente, os paraguaios, que se achavam em condições de dar lições de moral aos outros, acusaram os brasileiros de usar escravos negros como bucha de canhão, argumento frequentemente usado por revisionistas paraguaios do século XX, procurando desacreditar o Império do Brasil por todos os meios. Em todo caso, o fato é que o papel desempenhado pelos escravos durante a guerra mudaria positivamente a mentalidade no Brasil, reforçando a corrente abolicionista. A Argentina, por sua vez, passou de 8 mil para 50 mil homens. Acrescente-se do lado dos aliados uma Legião Paraguaia composta por adversários ou vítimas do regime de Assunção, comandada pelo coronel Juan Decoud.

Como sempre, a guerra favoreceu o desenvolvimento da tecnologia. O Brasil, apesar dos poucos combatentes terrestres, tinha uma bela frota naval cujas unidades podiam subir os rios Paraguai e Paraná e, assim, bombardear o Paraguai com sua poderosa artilharia. Foi durante a guerra que o engenheiro militar André Rebouças inventou um novo modelo de torpedo, particularmente eficaz contra os navios inimigos. Para favorecer a observação dos movimentos de tropas no campo, também foram vistos balões dirigíveis que deram aos brasileiros uma vantagem decisiva. Por sua vez, os paraguaios construíram barragens e fortes equipados com artilharia, na tentativa de impedir a penetração de couraçados, torpedeiras e canhoneiras da frota imperial.

Em meados de 1865, os aliados conseguiram bloquear o expansionismo paraguaio. Assim, em 11 de junho, na província argentina de Corrientes, às margens do rio Paraguai, os paraguaios foram esmagados pelas frotas da Aliança durante um confronto naval que se tornou lendário: a Batalha do Riachuelo. No comando do lado brasileiro, o almirante visconde de Tamandaré lançou a fragata de guerra imperial *Amazonas* contra a frota paraguaia. Equipada com um implacável talha-mar de aço, essa embarcação monstruosa arrombou três unidades paraguaias e as afundou.

Porém, a guerra ainda não havia terminado. O marechal Solano López continuou a sua investida apesar de todos os fracassos. Após a derrota naval do Riachuelo, suas tropas foram vencidas em 1866 em Tuiuti e depois em Curuzu, pelo general Mitre e pelo general brasileiro Manuel Marques de Sousa, visconde de Porto Alegre. Foi durante a Batalha de Curuzu que o couraçado brasileiro *Rio de Janeiro* foi afundado pelas baterias costeiras do Paraguai. Essas batalhas foram mortais e custaram a vida de milhares de homens.

Em novembro de 1866, d. Pedro II nomeou comandante em chefe do Exército com o título de marechal seu fiel amigo Luís Alves de Lima, o marquês de Caxias, que também havia sido presidente do Conselho. Ele já havia demonstrado coragem, eficiência e lealdade ao Império durante a insurreição da Bahia, em 1831, e depois durante a guerra de secessão do Rio Grande do Sul, da qual também saíra vitorioso, em 1845. Na frente de batalha paraguaia, esse homem de 63 anos confirmou imediatamente seus talentos militares ao vencer, em 1867, a Batalha de Humaitá e, em 1868, as batalhas de Itororó, Avaí, Lomas Valentinas e Angostura.

No entanto, o ano de 1867 foi, na medida do possível, um período relativamente calmo. Os beligerantes tinham que recompor suas forças devido aos milhares de mortos e feridos desde o início do conflito e à cólera e à malária que assolaram os infelizes combatentes nessas regiões particularmente pantanosas e insalubres. Além disso, o general Mitre teve que se retirar temporariamente da linha de frente para combater as revoltas separatistas dentro de seu próprio país. Aliás, convém lembrar que o Brasil teve um papel preponderante na Tríplice Aliança, sem dúvida devido ao poder de seu Exército e de sua Marinha, mas também por ser o único país da Aliança que tinha um líder muito forte na pessoa de d. Pedro II, enquanto o Uruguai e a Argentina estavam politicamente muito divididos.

No final de 1867, foram iniciadas negociações de paz de que pouco se fala, mas que foram importantes ao relativizar a "obstinação" dos Aliados contra o seu inimigo, de que os revisionistas paraguaios tiraram proveito. Ofertas de cessar-fogo foram feitas ao governo paraguaio em termos bem razoáveis: reconhecimento da independência do Paraguai (ponto crucial, pois Solano López havia inflamado seu povo quando afirmou que a Tríplice Aliança queria desmembrar o país e apropriar-se dele), integridade das fronteiras do Paraguai, evacuação dos territórios ocupados em ambos os lados, libertação de prisioneiros de guerra e renúncia por parte do Brasil a qualquer indenização de guerra. Essas propostas eram razoáveis, mas uma última condição foi imposta pelo Brasil a conselho do imperador: a retirada política de Solano López e o seu exílio na Europa.

Por causa dessa exigência, condenada por Élisée Reclus quando afirmou que "não é do exterior que um povo invicto deve receber ordens para eleger ou destituir seus magistrados"[10], os apoiadores de Solano López começaram a estigmatizar o "extremismo" de d. Pedro II.

Na realidade, o imperador apenas cumpriu rigorosamente, na letra e no espírito, o tratado da Tríplice Aliança de 1º de maio de 1865. No preâmbulo desse texto, os Aliados diziam estar "convencidos de que a paz, a segurança e o bem-estar de suas respectivas nações são impossíveis enquanto o atual governo do Paraguai existir". O artigo 6º afirmava ainda que "não se poderia depor as armas antes da derrubada do atual governo do Paraguai." Finalmente, o artigo 7º, para tornar as coisas ainda mais claras, afirmava solenemente que "a guerra não é dirigida contra o povo do Paraguai, mas contra o seu governo"[11].

D. Pedro II estava intimamente convencido de que a fonte de todo o mal e, por consequência, da desestabilização da região do Prata provinha das doutrinas nacionalistas, militaristas e autoritárias de Solano López, apelidado de Nero americano devido à perseguição ao clero paraguaio e à execução por "conspiração" do bispo de Assunção, d. Manuel Antonio Palacio[12]. D. Pedro II pensava – assim como fariam mais tarde Clemenceau em relação a Guilherme II, Churchill em relação a Hitler, George Bush em relação a Saddam Hussein, Barack Obama em relação a Bin Laden ou Nicolas Sarkozy em relação ao coronel Kadafi[13] – que, se esse ditador imprevisível e paranoico permanecesse no poder, a paz nunca seria assegurada e o Paraguai continuaria privado de um verdadeiro regime democrático. Observe que d. Pedro II não pedia que o marechal Solano López fosse julgado e fuzilado pelos paraguaios libertados de sua ditadura ou pelos próprios Aliados, destino com o qual alguns, no século XX, sonhariam para o kaiser ou o Führer, mas simplesmente que ele fosse exilado na Europa, onde ainda poderia desfrutar por muito tempo da fortuna que sua família, no poder havia cinquenta anos, tinha acumulado.

Solano López rejeitou essas alegações com arrogância e decidiu continuar a guerra a todo custo. Foi ele que tomou essa decisão tresloucada sem que representação nacional, totalmente neutralizada politicamente, e a oposição, estreitamente vigiada por suas milícias, pudessem se manifestar. Foi ainda nessa época que o ditador fez uma purga na própria família, que lhe havia sugerido entregar o poder ao seu irmão mais novo, Benigno, para que este negociasse um armistício incondicional com os aliados. Esse crime de "lesa-majestade" foi seguido pela execução imediata de todos os irmãos e cunhados do marechal, poupando apenas sua mãe – que também era a favor de sua abdicação – e suas irmãs, que, de qualquer forma, não tinham voz. No entanto, ainda existem admiradores do *El Supremo* para minimizar essas monstruosidades verdadeiramente "neronianas". Assim, podemos ler a surpreendente opinião de um autor que, aparentemente, não contesta os fatos cometidos: "Dali nasceu a lenda do monstro, do tirano sanguinário, do Caim da América. Lenda que, durante mais de um século, seria alimentada pela propaganda dos governos liberais que o sucederam na liderança do país"[14].

No Rio de Janeiro, as coisas haviam mudado. Embora a guerra devesse ser a prioridade, os conservadores e os liberais acusavam-se mutuamente de trair os interesses do país ou, pelo menos, de não os defender o suficiente. Essa crise, em plena guerra, obrigou d. Pedro II a dissolver a Câmara após ter constatado que o governo centro-liberal de Zacarias de Góis – que havia deixado o Partido Conservador para trabalhar com os liberais no Partido Progressista – já não tinha apoio suficiente. As eleições levaram os conservadores ao poder, e, em julho de 1868, Joaquim Rodrigues Torres, visconde de Itaboraí, foi nomeado presidente do Conselho com uma missão muito clara: vencer o mais rápido possível a Guerra do Paraguai.

O marechal marquês de Caxias, sem muita preocupação com o estado de espírito dos políticos do Rio de Janeiro, soube da vontade dos paraguaios de continuar a guerra e, por sua vez, mostrou-se extremamente eficiente. Após suas vitórias de 1867 e 1868, marchou para Assunção, que Solano López havia evacuado depois de ter mandado fuzilar todos os "traidores". Como as prisões estavam lotadas de presos políticos, as execuções vinham a calhar. Finalmente, em janeiro de 1869, a capital paraguaia foi tomada pelo Exército brasileiro. Essa nova e grande vitória rendeu a Caxias o título de duque, concedido pelo imperador. Era o mínimo, pois a queda de Assunção marcou o ponto de virada da guerra, dado que agora os aliados, especialmente os brasileiros, tinham a vitória final garantida.

El Supremo, longe de admitir a derrota, iniciou uma temível guerra de resistência que, finalmente, terminou com sua morte em combate no dia 1º de março de 1870. Naquele dia, o general brasileiro José Antônio Correia da Câmara, que o havia cercado em Cerro Corá, no território paraguaio, ordenou que ele se rendesse e depusesse as armas. Teimoso até o fim, Solano López se recusou e foi morto pelos soldados aos quais resistia vigorosamente. Essa morte, objetivamente bastante heroica, explica por que ele ainda hoje é considerado um herói nacional pelos paraguaios, que lançam na conta de lucros e perdas os anos sombrios de sua ditadura e esquecem os milhares de compatriotas que, na época, ousaram contestar sua autoridade suprema.

A morte de Solano López foi, sem dúvida, uma vitória pessoal de d. Pedro II e a confirmação da opinião que tinha dele – a seus olhos, o principal responsável pela desestabilização da região do Prata e pelo perigo permanente que representava para as fronteiras do Sul do Brasil. O fato é que, a partir de 1870, não houve mais nenhum conflito entre o Império e o Paraguai.

Mas d. Pedro, vencedor, não se mostrou triunfalista. Primeiro, porque as dezenas de milhares de mortos na guerra não o justificavam; depois, por medo de que a propaganda de amigos sinceros ou interessados do Paraguai alarmasse outras nações da América do Sul sobre o desejo imperialista do Brasil de dominar o subcontinente. Assim, quando o presidente da República do Peru, coronel José Balta y Montero, expressou, talvez com um pouco de preocupação, seu desejo de "fortalecer as relações amistosas existentes entre os dos países", assegurou-lhe a firme intenção "de unir todas as nossas forças para ajudar a manter as boas relações atuais entre Brasil e Peru, necessárias para o benefício mútuo de nossos respectivos países"[15].

NOTAS

1. Marc Bergère e Luc Capdevila, *Genre et événement. Du masculin et du féminin en histoire des crises et des conflits* [Gênero e evento. Masculino e feminino na história de crises e conflitos – sem edição em português].

2. "Diplomacia das canhoneiras" é uma estratégia política, em que uma das partes exibe seu poderio militar, em uma ameaça clara de guerra, para conseguir adesão aos seus termos. [N. E.]

3. Elisée Reclus, *La Guerre du Paraguay* [A Guerra do Paraguai – sem versão em português.]

4. Émile Daireaux, *Les conflits de la république argentine avec le Brésil et le Chili* [Os conflitos da República da Argentina com Brasil e Chile – sem versão em português].

5. Esta área, atravessada por três grandes rios navegáveis e fertilizantes, era chamada de Mesopotâmia da América do Sul.

6. Stéphane Granger, *Le Contesté franco-brésilien: enjeux et conséquences d'un conflit entre la France et le Brésil* [O contestado franco-brasileiro: desafios e consequências de um conflito esquecido entre a França e o Brasil na Amazônia. Disponível em: https://periodicos.uff.br/cantareira/article/view/27891/16299. Acesso em: 9 abr. 2021]. Vale lembrar que, durante a ocupação napoleônica de Portugal, o príncipe regente, futuro d. João VI, que se refugiou no Brasil, ocupou parte da Guiana Francesa como medida de retaliação.

7. Maximiliano de Habsburgo-Lorena foi o único monarca do Segundo Império do México, estabelecido após a invasão do país por Napoleão III. O imperador francês, para fortalecer sua influência nas Américas, uniu-se aos conservadores mexicanos para depor o presidente Benito Juárez e convidou Maximiliano a subir ao trono. Entretanto, os Estados Unidos não reconheceram seu governo e Maximiliano nunca conseguiu se consolidar no poder. Após três anos de instabilidade, perdendo o apoio dos franceses que se retiravam do México e sofrendo duros golpes internos, com Juárez e seus aliados recebendo apoio estadunidense, foi capturado e executado em 1867, e o Império chegou ao fim. [N. E.]

8. Sobre a guerra e as operações militares paraguaias, consultar Lilia Schwarcz, *As barbas do imperador*.
9. Guy Fargette, *Pedro II, Empereur du Brésil 1840-1889* [ver nota 11, cap. 1]. O "prussianismo" ou a germanofilia dos ditadores paraguaios talvez explique por que o Paraguai, após o colapso do Terceiro Reich em 1945, se tornou o asilo favorito dos últimos nazistas alemães. O caçador de nazistas e jornalista Abel Basti chegou a garantir que Adolf Hitler foi enterrado em um *bunker* no Paraguai. No entanto, não se deve esquecer que a Argentina e o Brasil também receberam sua parcela de "refugiados" nazistas.
10. Élisée Reclus, op. cit. O autor, libertário, socialista e anarquista, assumiu uma posição a favor do regime de Solano López, que ninguém pode negar ter sido uma ditadura, pisando nos direitos democráticos básicos. Talvez, em sua opinião, esse apoio fosse destinado ao povo paraguaio em defesa de suas liberdades contra o "imperialismo brasileiro". Reclus, portanto, teria caído na mesma armadilha que Garibaldi na época da guerra de secessão do Rio Grande do Sul. Esse apoio apaixonado o levou a cometer erros grosseiros, especialmente ao falar de um "povo invicto", quando o Paraguai acabara de perder duas batalhas sucessivas.
11. John Le Long, *L'alliance du Brésil et des Républiques de la Plata contre le gouvernement du Paraguay* [A aliança do Brasil e das Repúblicas da Prata contra o governo do Paraguai – sem edição em português. É possível encontrar o documento oficial *Tratado de Aliança (Brasil – Argentina – Uruguai) de 1º de maio de 1865* no site: https://www2.senado.leg.br/bdsf/handle/id/180794].
12. Luc Capdevilla, *Une guerre totale: Paraguay 1864-1870* [Uma guerra total: Paraguai 1864-1870 – sem edição em português].
13. Georges Clemenceau (1841-1929) foi o primeiro-ministro da França durante a Primeira Guerra Mundial e um dos autores do tratado de Versalhes, que devolvia a região de Alsácia e Lorena do poder alemão para os franceses e concedia a independência da Renânia. Guilherme II (1859-1941) foi o último *kaiser* (imperador alemão) e um dos principais responsáveis pelos eventos que culminaram

na Primeira Guerra. Entretanto, era um líder pouco eficiente e acabou perdendo influência e apoio de seu exército, levando à sua abdicação em 1918. [N. E.]
14. Carlos Sampayo, *Paraguay: chronique d'une extermination* [Paraguai: crônica de um extermínio – sem edição em português].
15. Carta de 10 de setembro de 1869. Disponível em: https://glorias.com.br/products/carta-manuscrita-de-dom-pedro-ii-1874. Acesso em: 28 abr. 2021.

CAPÍTULO 10

O IMPACTO DA GUERRA NO IMPÉRIO

O Brasil neutralizou definitivamente a ameaça paraguaia, mas a guerra, a mais importante já travada pelo país, enfraqueceu o regime imperial.
– Marie-Danielle Demelas[1]

CRÍTICAS PARTIDÁRIAS DO GOVERNO IMPERIAL

O Brasil triunfou, mas essa vitória foi conseguida às custas, dependendo das fontes, de 25 mil a 50 mil homens mortos em combate e um número comparável de vítimas devido às condições sanitárias, doenças, epidemias ou contaminação da água. Desse ponto de vista, a guerra paraguaia se assemelha, com exceção do clima, à Guerra da Crimeia (1853-1856) e às campanhas do corpo expedicionário francês nos Balcãs (1914-1918). Essa catástrofe humanitária teve, no entanto, uma consequência positiva para o Brasil: o desenvolvimento de hospitais de campanha e o surgimento de uma verdadeira medicina militar e de um corpo de enfermeiros competentes e dedicados.

Essa vitória foi conquistada também no plano financeiro, mas a um preço muito alto. Embora o país estivesse em plena expansão econômica há vinte anos, a Guerra do Paraguai custou uma quantia astronômica, que representava onze vezes o orçamento anual. Sem dúvida, esse dinheiro teria sido muito mais bem utilizado no desenvolvimento do país, mas de que serviria esse desenvolvimento se Solano López tivesse triunfado e anexado todos os territórios brasileiros do Mato Grosso ao Rio Grande do Sul? A nação brasileira não teria sobrevivido a essa amputação.

Politicamente, as consequências foram significativas para o próprio Império. Alguns liberais criticaram d. Pedro II, o primeiro grande vencedor da guerra, por sua "obstinação", acusando-o de ter sido muito influenciado pelos conservadores, favoráveis a uma condução mais firme das operações em campo. Eles também se queixaram de ele não ter ouvido seus conselhos de moderação. Moderação em relação a quem? Com que finalidade? Poupar Solano López? Obviamente que não. Tudo é muito vago e, na realidade, se resumia à mais pura política partidária e às disputas de ego. Os liberais guardavam rancor do monarca por ele ter dissolvido a Câmara em 1868, o que ocasionou o retorno dos conservadores ao poder. A única questão que importava era se o governo de Zacarias de Góis, liderado por um eminente professor de direito liberal (mais centrista do que liberal), conseguiria se manter até o final do conflito no contexto em que o país se encontrava, isto é, em guerra até a eliminação do ditador paraguaio. E isso só o imperador e comandante em chefe do Exército podia responder, como observador atento das divergências da classe política, que, em plena guerra, poderiam ter tido um efeito devastador sobre o moral dos combatentes. Além disso, no que diz respeito à dissolução parlamentar de 1868, é necessário observar que o imperador, antes de exercer esse direito que lhe era constitucionalmente reconhecido, agia de comum acordo com o chefe do governo em exercício, sempre após ter consultado o Conselho de Estado, cujas opiniões maioritárias ele seguia.

No entanto, é interessante observar que, em relação à condução das operações militares e à parte muito pessoal que d. Pedro II havia tomado segundo alguns, Georges Clemenceau na França, em 1917-1918, seria confrontado com as mesmas críticas e responderia arrogantemente com estas palavras que se tornaram históricas: "Eu faço a guerra! Eu faço a guerra! Eu faço a guerra!". É verdade que no Brasil, durante a guerra da Tríplice Aliança, tal como na França durante a Primeira Guerra Mundial, havia um conflito armado com um inimigo externo e que esse Estado excepcional, em particular derrogatório do direito comum, impunha que se tomassem decisões imediatas, com urgência, limitando as consultas e sem os intermináveis debates políticos, enquanto homens morriam diariamente nas linhas de frente. Assim, o papel "operacional" do imperador deve ser relativizado pelo fato de que ele era representado no campo de batalha por oficiais generais, como o almirante visconde de Tamandaré, o marechal duque de Caxias ou o general visconde de Porto Alegre, que eram grandes profissionais da guerra.

O SURGIMENTO DA OPOSIÇÃO REPUBLICANA

No entanto, se a classe política convencional esqueceu rapidamente suas críticas na exaltação da vitória, na ala esquerda do Partido Liberal os radicais começavam a se declarar abertamente "republicanos". Em 3 de dezembro de 1870, um dia após o aniversário do imperador, o movimento republicano emergente publicou no jornal *A República* um manifesto em que a monarquia era contestada como sistema de governo. Armelle Enders resumiu perfeitamente o pensamento dos manifestantes: "A monarquia é um regime arcaico e europeu, enquanto a república é o regime do continente americano por excelência"[2]. Bela petição de princípio, mas cujo fundamento carece de consistência. O que o sistema republicano poderia trazer para o Brasil independente no século XIX, senão o que já havia trazido para os estados latino-americanos do antigo império espanhol: guerras civis, desmembramento territorial, o fracasso dramático de Bolívar, os golpes militares ou, pior ainda, a ditadura hereditária dos caudilhos do Paraguai?

Assim sendo, ainda não havia nada tão dramático para preocupar d. Pedro II ou ameaçar o sistema imperial, que tinha na época o apoio da grande maioria dos principais partidos do governo e da opinião pública. No entanto, o presidente conservador do Conselho, José Antônio Pimenta Bueno, marquês de São Vicente, ficou abalado. Ele pediu ao imperador que proibisse o movimento republicano, o que lhe foi negado, pois, segundo o monarca: "Sr. São Vicente, o país que se governe como entender e dê razão a quem tiver"³. O presidente do Conselho, um pouco magoado, insistiu e observou que o próprio imperador havia prestado juramento à Constituição na cerimônia de coroação e que a monarquia era um dogma constitucional gravado no mármore. Portanto, ele sugeriu desta vez que os republicanos "assumidos" fossem excluídos do serviço público. Mais uma vez, houve rejeição dessa proposta, pois d. Pedro II, fiel à sua linha de conduta, considerava que, para um servidor do Estado, o único critério de recrutamento ou manutenção no cargo era a competência.

D. Pedro estava certo, mas seu prezado oponente também não estava totalmente errado. De fato, tanto em uma monarquia quanto em uma república, os servidores públicos sempre estiveram sujeitos a um dever de lealdade ao Estado, que hoje preferimos chamar de "dever de neutralidade" ou "dever de reserva". Entretanto, é um fato que esse belo princípio tem limites, pois, apoiando-se na imprensa, um funcionário pode revoltar-se abertamente contra o governo em exercício, sem grandes riscos para ele. Mas a imprensa no Brasil era livre, pois o imperador havia renunciado completamente à imunidade protetora de sua pessoa e da família imperial. Esse debate sobre a neutralidade política dos servidores públicos ainda é um tema atual nos países democráticos.

MAL-ESTAR DINÁSTICO

Além do surgimento de um movimento republicano no cenário político brasileiro, assistimos nesse período o princípio, se não de uma crise dinástica, pelo menos de um mal-estar difuso mas pernicioso, que atingia a família imperial. Esse caso se devia à personalidade contestada do príncipe Gastão de Orléans, o conde d'Eu, neto de Luís Filipe e, desde 1864, marido da princesa Isabel, filha mais velha de d. Pedro II. Devido à morte prematura dos dois filhos do imperador, d. Isabel, como se sabe, passou a ser a herdeira presuntiva da coroa do Brasil.

O conde d'Eu havia pedido para servir na Guerra do Paraguai, onde fora designado general comandante da artilharia. Após a retirada, em 1869, do marechal duque de Caxias por motivo de doença – e não por divergências com o imperador sobre a condução da guerra, como se costuma repetir frequentemente, uma vez que ela estava quase no fim – o conde o substituiu na linha de frente, onde se pressupõe ter demonstrado grande desdém para com os oficiais e soldados e, acima de tudo, grande crueldade para com o inimigo. Dessa forma, é possível que tenha surgido uma oposição no Brasil a esse príncipe e, em segundo plano, à família Orléans.

A tese é duvidosa. Ela lembra muito as prevenções dinásticas dos ingleses contra os Saxe-Coburgo-Gota ou dos franceses contra os Orléans, sendo os príncipes dessas duas dinastias difamados por seus oponentes por serem ambiciosos e aventureiros, sedentos de poder e dinheiro. Temos aqui um resumo magnífico das prevenções políticas e mundanas da época: o conde d'Eu era um Orléans, enquanto seu cunhado, o príncipe Augusto, marido da segunda filha do imperador, a princesa d. Leopoldina, era um Saxe-Coburgo-Kohary, que também participou como almirante na guerra da Tríplice Aliança. Mas essas desavenças dinásticas eram puramente europeias, e é pouco provável que os brasileiros, um povo novo, as compartilhassem. Uma vez que os estadunidenses só viriam a descobrir as monarquias europeias por ocasião do casamento de Grace Kelly com o príncipe Rainier III em 1956[4], já dá para imaginar qual devia ser, em 1870, o conhecimento do brasileiro médio sobre as famílias europeias.

Por outro lado, é bem possível que os brasileiros, pelo menos os mais misóginos, pensassem que, no dia em que d. Isabel subisse ao trono, o conde d'Eu viraria o verdadeiro chefe da nação. Daí, sem dúvida, esse bombardeio de reprovações em relação ao desdém do príncipe e às atrocidades que ele teria cometido ou permitido que seu exército cometesse no Paraguai. Quanto a isso, é bom lembrar que, quando o príncipe assumiu o comando, a guerra já deixara de ser uma guerra comum e passara a ser uma guerra de resistência. Nesse tipo de guerra, embora os guerrilheiros não respeitem as regras convencionais, as tropas regulares infelizmente seguem o exemplo para estar, de certa forma, em pé de igualdade com seus adversários. Isso se viu no lado francês durante a Guerra Peninsular de 1808, como também seria visto, no lado estadunidense, durante a Guerra do Vietnã no século XX. Acrescentemos que no Paraguai, onde os nacionalistas revisionistas frequentemente evocam a guerra de 1864-1870 como uma guerra de "extermínio", ou até mesmo uma guerra "genocida", as hostilidades se prolongaram por vontade do ditador, contestado dentro de sua própria família por sua estratégia suicida. É frequentemente esquecido que, em sua loucura, Solano López não hesitou em alistar crianças mal saídas da puberdade para preencher as fileiras de seus exércitos, antecipando-se a outros ditadores hediondos do século XX.

Seja como for, d. Pedro II, levando em consideração os preconceitos sofridos por seu genro, absteve-se de conceder ao conde d'Eu o título de "príncipe imperial do Brasil"[5] para acalmar as coisas. Essa decisão não significava que ele suspeitasse de ambições pessoais ou má conduta grave no comando por parte do genro, mas que precisava pôr um fim às campanhas de insinuações que poderiam representar um perigo para o futuro da dinastia.

AMARGURA DO EXÉRCITO

Outro perigo surgiu após a guerra, muito mais grave do que aquele que os republicanos representavam para o regime imperial ou as fofocas dos salões mundanos do Rio sobre a personalidade do genro do imperador. Esse perigo era a ascensão do Exército brasileiro.

Era um exército vitorioso, mas que havia sofrido muito por causa dos terríveis sacrifícios feitos com abnegação durante seis anos em péssimas condições sanitárias e materiais, agravadas ainda mais pelo calor tórrido da "Mesopotâmia sul-americana". No plano moral, a vitória completa do

Brasil não apagara a lembrança dos horrores vividos pelos combatentes, da mesma forma que a vitória de 1918 não faria com que os vencedores esqueçam as atrocidades da Primeira Guerra.

Em 1870, o Exército, tendo visto seu efetivo aumentar continuamente desde o início do conflito, representava um corpo poderoso muito bem caracterizado do ponto de vista sociológico, com suas regras, seus códigos e suas exigências. É claro que, como em todos os exércitos do mundo depois de uma guerra cruel e interminável, os ressentimentos haviam se acumulado. Não especificamente contra o imperador, mas contra a classe política, que não se preocupava em premiar os serviços prestados. É uma velha antífona, mas que ainda funciona, porque os militares, em geral, não gostam muito nem do parlamentarismo nem dos parlamentares – um legado provavelmente de Napoleão Bonaparte, que só gostava de parlamentares dominados ou expulsos pela ponta das baionetas. Pior ainda, esse sentimento estava amplamente disseminado entre as classes de jovens oficiais brasileiros, dos quais dependia o futuro do Império e da dinastia.

Esses jovens se perguntavam, aflitos, que destino lhes reservava um país em que o monarca era filosoficamente pacifista e uma geração de anciãos já havia conquistado todos os títulos, honras e decorações. O que restaria para eles, senão a ociosidade e o sentimento mortífero de inutilidade?

Eles começaram então a invejar seus camaradas hispano-americanos, que nunca tinham tempo de se aborrecer graças aos repetidos golpes que lhes permitiam esticar as pernas e aproveitar o sistema sob o pretexto de melhor defender o povo do que faziam as oligarquias dominantes.

NOTAS

1. Marie-Danielle Demelas, *Guerres et alliances en Amérique du Sud* [Guerras e alianças na América do Sul – sem edição em português].
2. Armelle Enders, *Histoire du Brésil* [ver nota 14, cap. 4].
3. *O imperador é defensor perpétuo do Brasil*. Disponível em http://imperiobrazil.blogspot.com/2010/07/dom-pedro-ii_11.html. Acesso em 6 abr. 2021.
4. Com a exceção notável, no entanto, do presidente Franklin D. Roosevelt, que tinha uma fraqueza pelas monarquias e estava muito próximo da rainha Guilhermina dos Países Baixos e da grã-duquesa Carlota de Luxemburgo – sem esquecer, é claro, seu grande aliado: Rei George VI da Inglaterra.
5. Esse caso lembra a discussão que a classe política inglesa travou com a rainha Vitória quando ela exigiu que seu marido, Alberto de Saxe-Coburgo-Gota, recebesse o título de "príncipe consorte".

CAPÍTULO 11

ESCRAVIDÃO, UMA FERIDA NÃO CICATRIZADA DO BRASIL IMPERIAL

Na época em que uma terrível luta provocada pela escravidão dos negros emociona os Estados Unidos, não se pode deixar de transportar o pensamento com verdadeira ansiedade para todos os países da América onde a escravidão ainda subsiste, e principalmente para esse império do Brasil, que forma uma contrapartida tão notável da grande república americana. – Elysée Reclus[1]

MONARCAS ABOLICIONISTAS

Dom Pedro II, seguindo os passos de seu pai, d. Pedro I, era um abolicionista convicto. Ele acreditava que a escravidão era uma monstruosidade humana e pretendia erradicá-la definitivamente durante seu reinado. No entanto, percebia que a sociedade brasileira ainda não estava pronta para essa revolução, pois os imensos campos de algodão e café, que enriqueciam o Brasil, precisavam dessa mão de obra numerosa e barata para os proprietários, que se contentavam em pagar seus escravos apenas com moradia e comida.

Para alcançar seus objetivos, o imperador só podia contar com o exemplo que ele mesmo dava, alforriando os escravos das propriedades imperiais ou realizando seu sonho eterno: um parlamento majoritário que transcendesse os partidos, pois a linha de ruptura entre escravagistas e abolicionistas os atravessava.

Não há dúvida de que a sangrenta Guerra Civil Americana, que envolveu os Estados Unidos de 1861 a 1865 e cujo detonador foi a questão da escravidão, freou os anseios de d. Pedro de forçar as coisas. Se a grande e poderosa federação estadunidense tinha estado à beira da implosão por causa desse problema, o que aconteceria ao Brasil que, desde a Independência, havia sido atravessado por correntes separatistas contra as quais o governo central teve que lutar vigorosamente para evitar a desintegração do país?

Era, portanto, necessário avançar passo a passo e aproveitar as oportunidades. A disputa que a Inglaterra iniciou com o Brasil sobre o tráfico de escravos – e com razão, mas por motivos imperialistas – permitiu um grande avanço na solução do problema, porque, sem o tráfico, a fonte da escravidão secaria gradualmente. Além disso, deve-se notar que o fim do tráfico também teve efeitos benéficos para o Império, na medida em que forçou os comerciantes brasileiros de escravos a reinvestir seu capital de forma mais saudável na economia do país.

A história costuma avançar em solavancos, em função de guerras e revoluções. Assim, a longa e cruel guerra da Tríplice Aliança contra o Paraguai permitiu alguns progressos na questão da escravidão. Milhares de escravos haviam sido emancipados para juntar-se ao Exército Brasileiro e lutar nas fronteiras ameaçadas. A partir de então, se o Brasil também devia sua vitória aos escravos livres, a visão da sociedade, graças ao milagre do caldeirão social representado pelo Exército, só poderia mudar sobre esses soldados que até então eram considerados inferiores, mas que lutaram bravamente e compartilharam os sofrimentos de todos os outros recrutas brasileiros. D. Pedro II, sábio político que era, aproveitou essa oportunidade histórica e a expressou de forma solene, embora o conflito não tivesse terminado, com uma mensagem inequívoca: "Quando as circunstâncias penosas em que se encontra o país o permitirem, o governo brasileiro considerará objeto de primeira importância a realização daquilo que o espírito do cristianismo há muito reclama do mundo civilizado"[2].

O imperador sabia que a condição dos escravos que trabalhavam em grandes propriedades era geralmente mais humana do que se poderia imaginar, mas ele também estava ciente de que os recalcitrantes ou os fugitivos que incorriam a ira de seus senhores sofriam uma violência inaceitável antes de serem jogados na rua, o que aumentou sua determinação. Escritores brasileiros como Luiz Nicolau Fagundes Varela, na obra *O escravo* (1864), e Antônio de Castro Alves, em *Antítese* (1868), já haviam alertado as consciências sobre esse drama. Ninguém mais poderia, a partir de então, ignorar o destino desses infelizes "sem defesa, sem preces, sem lamentos, sem círios, sem caixão"³, como escrevia Fagundes Varela, e abandonados ao seu trágico destino que, no entanto, um dia seria fermento de salvação, como o poeta Castro Alves acreditava:

> Que o cadáver insepulto,
> Nas praças abandonado,
> É um verbo de luz, um brado
> Que a liberdade prediz.⁴

Após uma viagem ao Brasil em 1860, onde visitou grandes fazendas, o cronista da *Revue des Deux Mondes* Adolphe d'Assier relatou este testemunho sobre as sanções impostas aos escravos rebeldes: "As correções podem ser divididas em três classes: pequenas faltas são expiadas por no mínimo dez golpes de palmatória. Esse tipo de punição é aplicado principalmente às mulheres e crianças. Utiliza-se um chicote para punir faltas graves e os homens robustos. O homem punido é firmemente amarrado a um poste e cercado por seus companheiros, que devem assistir à execução para intensificar a solenidade da provação e para que saibam o que pode lhes acontecer no futuro. Um negro ou pardo grande cumpre as funções de carrasco. A cada golpe, ele dá uma pausa para recuperar o fôlego e deixar o homem soltar um grito agudo seguido de um gemido prolongado. Dificilmente são dadas mais de cem chicotadas por vez; se a punição for muito forte, o resto fica para os dias seguintes. Quando o número de chicotadas foi considerável e a mão do carrasco vigorosa, é necessário levar o coitado para a enfermaria e curar suas feridas"[5].

O autor evoca também a chamada punição do "cárcere duro", destinada às faltas mais pesadas, em que o escravo é trancado em uma cela, com os pés e os punhos amarrados a estacas e chicoteado conscienciosamente de manhã e à noite.

Pode-se imaginar o que o imperador devia pensar desses costumes, que remontavam ao colonialismo das primeiras eras ou à servidão mais brutal, quando lia a imprensa internacional e, em particular, a francesa. "Vergonha" era a única palavra que podia expressar os sentimentos desse fiel assinante da *Revue des Deux Mondes*.

O IMPERADOR AVANÇA, O GOVERNO FREIA, A CAUSA PROGRIDE

D. Pedro achava que deveria aproveitar a euforia da vitória de 1870 para seguir em frente. Ele, que tantas vezes teve que moderar a pena e a palavra sobre um assunto que dividia seus governos e havia sido forçado a sacrificar-se aos compromissos parlamentares, calando a raiva, acreditava que conseguiria dar mais um passo a favor da abolição. Enganou-se. Em maio de 1870, o gabinete, presidido pelo visconde de Itaboraí, obrigou-o com deferência a não mencionar novamente esse assunto na Fala do Trono[6]. Sem referência explícita, portanto, à escravidão.

Mas o imperador era teimoso e não pretendia desistir.

Embora tivesse aceitado as recomendações do governo para não prejudicar o clima de união nacional pós-guerra – já conturbado pelo surgimento do movimento republicano e do estado de espírito do Exército –, d. Pedro procurava maneiras de voltar a discutir o tema da abolição, pois estava absolutamente convencido de que o Brasil só poderia assumir seu verdadeiro lugar no concerto das grandes nações democráticas após de ter resolvido essa questão.

Para compreendermos bem os obstáculos que estavam em seu caminho e a complexidade do assunto, devemos lembrar que não só os grandes partidos estavam divididos em relação à abolição, mas que os republicanos, novatos no cenário político brasileiro, mantinham um silêncio recatado sobre o tema. Eles teriam demonstrado uma verdadeira coragem "republicana" se colocassem a emancipação dos escravos no topo de suas prioridades, mas não! Aparentemente, sua urgência era a de criticar o arcaísmo de uma monarquia que, no fundo, era muito mais moderna e democrática do que alegavam. O mais grave é que essa atitude não era circunstancial, mas persistente. Assim, quando em 1873 se constituiu um movimento republicano autônomo na província de São Paulo, com a fundação do Partido Republicano Paulista, esse assunto ainda era evitado. O motivo era puramente eleitoral: havia nessa província cafeicultores que detinham um grande número de escravos em suas terras e tinham meios de financiar o novo partido. Portanto, era vital não melindrar os "imperadores do café".

Entretanto, d. Pedro II avançava. Fiel aos compromissos de sua Fala do Trono de 1867 e recuperando o controle após a "censura" do governo de 1870, nomeou como presidente do Conselho, em março de 1871, o conservador José Maria da Silva Paranhos, visconde do Rio Branco, e deu-lhe como prioridade a tarefa de aprovar uma lei o mais rápido possível: não a abolição da escravidão, porque tinha que ser feita com cuidado para não enfurecer os grandes proprietários, cujo papel econômico era essencial em um país exportador como o Brasil, mas a emancipação de todas as crianças nascidas de escravas. Era a Lei do Ventre Livre, que, após o fim do tráfico, deveria acabar com a escravidão de forma natural e definitiva.

Esse projeto de inspiração cristã e humanista deveria ter obtido consenso, pois era direcionado ao coração. No entanto, foi debatido na Câmara com gritos e fúria. O visconde do Rio Branco o defendeu com firmeza inabalável, com a certeza de que tinha apoio incondicional do monarca.

A lei acabou sendo aprovada em setembro de 1871, após quatro meses de debates e concessões do governo sobre a indenização aos proprietários. O calvário do presidente do Conselho havia terminado, porém o resultado político imediato da votação da Lei do Ventre Livre foi a ruptura do Partido Conservador, que se dividiu em uma ala direita e uma esquerda, como havia ocorrido antes, por motivos diferentes, com o Partido Liberal.

No final, essa crise e sua resolução, além do grande salto humanitário dado pelo Brasil e do sucesso diplomático obtido junto às democracias, levaram ao fortalecimento do Poder Moderador do imperador. De fato, diante da fragmentação dos partidos tradicionais, o espaço de manobra constitucional do imperador aumentou. Os conservadores mais fanáticos reconheceram que o monarca havia triunfado, mas também foram forçados a admitir que ele era essencial para a estabilidade do Brasil e a permanência do Estado.

O mais surpreendente em todo esse caso não foi que todos tenham reconhecido o senso político de d. Pedro II, mas que, quando a lei foi votada, ele não estava no Rio de Janeiro, nem mesmo no Brasil, e sim... no Egito, onde descobria a Esfinge de Gizé e as pirâmides! Portanto, foi a princesa Isabel, sua filha mais velha e herdeira, quem promulgou a nova lei. Isso pode parecer implausível e levanta questões. Porém, existem duas explicações razoáveis. A primeira é que d. Pedro, investido nesse caso por posicionamentos que eram conhecidos por todos, retirou-se de cena temporariamente para deixar os parlamentares brasileiros voltados para sua consciência e livres para fazer suas escolhas no momento do voto. Isso se encaixa perfeitamente à ideia que ele tinha do futuro da democracia brasileira e de que um dia, na ausência dele, a princesa seria capaz de assumir sozinha seu destino de nação emancipada. A segunda explicação se deve ao fato de a princesa herdeira, abolicionista convicta, ser totalmente capaz de assumir o leme do navio imperial, e esse teste político ao qual foi submetida por seu pai era uma forma de acostumar a classe política brasileira ao governo de uma futura imperatriz, bem como silenciar as más línguas sobre seu marido, o conde d'Eu, também fervente abolicionista[8].

Se a Lei do Ventre Livre ainda não constituía a abolição da escravidão, pelo menos representava um avanço considerável na sociedade brasileira, porque, nesse país onde a liberdade de imprensa era respeitada, a opinião pública pôde acompanhar os debates parlamentares e formar suas próprias convicções. As mentes amadureceram, as consciências se abriram e as mentalidades começaram a mudar tanto que essa grande reforma, que também era o grande pensamento do reinado, acabou se tornando inevitável.

NOTAS

1. Elysée Reclus, *Le Brésil et la colonisation* [O Brasil e a colonização – sem edição em português].
2. *O imperador é defensor perpétuo do Brasil*. Disponível em: http://imperiobrazil.blogspot.com/2010/07/dom-pedro-ii_11.html.
3. Excerto do poema *O escravo* [N. E.].
4. Sébastien Rozeaux, *La genèse d'un "grand monument national": littérature et milieu littéraire au Brésil à l'époque impériale (1822-1880)* [A gênese de um "grande monumento nacional": literatura e meio literário no Brasil durante o período imperial (1822-1880) – sem edição em português. Excerto do poema *Antítese* – N. E.].
5. Adolphe d'Assier, *Le Brésil et la société brésilienne* [ver nota 13, cap. 7].
6. Esse episódio prova quanto a monarquia brasileira era constitucional. O imperador, cuja Fala do Trono era destinada a informar à nação as prioridades da Coroa, reunia-se previamente com o chefe de governo para não complicar a ação do Executivo com declarações intempestivas.
7. Por 65 votos a favor e 45 contra, na Câmara, e 33 votos a favor e 7 contra, no Senado.
8. Era uma tradição dos Orléans, visto que o conde de Paris e o duque de Chartres, primos-irmãos do conde d'Eu, haviam se alistado nas tropas da União durante a Guerra Civil Americana. Foram acompanhados pelo tio, o príncipe de Joinville, cunhado de d. Pedro II.

CAPÍTULO 12

O MONARCA VIAJANTE

D. Pedro II era um homem que amava viajar, não somente em seu país, mas também ao exterior, a tal ponto que era conhecido como "Sua Majestade Itinerante".
– Divaldo Gaspar de Freitas[1]

O IMPERADOR CASEIRO À DESCOBERTA DO VELHO MUNDO

Dom Pedro II não se contentava com a realização de um trabalho colossal em seu gabinete – ele também queria conhecer bem seu país, portanto fez muitas viagens em ritmo desenfreado. Gobineau, diplomata da França, foi convidado a acompanhá-lo em Minas Gerais em 1869 e pagou um preço alto por esse apetite pela descoberta. Seu calvário nos conta: "Meu dia começava com o de d. Pedro, ou seja, às 5 horas da manhã, visitando todas as coleções, academias, palácios, torres, castelos, subterrâneos, ruínas, observatórios, cientistas etc. Nos intervalos (geralmente de dois minutos), eu tinha que escrever cartas para Sua Majestade, sem contar o teatro até a meia-noite"[2].

No entanto, por mais estranho que possa parecer, o imperador nunca havia deixado o país desde que nascera, em 1825, até os anos 1870. Ele viajava muito, mas em espírito, e seu conhecimento do mundo exterior era puramente através de livros. Contudo, em maio de 1871, após o término da guerra da Tríplice Aliança, com os ferimentos cicatrizando e a Lei do Ventre Livre sendo debatida no Parlamento, ele teve a oportunidade de zarpar e tomar ar fresco.

Entretanto, essa foi uma triste oportunidade, pois a imperatriz d. Teresa Cristina, de aparência frágil, estava deprimida depois da morte de sua filha caçula d. Leopoldina, de 24 anos, vítima de febre tifoide, ocorrida em

Viena em fevereiro. A jovem princesa deixara um viúvo, o príncipe Luís Augusto de Saxe-Coburgo-Gota, e quatro filhos pequenos. Motivo mais do que justificado para abalar a infeliz imperatriz, especialmente depois que seu genro príncipe Augusto havia decidido entregar seus dois filhos mais velhos, d. Pedro e d. Augusto de Saxe-Coburgo e Bragança, a seus avós brasileiros, visto que, como a princesa Isabel e o conde d'Eu ainda não tinham filhos, esses meninos representavam o futuro da Coroa brasileira. Tudo isso foi suficiente para atormentar a bondosa d. Teresa Cristina, aflita por saber se estaria à altura de criar seus netos, situação dolorosa e complicada para qualquer família diante de um drama dessa natureza.

O imperador, monarca constitucional, só podia deixar o Brasil depois de obter autorização do governo e do Parlamento. Naturalmente, ele a conseguiu em vista das circunstâncias familiares, mas nota-se que a formalidade contava muito na época, o que, aos olhos dos homens do século XXI, pode parecer um constrangimento intolerável. No entanto, o funcionamento de uma verdadeira democracia requer regras que todos devem respeitar, de cima a baixo na escala social. O imperador obedeceu, pois era bem-educado e porque, para ele, a democracia não era um princípio que podia ser transgredido. Não obstante, houve algumas vozes no Brasil que se manifestaram contra essa viagem. Alguns parlamentares declararam que, "nas circunstâncias atuais, o grande prestígio e a grande experiência do imperador não podiam ser delegados"; outros, que a verdadeira motivação do monarca era pura vaidade e o interessado estava "indo colher elogios na Europa por sua política abolicionista"[3]. Se a segunda crítica era controversa e só podia provir de escravagistas fanáticos, por outro lado a primeira era muito mais séria, pois implicava que d. Pedro II era insubstituível e que sua filha, a princesa Isabel, não conseguiria assumir corretamente as funções de regente. Por trás da homenagem ao imperador, havia claramente o questionamento da sucessão hereditária da coroa e, acima de tudo, do direito das mulheres de governar o Império.

O imperador e a imperatriz deixaram o Rio de Janeiro no navio *Douro* em 25 de maio de 1871 e chegaram a Lisboa em 12 de junho. Eles se instalaram no hotel Bragança, pois o imperador não queria hospedar-se em palácios oficiais durante a viagem, a fim de evitar os constrangimentos de protocolo. D. Pedro não conhecia o país de origem de sua família.

O tempo havia passado. Sua irmã mais velha, d. Maria II, de quem ele não tinha nenhuma lembrança, pois ela subira ao trono de Portugal quando ele tinha apenas alguns meses, havia morrido em 1853. Seu jovem sobrinho d. Pedro V também havia morrido em 1861, e seu segundo sobrinho d. Luís I agora reinava em Lisboa como monarca constitucional, no espírito de seu tio brasileiro, com respeito às liberdades públicas.

Essa peregrinação familiar foi marcada por uma visita ao panteão dos Bragança em São Vicente de Fora, onde estavam sepultados os membros da dinastia, em particular d. João VI de Portugal e d. Pedro IV de Portugal, cujo corpo ainda não havia sido repatriado para o país que ele levou à Independência sob o nome de d. Pedro I do Brasil[4]. D. Pedro II também encontrou pela primeira vez, e com a maior emoção que se pode imaginar, a imperatriz d. Amélia de Leuchtenberg, segunda esposa e viúva de d. Pedro I, a mesma que havia escrito em sua intenção a carta comovente endereçada ao pequeno imperador de cinco anos, que fora abandonado no Brasil em 1831, esse "ilustre e infeliz órfão que continua privado de todos os cuidados maternos"[5]. Desde então, já haviam se passado quarenta anos, e o menino havia crescido em tamanho, força e sabedoria.

Depois de Portugal, onde visitou os principais locais históricos que ilustravam a glória de sua família e onde conheceu o grande escritor e historiador Alexandre Herculano, Pedro embarcou em Lisboa para Dover, na Inglaterra. Um grande percurso dessa vez.

Os britânicos tinham muita preocupação com os brasileiros desde a Independência, à qual originalmente haviam apoiado, mas eram a primeira potência do mundo naquela época. O imperador não podia, portanto, escapar dessa visita, em especial porque a rainha Vitória era agora a decana dos soberanos da Europa. No entanto, d. Pedro II pretendia viajar a seu bel-prazer, ou seja, descobrir o máximo possível do país e conhecer intelectuais, estudiosos e políticos. Conhecendo o gosto dos ingleses pela pompa, ele deixou bem claro desde o início que não toleraria mais regras de etiqueta em Londres que no Rio de Janeiro. Isso contrariou a rainha Vitória, que não apenas teve que vê-lo muito cedo, porque Sua Majestade Brasileira se levantava de madrugada, mas foi forçada a se deslocar até o hotel Claridge, onde estava hospedado o casal imperial, para entregar-lhe as insígnias de cavaleiro da Ordem da Jarreteira. Obviamente, também foi necessário prever uma dispensa oficial da cerimônia pública de entronização nessa ordem de prestígio, a primeira no reino[6]. Essa dispensa salvou d. Pedro de ter que vestir o suntuoso traje a rigor, uma vez que ele preferia usar seu sobretudo preto, um pouco puído pelo uso. Isso foi o que mais chocou a rainha, que só usava roupas de luto desde a morte de seu querido Alberto, em 1861.

Foi durante essa viagem que os ingleses puderam observar a espantosa semelhança moral do imperador do Brasil com o ex-príncipe consorte, tão insaciável quanto ele de conhecimentos, descobertas e encontros ecléticos e enriquecedores. D. Pedro II se reuniu com os primeiros-ministros Disraeli e Gladstone[7], os inevitáveis inimigos fraternais ingleses do século XIX, e visitou Oxford e Cambridge, com suas ricas bibliotecas – o próprio imperador possuía uma biblioteca de 20 mil volumes que, no final do reinado, chegou a 60 mil –, fazendo um intercâmbio sem moderação com professores e estudantes. Fez o mesmo com os engenheiros de telegrafia de Gateshead e os administradores dos armazéns marítimos de Birkenhead. Tudo lhe interessava, nada era esquecido, nem mesmo o grande poeta Coleridge, em cujo túmulo em Highgate ele foi meditar e colocar flores, pois a poesia era um de seus jardins secretos.

Em Westminster, o imperador do Brasil, que se movimentava incógnito sob o nome de "Pedro de Alcântara"[8], foi recebido na Câmara dos Lordes com um protocolo reduzido ao mínimo, conforme sua vontade. Sentado nos bancos reservados ao público, ouviu conscienciosamente os debates sobre recrutamento militar, administração da Marinha, gestão de bondes e formação de júris criminais irlandeses. Por outro lado, quando lorde Shaftesbury[9] fez uma intervenção sobre as questões coloniais, ele desapareceu discretamente. Talvez tivesse preferido retirar-se a perder a paciência e responder ao honorável orador que, em questões de colonialismo, a Inglaterra talvez não fosse uma referência, considerando a arrogância com a qual agia na América Latina.

No entanto, em um evento extraordinário para a época, o imperador foi visitar a sinagoga central de Londres, onde leu em hebraico um trecho da Torá. Na verdade, ele estudava a língua hebraica desde 1860 e a entendia e falava corretamente. É verdade que, com sua longa barba prematuramente branca, ele poderia ser facilmente confundido com um verdadeiro rabino em uma sinagoga. Se não há dúvida de que, no século XIX, os ingleses eram menos antissemitas do que os franceses – foram eles que levaram ao poder, pela primeira vez no Ocidente, um primeiro-ministro judeu, Benjamin Disraeli, fundador do Segundo Império Colonial Britânico –, pode-se imaginar que esse gesto deve ter surpreendido muita gente, em particular à rainha. Fascinada por seu querido "Dizzy" – apelido afetuoso que deu ao seu primeiro-ministro favorito –, Vitória via com maus olhos seu filho mais velho Alberto, futuro Eduardo VII, frequentar de forma um pouco exagerada para o seu gosto os círculos "cosmopolitas", como se dizia na época. A questão judaica também era, juntamente com a questão racial em geral, um dos pontos de atrito entre d. Pedro II e seu amigo, o conde de Gobineau. Questionado por ele sobre sua simpatia pelos judeus e o *status* protetor de que gozavam no Brasil, o imperador respondeu: "Não combaterei os judeus, pois de sua raça nasceu o Deus da minha religião"[10].

O jornal *The Times*, com a impertinência da imprensa britânica que não poupa ninguém, fez um balanço da estada do imperador, que terminou em julho de 1871, e evocou em suas colunas a impressão deixada pelo monarca: "Dizem que ele é um personagem bastante admirável, um novo modelo de soberano, um grande geógrafo, um homem com inúmeros conhecimentos, mas, por todas essas razões, é de supor que tenha sido muito chato"[11]. É exatamente a mesma crítica que os jornais britânicos fizeram anteriormente ao príncipe consorte Alberto.

O casal imperial continuou seu périplo europeu, que o levou sucessivamente a Bélgica, Alemanha, Áustria, Itália, Grécia, Suíça e França. A viagem foi interrompida por um desvio ao Egito entre a Itália e a Grécia, porque o imperador queria ver os vestígios egípcios faraônicos e o canal de Suez de Ferdinand de Lesseps, inaugurado dois anos antes, em 1869, pelo quediva Ismail Paxá e pela imperatriz Eugênia[12]. Durante a visita aos sítios arqueológicos, seu guia foi o ilustre egiptólogo francês Auguste Mariette, que pode ser visto na coleção imperial de fotografias ao lado de d. Pedro e d. Teresa Cristina. O imperador, fotógrafo compulsivo, registrava conscienciosamente todas as pedras antigas e seres vivos que encontrava.

Em cada país atravessado durante essa primeira grande viagem ao exterior, o imperador fez exatamente o que havia feito na Inglaterra, a fim de ver tudo o que pudesse interessá-lo, não só de modo pessoal, mas também para o desenvolvimento de seu país. Seus encontros pessoais multiplicaram-se com personalidades que ele admirava, como o escritor, poeta e dramaturgo Alessandro Manzoni, na Itália, e o compositor Richard Wagner, na Alemanha. Encontrou-se também com monarcas proeminentes, como Francisco José I, em Viena, e Guilherme I da Alemanha, em Berlim – encontros protocolarmente inevitáveis e, portanto, sempre abreviados por ele de forma voluntária.

Como a viagem tinha caráter privado, nada se sabe do que d. Pedro II, amigo sincero da França, pode ter dito a Guilherme I, chefe de uma potência que havia derrotado a França e ainda a ocupava[13]. Entretanto, não se pode deixar de pensar que ele interveio para pedir que abrandasse as exigências de Bismarck[14]. Pode-se dizer que era da natureza das coisas, especialmente porque o *kaiser* Guilherme I era infinitamente menos rígido que seu chanceler ou que seu neto Guilherme II seria mais tarde.

Com Francisco José, o encontro foi pouco cordial, visto que os dois homens eram muito diferentes no temperamento e mais ainda no plano intelectual. Embora fossem primos-irmãos, eles não tinham nada em comum, exceto a dedicação a seus respectivos países, mas o austríaco era uma pessoa sem imaginação, enquanto o brasileiro estava em constante busca por novidades e modernidades. No campo político, também havia pouca afinidade entre eles, exceto, e não era pouca, a rejeição pelo antissemitismo. D. Pedro II admirava culturalmente o povo judeu e havia se tornado um distinto hebraísta. Já Francisco José havia retirado os judeus dos guetos para integrá-los à sociedade austríaca, um "crime" pelo qual anos mais tarde um artista pintor austríaco chamado Adolf Hitler nunca o perdoaria.

O imperador da Áustria e rei da Hungria considerava que a recusa de qualquer protocolo e cerimônia oficial por parte de seu primo era excessiva, chocante e até indigna de um monarca reinante. É verdade que d. Pedro II nem sempre seguia as normas e que, cansado das conversas de Francisco José, que mais se assemelhavam a relatos de oficiais de intendência que diálogos entre letrados, usou o pretexto de fazer visitas turísticas urgentes para encurtar seus encontros e desaparecer. Para o austríaco, conformista ao extremo, esse comportamento era de um excêntrico sem senso de conveniência. Se a atitude de seu primo o magoou, foi porque Francisco José não sabia que d. Pedro II, desde sua chegada a Portugal, havia insistido com veemência em recusar os compromissos protocolares que queriam lhe impor. Em 12 de junho, ele escreveria de Lisboa, com certo júbilo: "Custou-me a desvencilhar-me das cerimônias, mas tudo correu bem"[15].

FRANÇA DERROTADA, FRANÇA OCUPADA, MAS AINDA ASSIM A FRANÇA

D. Pedro II decidiu concluir sua viagem pela França, aonde chegou no final de 1871. Por que a França naquela época, e não a partir de junho? Simplesmente para permitir que a situação política do país se estabilizasse após o colapso da Comuna em maio, a repressão que se seguiu e a posse de Adolphe Thiers como presidente em agosto[16]. Apesar do cronograma apertado, essa foi, sem dúvida, a etapa mais importante.

Na verdade, o imperador era francês de coração, criado no respeito aos princípios da Revolução Francesa, e de espírito, porque a França, para ele, não era apenas a pátria dos direitos humanos, mas também das artes, da literatura e das ciências. Além disso, a França de 1871 tinha se reerguido após passar pela Guerra Franco-Prussiana, sofrer as humilhações da derrota, suportar a afronta da proclamação do Segundo Reich Alemão em Versalhes e derrotar a Comuna, cujo patriotismo inicial havia se afundado nas lutas fratricidas e sangrentas da extrema esquerda. Na dor, é verdade, mas se reergueu assim mesmo. D. Pedro, atento a tudo, se interessava por esse "milagre". Sendo um homem de ciência, a França era uma espécie de laboratório político que ele iria visitar. Pelo que se sabe, a República ainda era frágil, pois a maioria da Câmara era monarquista e muitos aguardavam a restauração de Henrique V, neto do rei Carlos X. Este, como é sabido, iria em breve arruinar as esperanças monarquistas de salvar uma bandeira branca que, ironicamente, nunca havia sido a da dinastia capetiana, pois a flâmula de São Dionísio era vermelha e foi com ela que Filipe Augusto havia fundado a nação francesa em Bouvines[17].

Mas o imperador, por respeito à França, não pretendia, pelo menos abertamente, dar à sua viagem um sentido político que teria parecido uma intromissão nos assuntos internos de um país amigo e amado. Obviamente, ele foi recebido para um jantar privado no palácio do Eliseu pelo presidente Adolphe Thiers, com quem compartilhou as conversas que tivera com o imperador da Alemanha, e se reuniu com François Guizot. O encontro com esses dois homens, que haviam sido presidentes do Conselho do rei Luís Filipe, permitiu-lhe entender um pouco melhor a caótica evolução constitucional da França desde 1830 e, talvez, considerar que ele tivera mais sucesso no Brasil ao realizar a síntese do princípio monárquico e da soberania nacional que seus amigos franceses.

Em Paris, reencontrou o conde Arthur de Gobineau, que havia sido diplomata da França no Rio de Janeiro no final do reinado de Napoleão III. Gobineau foi seu guia e apresentou-o a todos os círculos e instituições que ele desejava conhecer. O imperador passou um bom tempo no Instituto Francês, na Academia de Ciências e na Sorbonne. Participou das sessões do Instituto e da Academia e conversou com os mais ilustres professores universitários, sem hesitar em dialogar com os alunos, o que já costumava fazer no Brasil. Todos os seus interlocutores mostravam grande respeito e simpatia por esse monarca que, com sua barba, seu conhecimento enciclopédico e seu velho sobretudo, poderia ser confundido com um de seus colegas.

No laboratório da École Normale, conheceu o cientista Louis Pasteur, a quem admirava por seu trabalho sobre doenças contagiosas. Natural de um país onde as epidemias eram frequentes devido às febres tropicais, esse encontro foi rico em trocas. O imperador convidou Pasteur a ir ao Brasil para realizar uma campanha de vacinação contra a febre amarela, que atingia as grandes cidades do litoral brasileiro. Ele também discutiu um projeto para a formação de jovens pesquisadores brasileiros pelos professores das seções científicas da École Normale Supérieure[18]. O pesquisador ficou fascinado pelo conhecimento que d. Pedro possuía de seus trabalhos – eles já haviam se correspondido vários anos antes da viagem a Paris –, e a partir desse encontro nasceu uma sólida amizade. Suas relações, que continuaram por carta depois de 1871, às vezes eram até engraçadas. Em uma carta de 22 de setembro de 1884, Pasteur, para avançar em seu trabalho sobre a raiva, sugeriu a seu amigo imperial que propusesse aos condenados à morte no Brasil aceitar uma inoculação preventiva contra a raiva em vez de uma morte iminente. D. Pedro II respondeu-lhe educadamente: "O senhor deve saber que, no meu país, já faz alguns anos que a pena de morte é moderada pelo soberano e que sua execução está suspensa indefinidamente. Se a vacina contra a raiva não tem um efeito inegável, quem irá preferir uma morte provável a uma quase impossível?"[19].

Gobineau, um escritor em voga na época e perfeito conhecedor da fina flor de Paris, organizou reuniões com Ernest Renan, Alexandre Dumas Filho, Hippolyte Taine e Théophile Gautier[20] para discutir história, literatura e filosofia. É evidente que os cientistas não foram esquecidos, e o fisiologista Claude Bernard, bem como o químico Marcellin Berthelot, logo receberam a visita do monarca. Do mesmo modo, em Londres, algumas semanas antes, d. Pedro tinha se reunido com Charles Darwin, cuja teoria sobre a origem das espécies o fascinava, embora tenha sido contestada por outro de seus amigos íntimos, o naturalista suíço Louis Agassiz, que era criacionista. O que mais impressionou o imperador foi que Darwin, durante uma viagem ao Brasil em 1832, havia sido cativado pela proliferação e diversidade de fauna e flora, revelação que havia impactado sua pesquisa.

A estadia do imperador em Paris durou quase dois meses e continuou no interior do país. D. Pedro logo descobriu Provença, de Cannes a Marselha, onde conheceu o escritor Frédéric Mistral, cujo trabalho admirava e com quem compartilhava o gosto pela língua provençal, que, segundo ele, era a sua favorita[21]. Em seguida, pegou o trem para Montpellier, a fim de visitar a Faculdade de Medicina, a mesma onde Rabelais[22] havia estudado e a mais antiga da França, bem como a Faculdade de Ciências, onde se interessou pela coleção mineralógica lá reunida. De Montpellier, seguiu para Toulouse e Bayonne. De lá, atravessou a fronteira espanhola para chegar a Portugal, onde deveria embarcar para, finalmente, retornar ao Brasil.

D. Pedro II ficou extremamente satisfeito com a viagem. Havia conhecido todas as personalidades que admirava, com a notável exceção, no entanto, de George Sand. De fato, naquela época, George havia se retirado para Nohant com sua família e cuidadosamente evitado Paris, por medo de ver seus amigos mais queridos se dividirem por razões políticas após os dramas da Comuna e da repressão de Versalhes. Gobineau lhe informou o desejo do imperador de conhecê-la, ao que ela respondeu dizendo que não poderia ir à capital, mas que o ilustre visitante seria bem-vindo em Nohant: "Não acredito que d. Pedro se disponha a vir tão longe para ver uma velha mulher como eu, mas caso ele queira, como o califa Harun-al-Rashid[23], percorrer a França como um indivíduo qualquer, encontrará aqui a hospitalidade cordial e respeitosa do caipira"[24]. Infelizmente, em janeiro de 1872, parecia ser tarde demais para planejar essa viagem ao Berry, pois o imperador já estava se preparando para partir para o sul.

A França foi o país onde d. Pedro II ficou mais tempo durante essa primeira viagem internacional. Era claramente uma forte marca de amizade, mas também um apoio moral em nível internacional, porque se tratava de saudar a recuperação de um país que havia passado por tantas dificuldades desde 1870 e ainda estava sob a bota dos prussianos e seus aliados.

Essa visita, por mais privada que tenha sido, na qual *"monsieur* Pierre de Alcântara, cidadão brasileiro"*, homenageou Paris e as províncias do sul entre 1871 e 1872, rompeu o isolamento diplomático da França pela primeira vez desde a derrota em Sedan.

A França e a República nunca se esqueceram desse gesto de fraternidade.

NOTAS

1. Divaldo Gaspar de Freitas, *Les voyages de l'empereur Pierre Second (D. Pedro II) en France* [As viagens do imperador Pedro Segundo (d. Pedro II) na França – sem edição em português], palestra feita à Sociedade Francesa de História da Medicina durante a sessão de 3 de junho de 1978.
2. Georges Raeders, *Le Comte de Gobineau au Brésil* [ver nota 7, cap. 3].
3. Paulo Cavalcanti, *Eça de Queirós: Sparks Brazilian Unrest* [Eça de Queiroz: Agitador no Brasil". Recipe, PE: CEPE, 2008].
4. A repatriação ocorreu em 1972.
5. Jean-Baptiste Debret, *Voyage pittoresque et historique au Brésil* [ver nota 18, cap. 2].
6. William Arthur Shaw e George Dames Burtchaell, *The Knights of England* [Os cavaleiros da Inglaterra – sem edição em português].
7. Disraeli (ver nota 4, cap. 6). William Gladstone (1809-1898) foi líder do Partido Liberal inglês e primeiro-ministro do Reino Unido quatro vezes. [N. E.]
8. "Alcântara" não está associado a nenhum título de nobreza. Trata-se simplesmente de uma referência ao santo padroeiro do monarca, São Pedro de Alcântara.
9. Anthony Cooper (1801-1885), terceiro conde de Shaftesbury, também conhecido como lord Shaftesbury, foi um político, escritor e filósofo inglês. Suas atividades intelectuais estavam ligadas principalmente à ética, à moral e à religião e inspiraram importantes pensadores, como Adam Smith. [N. E.]
10. *O imperador é defensor perpétuo do Brasil.* Disponível em http://imperiobrazil.blogspot.com/2010/07/dom-pedro-ii_11.html.
11. Guy Burton, *Brazil's Emperor Tourist* [O imperador turista do Brasil – sem edição para o português].
12. Ismail Paxá (1831-1895) conhecido como Ismail, o Magnífico, foi quediva (vice-rei) do Egito e do Sudão até ser removido do cargo pelos ingleses em 1879. Enquanto esteve no poder, foi responsável pela modernização da região, porém a deixou com muitas dívidas. Também foi um dos responsáveis pela construção do canal de Suez.

Imperatriz Eugênia (1826-1920) foi a esposa de Napoleão III e a última imperatriz consorte da França (1853-1870). [N. E.]

13. [Guilherme I (1797-1888) foi rei da Prússia de 1861 até sua morte. Foi o primeiro imperador a unificar e governar o Império Alemão, a partir de 1871 – N. R.] A ocupação durou até 1873.

14. Otto Eduard Leopold von Bismarck-Schönhausen (1815-1898), príncipe de Bismarck e duque de Lauenburg, foi um nobre, diplomata e político prussiano. Conhecido como Chanceler de Ferro, foi o responsável por fundamentar o 2º Reich, que unificou os países germânicos em um Estado único através de uma política de força. [N. E.]

15. *1871-72 – Visita dos imperadores do Brasil a Portugal: contribuição para o ano Brasil-Portugal.* Disponível em: http://www.raulmendessilva.com.br/brasilarte/temas/destaque2.html. Acesso em: 15 jun. 2021.

16. A Comuna foi o primeiro governo popular da História, que se estabeleceu após a derrota da França para os prussianos na guerra de 1870 e a prisão de Napoleão III. A população mais pobre parisiense, liderada pelos operários, rebelou-se contra Adolphe Thiers, chefe do novo governo francês, por ter proposto um acordo de paz com a Prússia. A Comuna instalou um governo provisório que pedia principalmente pela igualdade social, porém, após sangrentas batalhas contra o exército de Thiers, foi desfeita e Thiers foi eleito o primeiro presidente da Terceira República Francesa. [N. E.]

17. A bandeira branca era, sob o Antigo Regime, o pavilhão da Marinha Real. A rigor, não havia bandeira nacional, cada regimento tendo sua própria bandeira, principalmente com as cores azul e vermelha com uma cruz branca no centro. Por outro lado, a bandeira branca foi adotada pelos monarquistas durante as guerras da Vendeia e, depois, por Luís XVIII na Restauração. Foi o grande erro de um rei, por mais esclarecido que fosse, pois, com esse gesto, parecia insultar a memória dos 1,3 milhão de jovens franceses que, de 1792 a 1814, haviam morrido em todos os campos de batalha da Europa pela glória da França.

18. Luiz Cláudio Cardoso e Guy Martinière, *France-Brésil: vingt ans de coopération (Science et technologie)* [Brasil-França: vinte anos de cooperação (ciência e

tecnologia). Brasília, DF: Fundação Alexandre Gusmão; Agência Brasileira de Cooperação; Instituto de Pesquisa de Relações Internacionais, 1989].

19. Auguste Mayor, *Visite de l'Empereur du Brésil à Neuchâtel en 1877* [ver nota 6, cap. 5]. Embora prevista no Código Penal, a pena de morte não era aplicada no Brasil desde 1856.

20. Ernest Renan (1823-1892) foi um escritor, filósofo, teólogo, filólogo e historiador francês, cuja obra mais famosa é *A vida de Jesus*. Alexandre Dumas Filho (1824–1895) foi um escritor francês, cuja principal obra é *A dama das camélias* (não confundir com seu pai, Alexandre Dumas, autor de *Os três mosqueteiros*, *O conde de Monte-Cristo* e *Notre-Dame de Paris*). Hippolyte Taine (1828-1893) foi um crítico e historiador francês e, além de ser um dos fundadores do positivismo, fundamentou o famoso Método de Taine, que analisava a História da humanidade sob os fatores do meio ambiente, raça e momento histórico. Théophile Gautier (1811–1872) foi um escritor, poeta, jornalista e crítico francês, autor de *Mademoiselle de Maupin* e do balé *Giselle*; foi um dos principais nomes do romantismo, porém suas obras se adaptam a outras escolas, como parnasianismo e modernismo. [N. E.]

21. Benjamin Mossé, *Dom Pedro II, imperador do Brasil: o imperador vista pelo barão do Rio Branco*.

22. François Rabelais (1494-1553) foi um escritor, padre e médico francês da Renascença. [N. E.]

23. D. Pedro II do Brasil sempre foi comparado, pelo seu saber enciclopédico, ao califa de Bagdá Harun al-Rashid (ou Harune Arraxide) que, nos séculos VIII e IX, favoreceu o surgimento de uma brilhante civilização árabe, graças ao desenvolvimento das artes e das técnicas. Esse califa é o mesmo das *Mil e uma noites*.

24. Carta de 3 de janeiro de 1872 a Charles Edmond, completada por essa nota do mesmo dia em sua agenda pessoal: "Don Pedro veio à França em grande parte para me ver e talvez virá a Nohant. É um longo caminho para conversar com uma pessoa que não sabe dizer nada". George escreve "Don Pedro" como em espanhol, ignorando que em português a grafia exata é "Dom Pedro".

CAPÍTULO 13

O IMPERADOR E O PAPA

A Igreja brasileira estava em um estado material e moral lamentável. D. Pedro II fez tudo para reerguê-la.
– Frédéric Mauro[1]

UMA DESCONFIANÇA MÚTUA

Durante sua viagem à Itália em 1871, d. Pedro II foi a Roma para cumprimentar o rei Vítor Emanuel II e, em seguida, ao Vaticano, para visitar o papa Pio IX, que, desde a anexação da cidade pelo exército italiano em 1870, se considerava prisioneiro da casa de Savoia.

Pio IX é certamente o pontífice que, na longa história da Igreja, teve um dos reinados mais dolorosos, evocando de certo modo o período terrível da Idade Média, quando o papado era constantemente ameaçado pelas pretensões dos imperadores germânicos. Contudo, no século XIX, surgiu outro perigo: o movimento pela unificação italiana, o *Risorgimento*, que, rejeitando a ideia de transformar a Itália fragmentada em uma confederação de Estados livres, optou pela criação de um Estado unificado sob o cetro dos reis de Piemonte-Sardenha. Essa escolha era incompatível com a sobrevivência dos Estados papais, cujo imenso território havia sido constituído a partir do século VIII em torno de Roma, graças aos reis carolíngios Pepino, o Breve, e seu filho Carlos Magno, perpetuadores da generosa política para com o papado, iniciada no século IV pelo imperador Constantino.

Portanto, Pio IX foi, literalmente, um papa ameaçado, sitiado e por fim despojado pela nova monarquia italiana, cujo braço armado era o general Garibaldi. Esse sentimento de cerco e morte anunciada levou o papa, por mais liberal que tenha sido na época de sua ascensão ao trono pontifical, a endurecer o tom e adotar uma política defensiva reacionária nos campos temporal e espiritual. Pela encíclica *Quanta Cura* de 1864 e seu anexo, o *Sílabo dos Erros* (lista de erros), Pio IX condenou como um todo o panteísmo, o naturalismo, o racionalismo, o socialismo, o comunismo, o positivismo, o materialismo, o determinismo, o darwinismo e as sociedades secretas, visando principalmente a maçonaria. É claro que tudo isso foi acompanhado por um desejo de recentralizar a Igreja em torno do papado e de defender ferozmente suas prerrogativas – vontade confirmada de forma solene pela proclamação, em 1870, do dogma da infalibilidade papal.

Ao tomar conhecimento dessas condenações, o mundo inteiro entendeu que a Igreja rejeitava o modernismo, o progresso, a ciência e a democracia. O jornal francês *Le Siècle* falou até de "supremo desafio lançado ao mundo moderno pelo papado em extinção"[2]. Sem ir tão longe, o razoável d. Pedro II do Brasil deve ter pensado que, apesar das suas próprias ideias sobre o progresso e a democracia, Roma não era nada santa para ele. Além disso, parece que sua entrevista no Vaticano com o Santo Padre foi breve e pouco proveitosa.

Isso não era um bom presságio para as relações entre a Santa Sé e o Império brasileiro. Na verdade, elas ficaram muito tensas, porque apesar de d. Pedro, ao contrário de seu pai, ter sido católico praticante, ele também era chefe de Estado e não aceitava que a Igreja Católica, reconhecida como religião de Estado pela Carta de 1824, se intrometesse nos assuntos internos do Império e se opusesse aos projetos de modernização e desenvolvimento que tinha para seu país. Por seu lado, a Igreja brasileira, mesmo sendo um ator essencial na monarquia, desconfiava um pouco desse monarca excessivamente tolerante que até considerava, com base nas recomendações do Conselho de Estado, introduzir no Brasil o casamento civil[3].

Isso não significava que, tal como um novo Henrique VIII da Inglaterra[4], D. Pedro II quisesse ser o "chefe da Igreja no Brasil", como pode ter sido afirmado. Diferentemente do déspota inglês, ele não pretendia interferir nas questões dogmáticas nem ser mais católico que o papa. Todas as suas ações em relação ao catolicismo visavam exclusivamente à separação das autoridades religiosas e leigas, preservando o antigo privilégio português do padroado, que permitia aos reis de Portugal, em troca da proteção do clero e das igrejas, ter o direito de supervisionar as nomeações episcopais. Além disso, o fato de o catolicismo ser uma religião de Estado levou ao Brasil – como foi o caso da França sob a Concordata de Bonaparte[5] – o controle sobre o funcionamento da Igreja, o que era bastante lógico, pois era o Estado que pagava os salários dos padres e financiava os seminários e as instituições católicas.

Mas, ainda assim, Pio IX não estava de acordo com as ideias de d. Pedro II. Excepcionalmente modernista, ele considerava que o "patrocínio" dos reis era de outra época e que o papado, que havia perdido seu poder temporal na Itália, deveria fortalecer seu próprio poder de controle sobre todo o clero local. No fundo, ele não estava errado.

No entanto, em um ponto – o da disciplina e da moralidade do clero brasileiro –, não havia diferenças substanciais entre o papa e o imperador. Esse clero, muitas vezes inculto e indisciplinado, havia relaxado consideravelmente no campo dos costumes e, com a ajuda do clima tropical, tinha uma visão completamente divergente sobre as relações entre padres e mulheres da visão do imperador Constantino, que, no Concílio de Niceia de 325[6], havia formalmente proibido qualquer coabitação sexual. Muitos padres brasileiros viviam, portanto, em concubinato notório e tinham muitos filhos.

O imperador, que não era muito atraído pelo ato sexual – a menos que tenha sido muito discreto nessa área para impedir que a imperatriz, a quem respeitava, fosse publicamente ridicularizada –, considerava esse comportamento inaceitável, mesmo que, como qualquer homem honesto, se questionasse sobre a solidão dos padres nas regiões remotas ou completamente selvagens do Império. Ele, portanto, de modo resoluto, apoiou a luta de Roma para pôr fim a essas transgressões[7]. Quanto a isso, nenhuma discussão. Exceto que, sendo o inferno repleto de boas intenções, d. Pedro II também pensou em incentivar a melhoria do nível cultural do clero brasileiro, incentivando a ida de jovens sacerdotes para a Europa, para que pudessem aprimorar seus conhecimentos nas instituições católicas. Infelizmente, se o nível cultural e a disciplina aumentaram de fato, o nível de lealdade ao Estado diminuiu, pois Pio IX havia decidido controlar mais de perto a formação das novas gerações de padres católicos. A partir de então, os jovens padres brasileiros retornaram com melhor formação, mais cultos e virtuosos, mas também mais ultramontanos. Sob forte influência da mentalidade papel, não estavam de acordo com as ideias de progresso e democracia do imperador.

Desde o *Sílabo*, d. Pedro II e Pio IX, com toda reverência e respeito mútuo salvaguardados, estavam em dois campos opostos. De um lado, estava o imperador, católico sincero mas admirador de Darwin e Renan e protetor dos maçons, e, de outro, um pontífice sitiado e espoliado que se enfurecia contra todas as novas ideias, especialmente a de coabitação fraterna entre católicos e maçons, que, no entanto, os ingleses haviam conseguido em seu país, onde as lojas maçônicas e a Igreja Anglicana coexistiam em harmonia desde o início do século XVIII.

Tanto no plano religioso quanto no político, d. Pedro II considerava que os homens de boa vontade, quaisquer que fossem suas crenças, deveriam trabalhar juntos para o bem-estar e a melhoria da humanidade. Por esse motivo, em 1864, ele se viu do lado – para usar a bela expressão de Charles Seignobos – "daqueles que receberam o *Sílabo* contrariados"[8]. Entretanto, ele se opôs à publicação no Brasil de tudo o que pudesse prejudicar a maçonaria, porque temia estigmatizar desnecessariamente os maçons. Sabemos que, desde d. Pedro I, eles eram muito numerosos na classe política, no Exército e nos meios intelectuais e tiveram um papel decisivo durante a Independência do país e a Proclamação do Império[9].

Essa decisão talvez também tenha sido um tributo subliminar a seu pai, ex-grão-mestre da maçonaria brasileira, e a todos os maçons que o acompanharam para facilitar a transição suave do Colonialismo à Independência. Infelizmente, deve-se reconhecer que, por sua vez, Pio IX não era tão conciliatório com a maçonaria, pois a condenou mais uma vez pela alocução consistorial *Multiplices Inter*, de 1865, e pela Constituição *Apostolicae Sedis*, de 1869, textos que também tiveram sua publicação proibida pelo imperador.

Essa obstinação pontifícia, que obviamente não visava somente à maçonaria brasileira, começou a criar um abismo entre a Igreja e as lojas maçônicas do Brasil, às quais muitos católicos pertenciam naquela época, até mesmo os praticantes que eram membros de irmandades religiosas.

O AFRONTAMENTO

Bastava, então, uma faísca para que tudo explodisse. E isso aconteceu logo após a volta do imperador ao Brasil.

Em 1872, o bispo do Rio de Janeiro, d. Pedro Maria de Lacerda, suspendeu um padre maçom que havia acabado de presidir uma cerimônia maçônica em homenagem ao chefe de gabinete do imperador, o visconde do Rio Branco, o mesmo que havia defendido corajosamente a Lei do Ventre Livre perante as câmaras. Era um ataque direto, quase pessoal, ao monarca, que havia participado da cerimônia. Algum tempo depois, o bispo ultramontano de Olinda, d. Vital Maria Gonçalves de Oliveira, acompanhado na sequência por seu colega o bispo do Pará, seguiu os passos do bispo do Rio de Janeiro ao excluir os maçons das irmandades católicas de Recife.

A maçonaria brasileira não cedeu e, para responder a esses ataques, reagiu vigorosamente. Durante uma assembleia geral do Povo Maçônico no Rio de Janeiro, realizada em abril de 1872, uma declaração de guerra foi votada. Os termos eram diretos e sem subterfúgio: "A maçonaria se torna inimiga irreconciliável do jesuitismo ultramontano"[10].

A reação dos maçons brasileiros também foi uma resposta aos ataques violentos do jurista e político ultramontano Cândido Mendes de Almeida, advogado muito virulento do bispo d. Vital Maria Gonçalves de Oliveira. Ele usou a crise de 1872 para atacar o governo imperial e a subordinação da Igreja ao Estado, que, segundo ele, era consequência do *status* de religião de Estado que a Igreja possuía na Constituição brasileira. Em outras palavras, esse perigoso espadachim questionava os fundamentos do Império e o texto que, para d. Pedro II, era "intocável", porque garantia um equilíbrio harmonioso dos poderes e das forças políticas do país.

Mendes de Almeida havia aberto fogo em 1866, pronunciando uma denúncia contra o Império: "Se nossa Igreja puder ser livre, seremos no futuro uma grande nação, um poderoso e legítimo instrumento de progresso, e nossa influência moral cobrirá um vasto horizonte. A Igreja livre, difundindo a moralidade entre o povo através de exemplos de virtude e educação sólida, fortalecerá todas as nossas liberdades ao conter essa alavanca perigosa que se chama monarquia. Uma Igreja submissa como a nossa torna-se a piada do século, um instrumento inútil para o bem e, consequentemente, para a sociedade"[11].

Esse texto é, a rigor, insurrecional, e seu autor certamente teve muita sorte de viver então em um Império liberal, no qual a palavra era livre. D. Pedro II é representado nele como uma espécie de imperador germânico da Idade Média, que ridiculariza os direitos da Igreja, ou, pior ainda, como um filósofo monarca do Iluminismo, como seus ancestrais José II da Áustria ou Carlos III da Espanha. É verdade que as relações de amizade mantidas pelo imperador com Charles Darwin e Ernest Renan – este último foi levado, após o retorno de d. Pedro II ao Brasil, ao posto de comandante da Imperial Ordem da Rosa – foram o suficiente para alarmar os católicos mais sectários.

A situação ficou ainda mais séria e grave quando as palavras de Mendes de Almeida deram voz a fanáticos ultramontanos, que não hesitavam mais em usar termos de violência sem precedentes contra os maçons, "profanando" as irmandades religiosas por sua presença ou contra "a seita que dominava as Câmaras"[12]. O próprio monarca estava insidiosamente questionado. Ele foi criticado em surdina por apoiar os maçons no poder, fingindo esquecer que era um católico praticante e, acima de tudo, por não usar seu Poder Moderador para proteger a Igreja contra seus detratores. Os caluniadores também sugeriam que ele era, na verdade, um voltairiano e que sua tolerância camuflava um desejo inconfessável de minar a autoridade religiosa, até mesmo de incentivar os racionalistas. Na realidade, sabemos que não passavam de calúnias e que, se d. Pedro II "enxergava os dogmas da Igreja com o espírito de seu século, feito de curiosidade científica e da preocupação de estudar as religiões como fenômenos históricos, ele continuava um bom cristão, praticando todas as virtudes cristãs com fé sincera"[13]. Acrescentemos que esse respeito pelas religiões se estendia a todos, incluindo o animismo dos indígenas da Amazônia, e que o judaísmo, em particular, era um assunto de constante interesse para ele.

Para um homem comprometido em preservar a unidade e o equilíbrio do país na paz civil, essa luta era injusta. Na verdade, ela visava minar sua política de conciliação, mesmo nunca tendo questionado o dogma romano e demonstrando grande deferência ao clero. Os fanáticos ultramontanos brasileiros, que jogavam com as ambiguidades, gostavam de lembrar que d. Pedro I havia sido grão-mestre da maçonaria e que seu filho só podia ter as mesmas inclinações para a "seita oculta". Significava esquecer a história do Brasil independente e os costumes da monarquia imperial, particularmente o ritual das duas coroações de 1822 e 1841, quando, ungidos pelo bispo do Rio de Janeiro, os monarcas receberam dele a espada, a coroa e o cetro e juraram respeitar os direitos da Igreja.

Nesse contexto conflituoso que, na realidade, escondia as aspirações claramente antimonarquistas de uma minoria de católicos exaltados, o governo imperial interveio para pedir aos dois bispos de Olinda e do Pará – o do Rio foi poupado, porque sua decisão se relacionava a um caso disciplinar específico – que reconsiderassem sua decisão. Recusaram-se a obedecer. O imperador então solicitou ao Conselho de Estado que deliberasse sobre o assunto e que houvesse uma decisão segundo a lei e, se possível, em espírito de conciliação e moderação. Os conselheiros de Estado, nomeados pelo monarca de acordo com a Constituição dentre as personalidades qualificadas, sendo, nesse caso, praticamente todos de fé católica, mesmo que alguns também pertencessem à maçonaria, deram uma opinião desfavorável aos bispos recalcitrantes. Na verdade, não se tratava aqui de uma discussão dogmática, como a da transubstanciação que havia envenenado os primeiros anos do anglicanismo, mas de uma questão muito mais simples: o respeito à Constituição e a preservação da autoridade do Estado, garantias supremas da paz civil em uma sociedade pacífica. A decisão dos conselheiros reforçou a posição de d. Pedro II, que, como Jean-Yves Mérian escreve, "estava profundamente convencido da necessidade de uma preeminência do poder do Estado, de seu poder, sobre o da Igreja. Ele não pretendia tolerar nenhuma ingerência desta nas áreas que considerava estarem sob sua autoridade"[14]. Essa observação está perfeitamente correta na medida em que entendemos que o monarca não estava agindo por vingança pessoal, como tirano ofendido, mas como representante supremo de um Estado preocupado com a coesão nacional.

Os dois bispos, teimosos ao extremo, resistiram e foram levados perante o Tribunal Superior de Justiça, que os condenou a quatro anos de prisão.

Assim, a popularidade de d. Pedro II, herói da democracia contra o obscurantismo, aumentou da mesma forma, apesar de esse esquema ter sido um pouco simplista, pois, lembremos mais uma vez, Sua Majestade imperial ia à missa e havia adotado o nome de seu santo padroeiro para viajar incógnita...

Pio IX quase excomungou d. Pedro II. Dizem que até pensou em fazê-lo, mas reconsiderou. O Brasil, no mundo católico, não era pouca coisa, principalmente porque a grande maioria dos brasileiros era católica, até mesmo os imigrantes alemães e italianos, em especial os provenientes da Renânia e do sul da Alemanha. Por outro lado, devido à estabilidade política do regime imperial e à sua vastidão territorial, o Brasil católico fazia contrapeso aos Estados Unidos protestantes no continente americano. Os desafios geopolíticos não são desprezíveis para uma religião oriunda da Palestina, que havia se espalhado pelo mundo mediterrâneo e depois para todos os continentes graças à colonização europeia.

Com cada um fazendo sua parte – o papa convidando os bispos recalcitrantes a moderar seu ardor e o imperador concordando em perdoá-los e não expulsá-los do Brasil, desde que parassem de perturbar a ordem pública –, as coisas se acalmaram em 1875 e tudo voltou ao normal.

D. Pedro II havia evitado por pouco a excomunhão, e Pio IX, talvez, um novo cisma, que teria sido catastrófico para a Igreja Católica em uma época que, pela primeira vez desde o século XVI, fortalecia sua influência na Inglaterra e não se intimidava frente ao anglicanismo.

No entanto, esse conflito, mesmo resolvido com diplomacia, conturbou de modo duradouro as relações entre a Igreja e o Império, pois persistia uma desconfiança mútua. A Igreja, que pretendia manter seus privilégios como religião de Estado mesmo rejeitando o controle do mesmo, dificilmente poderia entender-se com um monarca sinceramente católico, mas que, para preservar a unidade do povo brasileiro, sempre se recusaria a aceitar os bispos que condenassem alguma categoria de cidadãos.

NOTAS

1. Frédéric Mauro, *Histoire du Brésil* [ver nota 22, cap. 7].
2. Gaston Castella, *Histoire des Papes* [História dos papas – sem edição em português].
3. O casamento civil para todos foi introduzido no Brasil em 1890, após a Proclamação da República.
4. Henrique VIII (1491-1547), da casa Tudor, foi um monarca inglês que rompeu com o Vaticano e assumiu a liderança da Igreja inglesa durante a Reforma Protestante, fundando a Igreja Anglicana. [N. R.]
5. O catolicismo não era a religião de Estado na França sob a regência de Bonaparte, mas a religião principal, assim como foi sob Constantino I no início do século IV, antes de Teodósio I proclamá-la a religião oficial e única do Império Romano no final do mesmo século.
6. O Concílio de Niceia é o ato fundador do catolicismo com a adoção do Credo Niceno, que proclama a dupla natureza de Cristo e condena o arianismo.
7. Apesar do cisma que Henrique VIII havia provocado em Roma, deve-se lembrar que o rei, muito atraído por sexo, era absolutamente contrário ao casamento dos padres anglicanos por respeito à regra constantiniana. A situação foi se degenerando até que sua filha, rainha Elisabeth I, também contrária ao casamento de sacerdotes, foi forçada a ceder, caso contrário teria sido necessário expulsar centenas de padres da Igreja Anglicana, sem levar em conta a dificuldade jurídica de considerar suas esposas ilegítimas e seus filhos bastardos.
8. Gaston Castella, op. cit. [Charles Seignobos (1854-1942) foi um historiador francês – N. E.]
9. Napoleão III e Vítor Emanuel II da Itália, também soberanos de nações majoritariamente católicas, proibiram os bispos de lerem esses textos no púlpito. No entanto, como Pedro II, nenhum deles era maçom.
10. Marie-Jo Ferreira e Denis Rolland, *Brésil: une séparation à "l'amiable" entre l'Église et l'État* [Brasil: uma separação "amigável" entre Igreja e Estado – sem tradução para o português].

11. F. Badaró, *L'Église au Brésil pendant l'Empire et pendant la République* [A Igreja no Brasil durante o Império e a República – sem edição em português].
12. Ibid.
13. Carlos Magalhães de Azeredo, *Dom Pedro II. Traços de sua physionomia moral.*
14. Jean-Yves Mérian, *L'influence d'Ernest Renan dans le débat entre Eglise et Etat dans le Brésil du XIXe siècle* [A influência de Ernest Renan no debate entre a Igreja e o Estado no Brasil do século XIX – sem edição em português].

CAPÍTULO 14

A SEGUNDA VIAGEM AO EXTERIOR DO "NETO DE MARCO AURÉLIO"

D. Pedro II a Victor Hugo: "Qualquer dia desses eu lhe pedirei para me convidar para jantar".
Victor Hugo a d. Pedro II: "Quando quiser, Senhor. Será bem-vindo". – Victor Hugo[1]

UM PAÍS CALMO E PRÓSPERO

Os anos de 1870 confirmaram que o Brasil havia se tornado uma grande potência no continente americano e até mesmo "a segunda das grandes potências do Novo Mundo"[2]. Pacificado no interior e sem conflitos externos, o país era próspero no plano econômico. Suas exportações de café, açúcar, couros e peles, algodão, cacau e borracha explodiam, sua taxa de crescimento estava no topo, sua infraestrutura não parava de se desenvolver para alcançar as regiões mais desfavorecidas, e seus engenhosos e dinâmicos empreendedores, muitas vezes enobrecidos pelo imperador, foram os primeiros artesãos da prosperidade nacional, a ponta de lança da economia. Se as desigualdades sociais continuavam grandes, o progresso tecnológico facilitava a vida da população, que, entre as primeiras da América Latina, viu surgir o fornecimento de eletricidade, gás, água corrente e, finalmente, o telégrafo elétrico – uma notável ferramenta de comunicação que permitia conectar rapidamente a capital ao restante do país e as grandes metrópoles provinciais entre si.

O país era imenso, e seus 8,5 milhões de km² – ou seja, toda a Europa atual incluindo a parte europeia da Rússia – continham uma população que o primeiro censo oficial de 1872 estabeleceu em quase 10 milhões de habitantes (9.930.478, para ser preciso), enquanto no momento de sua Independência estimava-se em aproximadamente 4 milhões. É claro que a ferida do Brasil, como de todas as nações emergentes, era uma grande disparidade social e uma partilha desigual das riquezas. Mas é verdade que as próprias grandes nações ocidentais só começaram a resolver essa questão sob o reinado de Vitória na Inglaterra e de Napoleão III na França.

O que tornava o Império rico mas ao mesmo tempo fraco eram os muitos grupos étnicos que compunham a nação brasileira, e nem todos estavam no mesmo ritmo (longe disso). Para o Instituto Histórico e Geográfico Brasileiro (IHGB), cujo patrono é d. Pedro II, que participava de suas reuniões, um primeiro censo estabeleceu três raças no país: os portugueses brancos, os indígenas e os negros. O censo de 1872 apresentou novas categorias: os pardos ou mestiços, que representavam 38,3% da população, seguidos de perto pelos brancos com 38,1%, depois pelos negros com 19,7% e, finalmente, pelos indígenas, os mais desfavorecidos por viverem em regiões ainda distantes das outras civilizações, com 3,9%. Os brancos e os mestiços dominavam a sociedade, enquanto os negros e indígenas ainda carregavam o peso do cativeiro ou do isolamento.

O imperador trabalhou nessas disparidades sociais e dedicou-lhes a atenção de um antropólogo humanista, convencido de que o Brasil possuía uma riqueza inestimável nessa diversidade. Pouco se sabe, mas além de o destino dos negros ser uma preocupação constante para ele, também se interessou muito pelas civilizações indígenas, as primeiras e mais antigas do continente americano. Os indígenas foram valorizados durante seu reinado como representantes de uma civilização que constituía a identidade original do Brasil. Sob o Império, inúmeras expedições foram realizadas para localizar o mítico Eldorado, berço da civilização indígena que os brasileiros reivindicavam tanto quanto seus vizinhos oriundos da antiga América espanhola. Infelizmente, cientistas e exploradores do IHGB voltaram dessas expedições à Amazônia de mãos vazias e muito desapontados.

É a esse espírito indianista que devemos a propensão do imperador em conceder títulos de nobreza muito "exóticos". Era incontável o número de barões ou viscondes com nomes indígenas, como Aratanha, Batovi, Bujuru, Cascalho, Coruripe, Ingaí, Itaipé, Itapororoca, Juruá, Jerumirim, Parangaba, Piaçabuçu, Saramenha, Sincorá, Sirinhaém, Solimões, Subaé, Tacaruna, Tracunhaém, Ururaí e Uruçuí[3]. Da mesma forma, esse indianismo triunfou na literatura brasileira da época, particularmente com escritores como Aluísio de Azevedo ou José de Alencar.

Aliás, não se sabe exatamente se d. Pedro II e seu amigo Arthur de Gobineau compartilharam com franqueza suas opiniões sobre esse estranho caldeirão étnico que era o Brasil, mas ainda é confuso o julgamento severo e desdenhoso de Gobineau sobre os brasileiros, em 1870: "É preciso admitir que a maioria do que chamamos de 'brasileiros' é composta de mestiços, mulatos quadrarões, caboclos de diferentes graus. São encontrados em todas as situações sociais. O barão de Cotegipe, atual ministro das Relações Exteriores, é mulato, e há homens de cor no Senado. Sem entrar na apreciação das qualidades físicas ou morais dessas variedades, é impossível ignorar que elas não são laboriosas nem fecundas"[4]. Sem dúvida, Gobineau se exprimia aqui em uma correspondência diplomática de que o imperador não tomaria conhecimento, mas é difícil imaginar que o assunto não tivesse sido levantado entre eles. Não nesses termos, é claro, mas de uma forma mais suave, pois Gobineau tinha boa conversa e era um homem do mundo. Podem-se imaginar trocas surrealistas sobre a questão, pois o que Gobineau confidenciava ao Ministério das Relações Exteriores da França era não apenas contrário aos profundos sentimentos de d. Pedro II mas suas conclusões estavam erradas, pois muitos "mulatos" foram, junto ao monarca, e mesmo em seu círculo imediato, colaboradores fecundos, trabalhadores e eficientes, como evidenciado pelo surpreendente crescimento do Brasil imperial. Mas também é verdade que, apesar de os homens do século XIX terem ideias marcantes, o gosto pela controvérsia intelectual era muito difundido sem que isso conduzisse necessariamente a rupturas pessoais.

UM MONARCA RESPEITADO

Se o Brasil estava se tornando uma grande potência e era reconhecido unanimemente como tal, isso se devia também à personalidade e à popularidade de seu soberano. Em meio a todos os ditadores sul-americanos, ele era sem dúvida o sábio, o filósofo, o monarca esclarecido, tal como Frederico II da Prússia ou José II da Áustria haviam sido na Europa no final do século XVIII.

Essa reputação faria de d. Pedro II uma referência altamente apreciada entre 1871 e 1872 nos litígios que opunham os Estados europeus aos Estados Unidos sobre a degradação de propriedades ou os confiscos sofridos durante a Guerra Civil Americana. Foram árbitros brasileiros, escolhidos pelo imperador por suas competências jurídicas e sua neutralidade, que estudaram em Genebra casos tão delicados quanto o do navio britânico *Alabama*, sequestrado pelos nortistas porque transportava clandestinamente armas para os confederados. Talvez tenha sido nessas circunstâncias que o imperador conheceu e fez amizade com o advogado, jornalista e poeta estadunidense William Cullen Bryant, apoiador incondicional do ex-presidente Abraham Lincoln. Bryant fez uma homenagem vibrante ao monarca: "Sua Majestade é um dos raros homens de poder que presta uma atenção generosa às liberdades de seu povo e é impulsionado por um desejo filantrópico de felicidade para o maior número de pessoas"[5].

O PÉRIPLO AMERICANO

Nessas condições e clima, com a concordância das Câmaras e do governo, o imperador decidiu partir novamente em viagem em 1876, confiando mais uma vez a regência à sua filha mais velha. A princesa Isabel dera à luz, em 1875, seu primeiro filho – e, portanto, futuro herdeiro do trono –, o que fortaleceu singularmente sua posição na dinastia. A criança havia recebido o nome de Pedro, como seu avô, que lhe conferiu o título de príncipe do Grão-Pará, nome de uma antiga capitania portuguesa cuja capital era Belém e abrangia toda a região amazônica. Mais uma homenagem, portanto, ao passado indígena do Brasil, já que o nome significa "grande rio" na língua tupi-guarani. Respeito também a um precedente dinástico, pois d. Pedro I dera o título de princesa do Grão-Pará à sua filha mais velha, d. Maria, que o utilizou por pouco tempo antes de partir para Portugal, onde reinou sob o nome de d. Maria II.

Diferentemente da primeira viagem internacional de 1871-1872, justificada por motivos familiares, a de 1876-1877 teve um pretexto político ou, mais precisamente, histórico. Na verdade, os Estados Unidos, para comemorar o centenário da Proclamação da Independência de 1776, tinham organizado uma grande exposição na Filadélfia, chamada Exposição Internacional de Artes, Manufaturas e Produtos da Terra e das Minas. D. Pedro II, apaixonado pelas novas tecnologias que esse tipo de evento permitia descobrir, programou sua segunda viagem, começando pela grande potência estadunidense.

Aquele país era então presidido pelo general Ulysses S. Grant, vencedor da Guerra Civil em 1865 e titular da Casa Branca desde 1869. Tudo correu bem entre as autoridades estadunidenses e brasileiras, e o imperador desembarcou em Nova York em 15 de abril de 1876. Por que essa data, uma vez que a inauguração da exposição na Filadélfia ocorreria um mês depois? Simplesmente porque, fiel a si mesmo, d. Pedro II pretendia ver o país antes e depois das inevitáveis obrigações oficiais. Essa viagem aos Estados Unidos foi, portanto, uma oportunidade para ele descobrir a Califórnia de trem e depois o Mississipi e a Luisiana em um barco a vapor. Em seguida, indo para o norte, percorreu a Nova Inglaterra. De lá, ele não pôde deixar de admirar as cataratas do Niágara e compará-las às magníficas cataratas do Iguaçu, entre o Brasil e a Argentina.

Em maio, após uma jornada de três semanas, finalmente chegou a Washington, onde foi recebido na Casa Branca pelo presidente Grant. O imperador foi o primeiro chefe de Estado estrangeiro a pisar no solo dos Estados Unidos, e essa visita foi considerada um gesto de amizade entre duas nações contra as quais não havia nenhuma disputa séria, mas que, como lembrado por Fernando Henrique Cardoso muitos anos mais tarde, eram rivais: "Por incrível que possa parecer retrospectivamente, Brasil e Estados Unidos estavam competindo em um mundo ainda dominado pelas monarquias europeias. E o Brasil, com um imperador proveniente de uma linhagem real, tinha uma vantagem maior que os Estados Unidos"[6]. A conversa entre os dois homens foi cordial e não faltou assunto, uma vez que ambos eram admiradores de Abraham Lincoln, de quem Grant havia sido generalíssimo. Provavelmente não puderam deixar de falar sobre a Guerra Civil Americana ou a Guerra do Paraguai e suas consequências, dois conflitos recentes em que tanto Grant quanto d. Pedro II haviam adotado a mesma firmeza para fazer triunfar suas ideias de justiça.

Mais tarde, d. Pedro confidenciaria que seu interlocutor lhe pareceu um pouco "áspero", mas essa percepção, que corresponde totalmente à fisionomia do presidente e à imagem clássica do soldado profissional que ele era, se deve ao fato de que o 18º presidente dos Estados Unidos, embora fosse um soldado glorioso, era bastante introvertido, retraído e preferia cavalos a homens. Se houvesse alguma possibilidade de que o homem fosse um monarca reinante, essa era uma consideração que, sem provocar rejeição, poderia no entanto deixar desconfortável o filho de um curtidor de couro de Ohio. Por outro lado, e isso com certeza deve ter criado um certo embaraço entre eles, o presidente não desconhecia que o imperador do Brasil era primo-irmão do imperador Maximiliano do México, a quem os Estados Unidos haviam declarado como inimigo a ser derrotado e cujo destino trágico ainda estava na memória de todos.

Devemos lembrar que, tanto no caso do México quanto na Guerra Civil, o Brasil manteve sua neutralidade. Se por um lado d. Pedro II tinha simpatia pessoal por Maximiliano, que, oficial da Marinha imperial austríaca, tinha vindo saudá-lo no Brasil, por outro desconfiava da política de Napoleão III e, em especial, não pretendia se indispor com o presidente Lincoln, cujas tropas lutavam naquela época contra os confederados, apoiados pela França e pela Inglaterra. Por outro lado, e especificamente em relação à Guerra Civil Americana, apesar de o imperador ser abolicionista como o presidente Lincoln, a classe política brasileira estava dividida na questão da escravidão. Na verdade, muitos políticos ligados aos grandes proprietários de terras tinham muito pouca simpatia pelos nortistas. Portanto, a guerra no Paraguai deflagrada em 1864 havia oferecido muito oportunamente um bom pretexto para os brasileiros manterem distância dos conflitos que dividiram os Estados Unidos e o México de 1861 a 1867.

Em 10 de maio de 1876, ocorreu a inauguração da exposição do centenário na Filadélfia. Na ocasião, o presidente e o imperador acionaram um motor a vapor *Corliss* – o *Corliss Steam Engine* –, que forneceria energia a todas as máquinas expostas no pavilhão da indústria. Essa máquina monstruosa rodava com seus pistões a cem rotações por minuto. D. Pedro II, cujos gracejos em público eram bastante raros, exclamou: "Isso até supera nossas repúblicas sul-americanas!"[7], em uma pequena alfinetada contra todos os Estados hispano-americanos cuja instabilidade crônica excedia, e de longe, a dos Bálcãs na mesma época. É de supor que o clima dos Estados Unidos teve um efeito estimulante no humor de d. Pedro, que também observou, durante essa viagem e de forma mais discreta, que "os americanos são muito ativos quando se trata de ganhar dinheiro, mas não são tão dinâmicos em outros assuntos"[8].

Durante a interminável visita aos estandes, uma vez que o imperador queria ver e entender tudo, ele conheceu Thomas Edison e Alexandre Graham Bell. Edison acabara de inventar a lâmpada elétrica, e d. Pedro pediu que ele trabalhasse para o Brasil, imaginando um processo que permitisse fornecer eletricidade em larga escala. O desafio seria vencido em 1879, quando a estação ferroviária Dom Pedro II, no Rio de Janeiro, seria totalmente iluminada, evento que estimulou o desenvolvimento da indústria elétrica no Brasil. Já Graham Bell apresentou sua nova invenção: o telefone, que ainda tinha o nome de "vibrafone", e sugeriu que o ilustre visitante experimentasse seu aparelho. Colocando-lhe um fone na mão, ele se retirou para uma sala adjacente. De lá, proferiu a famosa frase de Hamlet: "Ser ou não ser", que d. Pedro escutou distintamente no outro lado da linha. Fascinado e entusiasmado como uma criança por esse milagre, ele exclamou: "Meu Deus, isso fala!". Convencido do extraordinário progresso que essa inovação representava para a humanidade, disse ao inventor: "Assim que for comercializável, quero que venha instalá-lo no Brasil". Algum tempo mais tarde, o primeiro telefone brasileiro funcionaria no palácio de Petrópolis, depois no palácio de São Cristóvão, e o imperador se tornaria acionista da Bell Telephone Company, não para enriquecer, pois não ligava para o dinheiro, mas para mostrar a confiança que tinha nessa invenção[9]. Logo após o telégrafo elétrico na década de 1850, o telefone se estabeleceria no Brasil nos anos 1880.

No final da exposição, nunca saciado, d. Pedro foi visitar a siderúrgica do Vale de Lehigh, onde, sem cerimônia, apertou as mãos dos operários com a cortesia e a simplicidade que lhe renderam a alcunha pelos jornalistas de "nosso imperador *yankee*"[10]. No entanto, alguns americanos, sem dúvida novos-ricos e mais puritanos que outros, queriam cumprimentá-lo pensando que fossem encontrar o imperador de Golconda ou o rei Salomão. Como os preconceitos ignoram as barreiras sociais, ficaram tão decepcionados com seus trajes modestos e sua simplicidade quanto a rainha Vitória e o imperador Francisco José o haviam ficado, em 1871.

D. Pedro II não poderia deixar os Estados Unidos sem visitar seu grande amigo, o poeta, professor e abolicionista Henry Wadsworth Longfellow, com quem mantinha correspondência assídua[11]. Como os parentes de Longfellow zombavam dele por esse relacionamento com um monarca reinante, ele respondeu: "Escrevo para o homem, e não para o imperador". Em 10 de junho de 1876, Longfellow convidou d. Pedro à sua casa, em Cambridge, Massachussetts, para um jantar privado onde eles poderiam juntos evocar a memória do naturalista suíço Louis Agassiz, que ambos haviam conhecido. Ele havia também convidado alguns escritores americanos da Nova Inglaterra, como Ralph Waldo Emerson, Thomas Gold Appleton e Oliver Wendell Holmes. Foi uma noite íntima como apreciava o imperador, que achava os jantares formais que lhe eram oferecidos por seus "colegas monarcas" extremamente enfadonhos. Foi, sem dúvida, um sucesso, porque Longfellow escreveria ao imperador, depois que este deixou o país para continuar sua viagem pela Europa: "Faço questão de lhe contar a maravilhosa lembrança que o senhor deixou aqui"[12].

O IMPERADOR, O ANEL DOS NIBELUNGOS E A MÚMIA

A turnê europeia de d. Pedro II se assemelhou à de 1871-1872, embora com algumas novidades importantes.

Em agosto de 1876, ele foi a Bayreuth para a inauguração do festival ao qual o compositor alemão Richard Wagner, que era um dos patrocinadores, o convidara. Para a ocasião, fez um esforço protocolar e teve que assistir à representação de *O anel de Nibelungen*[13] em um camarote ao lado de Guilherme I da Alemanha, Carlos I de Wurtemberg e Luís II da Baviera. Esse sacrifício foi atenuado graças à música ressonante que impedia qualquer conversa. No entanto, ele aproveitou os três dias de espetáculos para palavrear sem cerimônia – e com a felicidade que se pode imaginar – com

Friedrich Nietzsche, Liev Tolstói, Anton Bruckner, Piotr Tchaikovski e Camille Saint-Saëns[14], todos presentes no evento.

Em seguida, foi à Grécia – onde visitou o local das escavações de Micenas, então conduzidas por Heinrich Schliemann[15] –, ao Império Otomano e à Terra Santa, que na época pertencia aos otomanos. D. Pedro, como bom cristão, visitou os Lugares Sagrados e ficou mais tempo em Jerusalém, encruzilhada das três grandes religiões monoteístas. Isso lhe permitiu não somente usar o hebraico, que dominava perfeitamente, como também o árabe, que vinha aprendendo há vários anos. Ele também voltou ao Egito, porque Auguste Mariette o havia inoculado com o vírus da egiptologia em 1871, o que agora o tornava um egiptólogo amador, mas muito distinto.

Essa viagem foi, entre outras, uma oportunidade para o monarca ser fotografado em um dromedário em trajes locais. O resultado é impressionante, porque, com sua barba, ele mais parecia um califa das *Mil e uma noites* ou um príncipe das Arábias. Não foi George Sand que o comparara ao califa Harun Al-Rashid? O lado infantil do personagem pode parecer ridículo, mas é comovente notar que, nesse homem de 51 anos, a faculdade de admiração ainda estava intacta.

Nessa viagem, o quediva Ismail Paxá ofereceu-lhe um presente original: o sarcófago contendo a múmia de Sha-Amun-Em-Su, cantora sagrada do templo de Amon, em Carnaque, do século VIII a.C. Entusiasmado, d. Pedro aceitou esse presente volumoso mas único, que mandou imediatamente transportar de barco para o Brasil. Alguns meses depois, Sha-Amun-Em-Su foi instalada, de pé, perto de uma janela em seu gabinete no palácio imperial. Em uma noite de tempestade tropical, a janela se abriu violentamente e atingiu o sarcófago sagrado, danificando-o de um lado[16]. D. Pedro não era supersticioso, mas os amantes de feitiçaria e maldições faraônicas certamente interpretaram esse incidente como um sinal funesto para a monarquia brasileira.

Atualmente no Museu Nacional no Rio de Janeiro, o sarcófago, nunca aberto, foi escaneado. A múmia ainda está lá, perfeitamente atada e em um notável estado de conservação. A parte danificada pela misteriosa tempestade foi restaurada[17].

O ENCONTRO DAS DUAS "MAJESTADES"

A França, naturalmente, não foi esquecida. Nem poderia ser, já que d. Pedro anotara em seu caderno, durante sua visita ao templo de Carnaque: "Do alto desse pilono adorei a Deus, criador de tudo quanto é belo, voltando-me para as minhas duas pátrias, *o Brasil* e *a França*; esta, pátria de minha *inteligência* e aquela, pátria de meu *coração*"[18].

O imperador chegou à capital francesa em 19 de abril de 1877, quase um ano depois de deixar o Brasil.

A nata científica e literária de Paris o acolheu calorosamente, sobretudo porque o clima havia mudado de forma drástica na França desde que o país estava totalmente livre da ocupação prussiana e as autoridades públicas vinham pouco a pouco apagando as cicatrizes da destruição cometida na capital pela guerra contra a Comuna em 1871[19]. D. Pedro vestiu novamente seu casaco e retomou seus velhos hábitos, visitando museus e exposições. Assistiu assiduamente às sessões do Instituto e do Colégio da França, bem como os cursos da Sorbonne, sem perder nenhuma conferência que pudesse enriquecer ainda mais seus conhecimentos já enciclopédicos.

Ele se manteve sabiamente fora da política porque tinha tato, sentindo que a França libertada ainda não havia resolvido sua situação constitucional. Na verdade, a República era então governada por um presidente monarquista, o marechal de Mac-Mahon, por uma direita conservadora majoritária e uma esquerda republicana minoritária que se enfrentavam violentamente na Câmara e pelo conde de Chambord em seu distante exílio, que continuava sonhando com sua bandeira branca com a qual havia feito a mortalha da antiga monarquia.

D. Pedro II tinha razão em manter-se à distância, pois, um mês após sua chegada a Paris, o marechal-presidente tomou a iniciativa de um golpe de Estado para conter a crescente ascensão dos republicanos, para quem a obstinação suicida do pretendente ao trono convinha[20]. O imperador, desta vez, e nessa atmosfera pesada, não foi recebido no palácio do Eliseu, mas o marechal e sua esposa lhe fizeram uma visita de cortesia no hotel onde estava hospedado. Em 4 de julho de 1877, Mac-Mahon, mediante proposta de vários acadêmicos, assinou um decreto nomeando d. Pedro II como membro estrangeiro associado do Instituto da França.

Dois eventos particularmente simbólicos marcaram a segunda viagem do imperador à França.

O primeiro foi o encontro em Paris com Victor Hugo, cujas obras d. Pedro admirava e a quem ele queria conhecer pessoalmente. Além de Alexandre Dumas Filho e Théophile Gautier, Victor Hugo foi o "grande" nome da literatura francesa a ter um contato direto com o monarca, mas não o primeiro a ter um relacionamento pessoal com ele. Na verdade, fora precedido por Alphonse de Lamartine, que, em abril de 1848, assinou o decreto de abolição à escravidão nas colônias francesas. Falecido em 1869, Lamartine havia se correspondido anteriormente com o jovem d. Pedro II, parabenizando-o por ser "um príncipe que extinguiu no Novo Mundo, por seu caráter e suas virtudes, a eterna disputa entre as naturezas de governo republicano ou monárquico: a liberdade das repúblicas sem a instabilidade, e a perpetuidade das monarquias sem despotismo". Essas poucas palavras são um resumo admirável das lutas políticas do século XIX que dividiram os franceses e às quais Lamartine, ex-ministro do governo provisório da Segunda República, havia confrontado. O poeta também comparou o imperador a Voltaire, considerando que o primeiro estava acima do segundo: "O príncipe filósofo ultrapassa o poeta coroado de Potsdam"[21]. A ideia era, sem dúvida, que Voltaire havia muito escrito e zombado da filosofia iluminista, já d. Pedro a havia colocado em prática de forma muito concreta.

Depois disso, era difícil para Victor Hugo fazer mais e melhor. No entanto...

Em 22 de maio de 1877, os dois homens se encontraram na casa do escritor, em Paris, na rua de Clichy. Agora era o imperador que se deslocava para cumprimentar o escritor. Nascia ali uma amizade sincera, imediata e recíproca, em um ambiente familiar surpreendente para pessoas que nunca tinham se visto antes. D. Pedro, depois de longas discussões com seu anfitrião, pediu para ver os netos de quem Victor Hugo tanto gostava. O avô então apresentou Jeanne e Georges e disse, apontando para o menino: "Senhor, apresento meu neto a Vossa Majestade". Resposta do imperador, dirigindo-se a Georges: "Meu filho, aqui só há uma majestade, é Victor Hugo"[22]. D. Pedro, como fazia nas escolas brasileiras, fez mil perguntas às crianças intimidadas. Victor Hugo, emocionado, ofereceu ao seu convidado o livro *A arte de ser avô*, que ele acabara de publicar. O pequeno Georges, no entanto, guardaria lembranças confusas desse encontro, porque ficou bastante decepcionado "ao ver um imperador vestido como qualquer um", quando ele esperava "uma entrada triunfal, com ouro, coroa e couraças, de uma multidão de senhores emplumados". É claro que a visão de "um velho alto e de cabelos brancos que chegou sozinho e simplesmente cumprimentou seu avô" tirou suas ilusões sobre a pompa que, para um garoto de oito anos, deveria necessariamente cercar um poderoso monarca[23].

Esse encontro em Paris deixaria uma impressão duradoura e se tornaria lendário. A imprensa, sempre aumentando um pouco, mais tarde garantiu ainda que "a atitude do imperador em relação ao poeta foi infinitamente mais simples que a de Carlos v pegando o pincel de Ticiano"[24]. Da mesma forma, a alusão que Victor Hugo faria ao imperador romano Marco Aurélio, tido como sábio, daria a volta em Paris e depois ao mundo – certamente querendo superar Lamartine em elogios, por quem ele próprio tinha grande admiração. Foi também nessa época que d. Pedro II manifestou sua humildade diante de seu anfitrião, declarando que "o império de Victor Hugo é o universo!" e até mesmo assegurando-lhe que sua autoridade era menor: "Não tenho direitos, só tenho poder devido ao acaso. Devo usá-lo para o bem, o progresso e a liberdade"[25].

Tendo o imperador desejado ter uma fotografia de Hugo cercado por seus netos, o escritor a levou no dia seguinte ao Grand Hotel e a deixou na recepção em um envelope no qual escreveu: "Para aquele que tem por antepassado Marco Aurélio"[26]. Essa fórmula foi posteriormente retomada por Ernest Renan, que, tendo ele próprio escrito uma biografia desse imperador romano[27], dedicou sua obra a d. Pedro II com as seguintes palavras: "Para o Marco Aurélio do Brasil"[28]. Foi assim que nasceu a expressão popular que tornou d. Pedro II "o neto de Marco Aurélio".

Os dois homens se encontraram em um jantar íntimo em 29 de maio. Nessa ocasião, respondendo a Hugo sobre estar preocupado com sua longa ausência do Brasil – fazia treze meses que d. Pedro havia deixado o Rio de Janeiro –, o imperador tranquilizou-o: "Não, as coisas vão bem na minha ausência; na minha casa, há muitas pessoas que valem tanto ou mais que eu"[29]. Essa resposta não denotava falta de interesse pelos assuntos públicos, mas a convicção de que seu reinado – que já durava 37 anos – havia consolidado a democracia e propiciado o surgimento de uma classe política capaz de assumir o controle depois de sua morte.

Durante a refeição, Hugo, animado, falou ao anfitrião em tom de brincadeira: "Todos os dias, depois do almoço, dou um passeio e faço algo que o senhor não poderia fazer: subo no segundo andar do ônibus". A resposta imediata do imperador foi: "Por que eu não poderia fazê-lo? Afinal de contas, isso me conviria perfeitamente, pois trata-se de um *omnibus à impériale*"[30].

O segundo evento dessa segunda viagem à França não envolvia cartas nem política, mas a contínua industrialização do Brasil e a modernização de sua infraestrutura. Convidado pela diretoria da empresa Fives, com sede em Lille, que construía locomotivas e acabara de finalizar uma máquina destinada ao Brasil, o imperador se deslocou até o norte da França para ir até a fábrica. Essa visita teve importantes repercussões no nível comercial, uma vez que o Estado brasileiro fechou inúmeros pedidos que permitiram à fábrica de Fives-Lille expandir suas exportações para a América do Sul e, principalmente, fornecer equipamentos ferroviários à região de Recife até 1881[31]. Um impulso, portanto, para a indústria francesa, que, no Brasil, competia ferozmente nessa área com os ingleses e americanos.

O IMPERADOR E O HOCHBLAUBACHHORN

Em agosto de 1877, d. Pedro II foi pela segunda vez à Suíça, acompanhado pela imperatriz e um séquito restrito que, naturalmente, incluía seu médico pessoal, o dr. Fontes, e a condessa de Barral, antiga aristocrata francesa, ex-governanta dos filhos do casal imperial. As conversas da condessa distraíam o monarca mais que as de sua esposa, porque a "madame du Châtelet" dos trópicos era inteligente e animada[32].

Essa viagem à Suíça foi motivada por uma peregrinação que o imperador queria fazer em memória de seu amigo Louis Agassiz, originário de Neuchâtel, que havia morrido em 1873, mas que ele conhecia desde 1865, quando o ilustre naturalista fez uma viagem científica ao Brasil. Em Grindelwald, nos Alpes Berneses, d. Pedro encontrou Auguste Mayor, sobrinho do famoso cientista, que se ofereceu para ser seu guia. Má escolha, pois o imperador aceitou com entusiasmo. Mayor, por deferência, quis decorar o hotel onde iria se hospedar Sua Majestade Imperial, o que gerou um certo constrangimento, porque ninguém sabia como era a bandeira brasileira. Se o prestativo cicerone conhecesse os hábitos do ilustre visitante, teria se abstido, porque decorar um hotel em homenagem a um monarca ansioso por preservar seu anonimato para escapar das cerimônias oficiais não era a mais brilhante das ideias. Nem a de servir de guia para um homem que, como um jovem, não parava de fazer perguntas, manifestando esse tipo de "curiosidade mórbida" sobre a qual falou com humor Carlos Magalhães de Azevedo[33].

Devemos a Mayor uma boa descrição de d. Pedro II naquela época: "É um homem alto e bonito, com porte majestoso; sua barba e cabelo são totalmente brancos[34]; sua expressão é ao mesmo tempo digna e afável; suas maneiras muito simples são complementadas por um ar de grandeza. Assim como a imperatriz, ele fala francês muito bem, com pouco sotaque. Eu acrescentaria de passagem que as roupas do imperador me pareceram um pouco negligenciadas, pelo menos quanto ao casaco e às calças pretas, muito surradas para as de um poderoso soberano como ele".

O notável nessa viagem é, acima de tudo, a confirmação da sede de conhecimento de um homem que queria saber tudo sobre tudo. Embora o suíço conhecesse seu país perfeitamente, ele não conseguia responder a perguntas imprevistas. Além disso, foi forçado a usar da astúcia com esse turista exigente. Nas suas palavras: "O imperador, que queria saber de tudo, me perguntava a todo instante os nomes das montanhas que se viam de todos os lados. Felizmente, conhecendo bem o lago de Thun, eu podia lhe responder sem hesitar, algo que é essencial nesse caso. Só fiquei embaraçado uma vez: era o nome de uma pequena montanha azulada, com uma forma bastante estranha, no fundo do Simental. Impossível lembrar esse nome infeliz, que talvez nunca se tenha ouvido falar! O que fazer para não comprometer minha reputação de excelente guia, adquirida até aquele momento com tanta habilidade? Apenas uma invenção inocente poderia me livrar dessa situação, e, não tendo mais tempo para resistir à tentação, respondi corajosamente: "Senhor, este é o Hochblaubachhorn!", tornando esta palavra tão difícil de entender quanto de repetir. Felizmente, o imperador não estava tomando notas e se contentou de só ouvir uma vez esse nome bárbaro, do qual não se falou mais". Mayor também confirmou que, apesar de seu programa cuidadosamente planejado, d. Pedro II costumava parar para conversar com uma ou outra pessoa, e especialmente, "com a maior simpatia e por mais tempo que eu esperava, devido ao tempo limitado que tínhamos", com um trabalhador brasileiro que havia emigrado na região[35].

De qualquer forma, essa curiosidade prova que o incansável viajante sabia fazer uma pausa por respeito aos mais humildes sem os quais nada seria possível.

NOTAS

1. Victor Hugo, *Choses vues* [Coisas vistas – sem edição em portguês].
2. Gaston Dodu, *Les autres Patries* [ver nota 12, cap. 7].
3. Sergio Corrêa da Costa, *Brésil, les silences de l'histoire* [Brasil, segredo de Estado. Rio de Janeiro: Record, 2001].
4. Jean-François de Raymond, *Arthur de Gobineau et le Brésil. Correspondance diplomatique du ministre de France à Rio de Janeiro 1869-1870* [Arthur de Gobineau e o Brasil. Correspondência diplomática do ministro da França no Rio de Janeiro 1869-1870 – sem edição em português], carta de 22 de setembro de 1869.
5. William Cullen Bryant e Thomas G. Voss, *The Letters of William Cullen Bryant* [As cartas de William Cullen Bryant – sem edição em português].
6. Fernando Henrique Cardoso, *O improvável presidente do Brasil: Recordações.*
7. *The Emperor pays a call: Dom Pedro II, ruler of Brazil, dazzled Lehigh Valley with a visit* [O imperador faz uma visita: d. Pedro II, governante do Brasil, deslumbrou o Vale de Lehigh com uma visita – artigo sem tradução]. Disponível em: https://www.wfmz.com/features/historys-headlines/historys-headlines-the-emperor-pays-a-call-dom-pedro-ii-ruler-of-brazil-dazzled-lehigh/article_caf94c85-8e50-5a57-a-086-7304aa4fb687.html. Acesso em: 3 maio 2021.
8. Fernando Henrique Cardoso, op. cit.
9. Ao contrário dele, seu primo austríaco Francisco José nunca quis instalar um telefone em seu gabinete no palácio de Hofburg.
10. [*Yankee* pode se referir tanto ao habitante estadunidense em geral quanto ao residente do norte do país – N. E.] D. Pedro II realmente simpatizava com os nortistas, mas, após o fim da Guerra Civil Americana, recebeu no Brasil, com a concordância do governo americano, plantadores de algodão confederados, sem que se saiba exatamente se estavam sendo expatriados para evitar um destino nefasto ou para livrar os vencedores de eventuais revanchistas. Esses "refugiados políticos" foram muito apreciados por seus colegas, os plantadores de algodão brasileiros. A maioria deles, mais tarde, acabaria voltando aos Estados Unidos.

11. O imperador adorava as obras de Longfellow e havia pessoalmente traduzido para o português *A história do rei Roberto da Sicília*, que o autor considerava a melhor tradução de seu poema. Ele também traduziu várias obras de Alessandro Manzoni, a quem admirava, com quem se correspondia e a quem encontrou durante sua viagem à Europa em 1871. Especificamente, traduziu a ode intitulada *Il Cinque Maggio*, escrita em 1821 em homenagem a Napoleão I, que tinha acabado de morrer em Santa Helena. Após ser exilado, d. Pedro II continuou a traduzir. Em agosto de 1890, ele traduziu *O canto do sino*, de Schiller.
12. Ivan Jaksic, *The Hispanic World and American Intellectual Life (1820-1880)* [O mundo hispânico e a vida intelectual americana, 1820-1880 – sem edição em português].
13. O anel do Nibelungo (Der Ring des Nibelungen) é um ciclo de óperas composto por Richard Wagner (1813-1883). Baseadas na mitologia nórdica, as óperas acompanham um anel mágico que dá plenos poderes a quem o possuir, o que acaba gerando diversas batalhas, inclusive entre os deuses. [N. E.]
14. Friedrich Nietzsche (1844-1900) foi um dos mais importantes filósofos ocidentais, cuja obra mais famosa é *Assim falava Zaratustra*. Liev Tolstói (1828-1910) foi um escritor russo, autor de *Guerra e paz* e *Anna Kariênina*. Anton Bruckner (1824-1896) foi um compositor austríaco, cuja sinfonia mais famosa é *Romântica* (sinfonia n. 4 em mi bemol maior). Piotr Tchaikovski (1840-1893) foi um compositor russo, famoso pelas óperas *O quebra-nozes*, *O lago dos cisnes*, *A bela adormecida* e *Ievguêni Oniéguin*. Camille Saint-Saëns (1835-1921) foi um compositor francês, e suas obras mais famosas incluem *Introdução e Rondo Caprichoso* e *Dança macabra*. [N. E.]
15. Heinrich Schliemann (1822-1890) foi um arqueólogo alemão e um dos responsáveis pela descoberta dos sítios arqueológicos de Troia e Micenas. [N. E.]
16. Há relatos, entretanto, de que o dano ao sarcófago aconteceu durante o traslado até o gabinete do imperador – o que não elimina seu caráter de mau agouro. [N. T.]
17. Em setembro de 2018, um incêndio se alastrou pelo Museu Nacional e destruiu centenas de artefatos históricos importantes, incluindo a múmia. O incidente

foi uma grande tragédia, pois representou uma enorme perda para a História brasileira. [N. T.]

18. Adriano Mafra e Christiane Stallaert, Orientalismo crioulo: Dom Pedro II e o Brasil do Segundo Império, *Revista Ibero-americana*. Disponível em: https://journals.iai.spk-berlin.de/index.php/iberoamericana/article/view/2117.
19. D. Pedro II adquiriu para sua coleção pessoal uma impressionante série de fotografias de Paris durante a Comuna.
20. Refere-se a Pedro Augusto, neto mais velho de d. Pedro II. Até o nascimento de seu primo e filho mais velho de d. Isabel, Pedro Augusto era o principal nome para suceder d. Pedro e chegou a conspirar contra sua tia para assumir o trono antes dela. Entretanto, o príncipe era emocionalmente frágil e, após a queda da monarquia, foi acometido por transtornos mentais que resultaram em surtos psicóticos e uma tentativa de suicídio, o que o obrigou a ser internado em um sanatório até a morte, em 1934. [N. E.]
21. Carta de Lamartine de 24 de setembro de 1861, citada em Benjamin Mossé, *Dom Pedro II, imperador do Brasil: o imperador vista pelo barão do Rio Branco*, mas que já se encontrava em uma das primeiras biografias do imperador pelo senhor Pinto de Campos [*O senhor d. Pedro II, imperador do Brasil*].
22. Paulo Rezzutti, *D. Pedro II – A história não contada: O último imperador do Novo Mundo revelado por cartas e documentos inéditos*.
23. Henri Pigaillem, *Les Hugo* [Os Hugo – sem edição em português].
24. *Le Petit Journal*, suplemento de 26 de dezembro de 1891, dedicado ao funeral de D. Pedro II, em Paris.
25. Victor Hugo, op. cit.
26. Paulo Rezzutti, op. cit.
27. Ernest Renan, *Marc-Aurèle et la fin du monde antique* [Marco Aurélio e o fim do mundo antigo. Porto, PT: Lello & Irmão, 1946].
28. Georges Raeders, *Dom Pedro II, ami et protecteur des savants et écrivains français* [Pedro II e os sábios franceses. São Paulo: Atlântica, 1944].

29. Divaldo Gaspar de Freitas, *Les voyages de l'empereur Pierre Second (D. Pedro II) en France* [ver nota 1, cap. 12].

30. Georges Raeders, op. cit. ["*Omnibus à impériale*" é um ônibus panorâmico, de dois andares – N. T.]

31. Joseph Dubois, *L'usine de Fives-Lille et la construction ferroviaire française au XIXe siècle* [A fábrica Fives-Lille e a construção ferroviária francesa no século XIX – sem edição em português].

32. Madame de Châlelet [escritora, física e matemática francesa] manteve uma relação [amorosa e intelectual] com Voltaire. Dizem que ocorreu o mesmo entre a condessa de Barral e d. Pedro II. Sobre o assunto, preferimos esta bela fórmula do professor Sergio Romanelli: "A condessa de Barral foi a alma gêmea intelectual de D. Pedro II" (em *Dom Pedro II: un tradutor imperial*).

33. Carlos Magalhães de Azevedo. *Dom Pedro II. Traços da sua physionomia moral.*

34. D. Pedro II só tinha 51 anos, mas faria 52 em dezembro de 1877.

35. Auguste Mayor, *Visite de l'Empereur du Brésil à Neuchâtel* [ver nota 6, cap. 5].

CAPÍTULO 15

RETORNO AO PAÍS E AS PRIMEIRAS DÚVIDAS SOBRE O FUTURO

A posição de um monarca é delicada neste período de transição. Poucas nações estão preparadas para o que está acontecendo, e eu, sem dúvida, ficaria mais tranquilo e mais feliz como presidente de uma república. Mas, sem me iludir, não vou renunciar às minhas responsabilidades e continuarei minha tarefa de monarca constitucional, como sempre fiz até agora. – D. Pedro II[1]

SAUDADE IMPERIAL

Em 26 de setembro de 1877, após quinze meses de ausência, o imperador enfim retornou ao Rio de Janeiro.

Observa-se de imediato que essa ausência surpreendentemente longa não constituía vacância do trono, uma vez que a princesa Isabel exercia de forma impecável suas funções de regente sob a tutela benevolente e quase paternal do velho marechal, o duque de Caxias, presidente do Conselho de Ministros desde 1875. No entanto, essa situação suscitava muitas dúvidas, que Victor Hugo, que não tinha nenhum vínculo particular com a classe política brasileira, compartilhava. Quais motivos podiam justificá-la? D. Pedro II teria assumido um risco constitucional ao se afastar de seu Império quando forças de divisão começavam a surgir? Queria ele acostumar os brasileiros à ideia de ter que privar-se de sua presença um dia?

Essas perguntas sugerem algumas hipóteses.

A primeira se refere ao seu estado de saúde. D. Pedro II estava exausto pelo considerável trabalho realizado desde a proclamação de sua maioridade em 1840 e pelas incessantes atividades que teve durante quase quarenta anos, após uma infância e adolescência já anormalmente extenuantes.

Em apoio a essa hipótese, deve-se notar, nas duas longas viagens de 1871-1872 e 1876-1877, a presença constante de eminentes especialistas em medicina brasileira junto a ele. Em 1871, estava acompanhado pelo professor Cândido Borges Monteiro, doutor em medicina pela faculdade do Rio de Janeiro e renomado cirurgião. Em 1876, foi o professor José Ribeiro de Sousa Fontes, titular da cadeira de anatomia nessa mesma faculdade, que o acompanhou a todos os lugares, inclusive durante suas excursões nas montanhas suíças, como confirmado por Auguste Mayor. É certo que ninguém notava o cansaço excessivo, muito menos um colapso físico ou mental – esgotamento, como diríamos hoje –, mas o astuto acompanhante suíço observou mesmo assim que "o imperador olhava frequentemente para o relógio e via o tempo passar rapidamente"[2]. Por que estava com tanta pressa? Será que tinha o pressentimento de que seus dias estavam contados quando ainda tinha tanto a fazer?

A segunda hipótese remete à psicologia: d. Pedro trabalhava como um louco e viajava em um ritmo acelerado na tentativa de cicatrizar suas feridas íntimas. Seu comportamento poderia refletir uma espécie de fuga permanente para esquecer a criança duplamente órfã pela morte de sua mãe e pelo abandono de seu pai que foi, o jovem casado e amante desapontado, o chefe de Estado fora de sintonia com um povo que ele certamente amava, mas que lhe parecia progredir muito devagar em meio a preconceitos de outra época. D. Pedro II trabalhava para um Brasil do século XX enquanto reinava sobre uma nação emergente do século XIX. A conscientização dessa contradição, dessa defasagem, poderia ter reforçado nele um sentimento de melancolia que o imperador Marco Aurélio (novamente ele) tão bem definiu: "Como tudo desaparece depressa! No espaço, os corpos mesmo; no tempo, sua memória!". Mas Marco Aurélio também propôs o antídoto para esse sentimento mortal de inutilidade e fugacidade: "Satisfaze-te com um progresso ainda que mínimo; considera que não é pouca coisa o resultado desse progresso"³.

Devemos notar, e este não é um elemento trivial quando se evoca a personalidade de d. Pedro II, que Pierre de Sélènes, um escritor do final do século XIX (completamente esquecido hoje), retratou o imperador no romance intitulado *Um mundo desconhecido: dois anos na Lua* sob os traços de lorde Douglas Rodilan, um rico mecenas que, generosamente, financiou o projeto de viagem à Lua para dois estudantes sem dinheiro. A descrição que ele fez, tanto física quanto moral, é impressionante: "Seu rosto normal estava marcado por grande nobreza. Sua barba, que ele usava inteira, era loura com alguns fios prateados. Seus olhos, de um azul variável, pareciam encobrir uma rara firmeza de alma e, no entanto, se distinguia neles uma expressão de cansaço e tédio. De todos os seus traços, mesmo ligeiramente cansados, emanava a mesma impressão: a saudade havia passado por ali"⁴.

A terceira hipótese, finalmente, trata de uma questão de cálculo político: o imperador queria mostrar, mesmo que de forma subliminar, que não era essencial, e um dia o Brasil teria que seguir em frente sem que ele estivesse ali para guiar seus passos.

Essa hipótese é reforçada por suas observações a Victor Hugo sobre a relatividade de sua ação pessoal, a consciência de ser imperador apenas pelo acaso da natureza e da história, o sentimento de que outros homens "valem tanto, talvez até mais do que ele".

A RECUSA À RENÚNCIA

Qualquer dessas hipóteses – ou mesmo a combinação das três – deveria logicamente ter levado d. Pedro II à abdicação. Quem sabe ele a tenha considerado? Afinal, seu pai já havia abdicado, e em circunstâncias trágicas.

Por que então ele, um homem de progresso, não conceberia uma passagem suave da tocha, na paz civil e em respeito à Constituição? Simbolicamente, os anos de 1880, quadragésimo aniversário de sua maioridade constitucional; 1881, cinquentenário de sua coroação; ou 1882, sexagésimo aniversário da Independência do país, teriam sido marcos históricos fáceis de lembrar para os brasileiros das gerações futuras.

Então, por que ele não o fez?

Em primeiro lugar, senso de dever. D. Pedro pretendia continuar sua missão até o fim. Não porque acreditasse no direito divino pela unção da coroação que o bispo do Rio de Janeiro lhe dera em 1841, mas porque seu pai, de fato, havia abdicado prematuramente e ele, que não era um homem impulsivo, mas de reflexão, queria concluir sua "grande obra". Era preciso levar ao triunfo a causa que mais lhe importava e que, como se sabe, era o desejo mais sonhado de d. Pedro I em seu leito de morte: a abolição da escravidão. A Lei do Ventre Livre havia sido um avanço considerável, agora era necessário pôr um fim definitivo a essa monstruosidade social e humana. Não duvidemos que, em suas conversas particulares com Victor Hugo, esse assunto tenha sido longamente discutido. Além disso, quando as províncias do Ceará e do Amazonas deram o exemplo em 1884, libertando seus escravos, Hugo expressou seu entusiasmo em uma famosa carta: "O Brasil deu um golpe decisivo na escravidão. O Brasil tem um imperador; este imperador é mais que um imperador, é um homem. Que continue. Nós o parabenizamos e o honramos"[5]. D. Pedro II cumpriu seu desejo, já que no ano seguinte seria votada uma nova lei de emancipação a favor, desta vez, dos escravos idosos, conhecida como a Lei dos Sexagenários ou Saraiva-Cotegipe, nome de seus autores.

Puro faro político. O imperador via que essa questão prioritária da abolição total da escravidão, assim como o surgimento do republicanismo ou a mudança de mentalidade das novas gerações de jovens oficiais, faria adernar fortemente o navio. Portanto, era necessário permanecer na leme e enfrentar, porque somente um capitão experiente como ele poderia evitar o naufrágio.

OS NOVOS DESAFIOS POLÍTICOS

No final da década de 1870, o Brasil se encontrava em uma situação econômica florescente e continuava sua marcha em direção ao progresso, à pesquisa e à ciência. Em 1876, foi criada em Minas Gerais a Escola de Minas de Ouro Preto, dirigida pelo francês Claude-Henri Gorceix, a quem o imperador havia convencido a vir para ensinar geologia e mineralogia. Na mesma época, d. Pedro II reformou o velho Observatório Imperial do Rio de Janeiro, projetado por d. João VI e fundado por d. Pedro I em 1827. Ele o desmilitarizou e o dedicou à meteorologia, à astronomia, à geofísica e à medição do clima, confiando sua administração a outro francês: o astrônomo, botânico e explorador Emmanuel Liais.

Infelizmente, o país também passaria por um período de forte instabilidade política. Em dez anos e meio, de 1878 a 1889, respectivamente a data da renúncia do duque de Caxias e da nomeação de Afonso Celso de Assis Figueiredo, dez governos se sucederiam no poder, conservadores e liberais, alternadamente. Mas a situação era muito frágil, mesmo dentro dos partidos, uma vez que o Partido Liberal teria seis presidentes de Conselho diferentes no comando de 1878 a 1885.

É claro que, em tal situação, não era possível renunciar ao grande maquinista imperial, mestre dos compromissos, adepto da maioria das ideias e das alianças de circunstância. A imprensa satírica notou essa implicação política renovada do monarca, e o jornal *O Mequetrefe* não hesitou em fazer sua caricatura com desenhos que tinham legendas evocativas: "O rei se diverte" ou "O carrossel partidário"[6] – no qual vemos d. Pedro II como mestre de um carrossel de parque de diversões em que aparecem, montados em cavalos de madeira, os líderes do Partido Conservador e do Partido Liberal – ou ainda "Manipanso imperial"[7], zombando de um sistema político baseado apenas na pessoa do imperador, uma espécie de divindade primitiva excessivamente reverenciada.

Mas se a crise do governo era grave e legitimava a intervenção do monarca na tentativa de resolvê-la, a questão da sucessão, nunca levantada oficialmente, estava sempre presente na mente das pessoas e era outra preocupação para o imperador.

No entanto, não havia ambiguidade em um ponto: a princesa herdeira d. Isabel, duas vezes regente do Império e elogiada por unanimidade por sua seriedade e suas qualidades de administradora, era a legítima sucessora de d. Pedro II conforme a Constituição. O imperador, embora tentando amenizar o caráter um tanto rígido de sua filha mais velha, tinha respeito por essa jovem sem graça, mas generosa e inteligente, que compartilhava suas convicções humanistas.

Entretanto, d. Pedro era lúcido e, em seu foro íntimo, não podia deixar de se questionar sobre até que ponto o Brasil aceitaria uma mulher como sua sucessora. Ele estava convencido de que as coisas não seriam simples. Apesar de ser uma época em que a rainha Vitória reinava sobre um império de poder e extensão comparáveis apenas a Roma, o governo das mulheres continuava malvisto, e tanto as elites quanto as classes trabalhadoras compartilhavam os mesmos preconceitos sobre esse assunto. Mesmo sem falar de política, lembremos que um industrial progressista do século XIX jamais imaginaria colocar sua filha para dirigir seus negócios, nem um banqueiro para dirigir seu banco, nem um tabelião para dirigir seu cartório, nem um advogado para dirigir sua banca. Nunca! Era "naturalmente" o filho que sempre deveria assumir o comando – se não fosse muito inepto – ou, na sua falta, o genro. A sociedade ainda funcionava por um modelo monárquico patriarcal, inclusive nas democracias do tipo republicana, onde as mulheres ainda eram excluídas do sufrágio universal. Era uma realidade sociológica que ia muito além dos estereótipos da misoginia primária e significava que, mesmo em países mais avançados como a Inglaterra, uma pessoa tão eminente quanto Vitória pôde ter sido ferozmente contrária ao direito de voto às mulheres e ao ativismo feminista. Então, a questão não se limitava ao Brasil ou ao temperamento latino-americano, mas era um estado de espírito amplamente difundido.

Pensando bem, e no que diz respeito ao Brasil, não é proibido supor, como já foi mencionado, que as longas viagens de d. Pedro II também visavam à educação cívica dos brasileiros – e, na vanguarda, das oligarquias políticas e econômicas –, para o povo se acostumar a ver uma mulher no trono. Mas a tese ainda não estava ganha, apesar dos elogios totalmente justificados recebidos pela princesa regente. É por isso que o nascimento do príncipe Pedro, em 1875, representava uma vantagem definitiva em caso de necessidade.

Havia também a questão do futuro príncipe consorte: Gastão de Orléans, o conde d'Eu. As prevenções que havia contra ele no Brasil foram muito amplificadas e provinham em grande parte do sentimento "antiorleanista" que prevalecia na França no início da Terceira República. Esse regime, como se sabe, se sentia diretamente ameaçado pelos Orléans – o conde de Paris, pretendente ao trono da França, era primo-irmão do conde d'Eu[8] – e acabou expulsando-os em 1886. A porosidade intelectual entre as elites brasileiras e francesas da época poderia explicar a obsessão contra o príncipe, não apenas no mundo político, mas também no acadêmico, a ponto de o professor Gaston Dodu, eminente historiador francês, afirmar mais tarde que a queda da monarquia no Brasil teria ocorrido principalmente devido à preocupação dos brasileiros com a "ameaça da centralização que o futuro governo do herdeiro do trono representava"[9]. Isso não passava de uma fantasia, pois a centralização equilibrada que d. Pedro II e seu governo haviam adotado desde 1841 funcionava satisfatoriamente, e mesmo a alusão ao "futuro governo do príncipe herdeiro" é constitucionalmente incorreta e voluntariamente polêmica. Um príncipe consorte em uma monarquia pode ter o poder de influenciar sua esposa, mas certamente não o de dirigir seu governo. Lembremos neste contexto dos ataques incessantes e injustos sofridos pelo infeliz príncipe consorte Alberto de Saxe-Coburg-Gota, marido da rainha Vitória. A rainha chegou até mesmo a ser ridicularizada pela imprensa, que a apelidou de "rainha Albertina", subentendendo que seu marido era o verdadeiro monarca. Em todo caso, esse risco não existia no Brasil, pois é impossível acreditar que, com seu temperamento e sua força de caráter, a princesa Isabel concordasse em ser dominada por alguém ao virar imperatriz.

Enfim, para concluir este capítulo, devemos lembrar que Gastão de Orléans, tão criticado, também foi extremamente reverenciado por brasileiros que não ignoravam o seu investimento pessoal no país. Assim, o dr. José Ricardo Pires de Almeida publicou em 1889 uma obra exaustiva lembrando o imenso trabalho realizado no campo da educação pelo Império e a dedicou ao príncipe com uma homenagem que relativiza as críticas: "A forma simples, natural e despretensiosa com que Vossa Alteza age em favor do bem público, a modéstia sob a qual esconde a generosidade mais exemplar, não impede que aqueles que seguem todos os atos de vossa vida reconheçam a extensão de vosso conhecimento, a segurança de vosso julgamento, a grandeza de vossa alma, o valor de vosso caráter e a bondade proverbial de vosso coração"[10].

De qualquer forma, é incontestável que a sucessão dinástica brasileira tenha suscitado questionamentos pela ausência, na terceira geração, de um herdeiro do sexo masculino que pudesse ascender ao trono. Exceto se, é claro, a coroa fosse passada do avô para o neto para contornar o obstáculo.

O futuro da monarquia brasileira estava, portanto, "teoricamente" assegurado, mas seu destino continuava nas mãos de Deus.

NOTAS

1. Roderick J. Barman, *Citizen Emperor. Pedro II and the making of Brazil 1825-1891* [ver nota 17, cap. 4].
2. Auguste Mayor, *Visite de l'Empereur du Brésil à Neuchâtel* [ver nota 6, cap. 5].
3. Marco Aurélio, *Meditações*.
4. Pierre de Sélène, *Un monde inconnu: deux hommes sur la Lune* [sem edição em português].
5. Carta de 25 de março de 1884 sobre a abolição da escravidão nas províncias do Ceará e Amazonas. Essa decisão foi altamente simbólica, mesmo que essas províncias não fossem as mais afetadas.
6. Charge de Cândido Aragonez de Faria, publicado no jornal *O Mequetrefe*, em 9 de janeiro de 1878.
7. Ibidem, em 10 de janeiro de 1878.
8. Após a morte do conde de Chambord em 1883, os monarquistas franceses estavam convencidos de que o conde de Paris — Philippe VII para eles — restauraria uma monarquia liberal com a bandeira tricolor como emblema.
9. Gaston Dodu, *Les autres Patries* [ver nota 12, cap. 7].
10. Dr. José Ricardo Pires de Almeida, *L'Instruction publique au Brésil* [Instrução pública no Brasil (1500-1889). Trad. Antonio Chizzoti; ed. crítica Maria do Carmo Guedes. 2ª ed. rev. São Paulo: Educ, 2000].

CAPÍTULO 16

OS ÚLTIMOS ESTERTORES DO BRASIL IMPERIAL

Isto é o que se chama de grande e bom soberano, um modelo para todos os monarcas do mundo, a honra de sua raça.
– William Gladstone, primeiro-ministro liberal da Inglaterra[1]

FORÇA TOTAL!

Na década de 1880, o Brasil virou uma sensação na Europa, e a América Latina em geral recuperou o atrativo que havia perdido com as revoluções hispano-americanas, os incessantes golpes de Estado e o epílogo sangrento do México. Em meio a tragédias, o Império de d. Pedro II aparecia como um refúgio de paz e progresso e o próprio monarca como o modelo de todas as virtudes cívicas.

O progresso, de fato, continuava inabalável e acontecia em todas as áreas. Em 1884, o trem do Corcovado, primeira linha férrea eletrificada do Brasil, foi inaugurado pelo casal imperial; ainda em 1884, os ex-aliados durante a Guerra do Paraguai (Brasil, Argentina e Uruguai) instalaram um segundo cabo telegráfico transatlântico – o primeiro, instalado em 1874, tornou-se notoriamente insuficiente – conectando a América do Sul à Europa via Buenos Aires, Montevidéu, Rio Grande (no Rio Grande do Sul), Florianópolis, Rio de Janeiro, Salvador, Recife, Cabo Verde, Madeira e Lisboa; em 1885, mais progressos foram feitos na questão da abolição da escravidão com a promulgação da Lei Saraiva-Cotegipe, conhecida como a Lei dos Sexagenários. Se os filhos de escravos nasciam livres desde 1871, os idosos, a partir de agora, também morreriam livres, caso atingissem a idade de sessenta anos.

Em 1886, também foi inaugurada a ferrovia de Poços de Caldas, em Minas Gerais, para Cascavel, na província de São Paulo, hoje Aguaí. Nesse mesmo ano, Belém foi a última cidade grande a ser conectada por telégrafo às demais cidades do litoral brasileiro, conclusão de um projeto iniciado em 1852 com a primeira linha telegráfica instalada entre o palácio imperial de São Cristóvão e o Quartel General do Exército, no Campo da Aclamação, atual Praça da República, no centro do Rio.

Em 1887, sob o patrocínio imperial, foi fundado o Instituto Agronômico de Campinas (província de São Paulo), cuja direção foi confiada ao químico austríaco Franz Josef Wilhelm Dafert, que Pedro conhecera durante uma viagem anterior a Viena. O 130º aniversário desse importante estabelecimento, especializado em pesquisas agronômicas avançadas, foi comemorado solenemente em 2017.

Tudo estava indo muito rápido, como se o tempo político estivesse se esgotando. O Brasil havia se tornado um laboratório experimental sob a batuta de um maestro coroado que não poupava sua aflição nem a dos outros, nem recusava pausas. Era o Brasil de Júlio Verne, um tempo de delírio e entusiasmo que levava uma nação inteira ao novo século.

Esse incessante movimento progressista, entretanto, levanta algumas dúvidas. Mais uma vez, é Pierre de Sélènes, com sua sensibilidade de romancista, que toca o dedo na ferida. Se d. Pedro II é um lorde Rodilan, o generoso mecenas que permitiria realizar o sonho maluco de dois jovens apaixonados pela conquista do espaço, ele também se parece muito com Aldeovaze, outro personagem do mesmo livro. Aldeovaze é um velho magistrado barbudo que preside os destinos "desse tipo de república", que é o governo da Lua. Nomeado vitaliciamente, ele é o chefe do Conselho Supremo e suas funções "consistiam em dirigir as deliberações, tomando por iniciativa própria todas as medidas que considerava úteis para o desenvolvimento material e moral de toda a sociedade". Seus concidadãos o consideraram "o primeiro na ciência, na sabedoria e na virtude, o que lhe garantia uma autoridade diante da qual todos se curvavam com respeito"[2]. Como Aldeovaze, d. Pedro II continuava seu trabalho, sempre inacabado, porque a vida passava e era curta.

A ATRAÇÃO CULTURAL E CIENTÍFICA

O Brasil, sob o reinado de d. Pedro II, atraía estudiosos, cientistas e exploradores do mundo todo. Obviamente, essa atração não datava do próprio reinado, já que Humboldt[3], La Condamine, Saint-Hilaire, o príncipe de Wied-Neuwied, Alcide d'Orbigny, Ferdinand Denis e tantos outros, como o jovem Darwin ou o conde de Clarac[4] – a quem devemos as primeiras pinturas da mata virgem brasileira –, tinham vindo descobrir as inúmeras riquezas deste país deslumbrante. Mas a personalidade e a popularidade do imperador alimentavam ainda mais essa veneração. Sem contar que a pacificação do território e a estabilidade constitucional, que nada tinham a invejar à das monarquias liberais europeias, haviam tornado as viagens e explorações muito mais seguras. Assim, todos poderiam ter certeza de que não levariam durante suas andanças uma bala perdida durante um golpe militar inesperado ou uma guerra civil esporádica, tampouco seriam presos e arbitrariamente detidos por um chefe local zombando do poder central.

Portanto, a reputação internacional do Brasil devia muito aos estudiosos, artistas e ao imperador, que também era erudito e artista. Mas essa reputação "séria" se juntou rapidamente a outra, mais leve, mais caricaturada, porém sem maldade, do brasileiro que se tornou – especialmente em Paris – o protótipo do sul-americano rico, amante de champanhe e de mulheres bonitas, portanto bem longe da imagem austera do monarca reinante. O arquétipo seria descrito por Ludovic Halévy e seu amigo Henri Meilhac e popularizado em todo o mundo graças à ópera-bufa *A vida parisiense*, de Jacques Offenbach[5], e sua música brilhante. Desta forma, o Brasil tornou-se, para os franceses do Segundo Império e da Terceira República, a terra da abundância, das festas contínuas, do amor sensual, das belas aventureiras cobertas de pedras preciosas e dos grandes comerciantes com bolsos cheios de ouro que os parisienses, sempre engenhosos, tentavam esvaziar com atraentes propostas de prazeres constantemente renovados.

Caricatura, sim, mas muito simpática se a compararmos com as que se faziam na França sobre a estupidez dos alemães, a ganância dos ingleses, a astúcia dos italianos ou a selvageria dos espanhóis. No fundo, o Brasil era visto como um país simpático, pois tinha um imperador que, mesmo não correspondendo aos clichês generalizados, era um bonachão com sua barba de professor radical-socialista, sua gentileza natural, sua falta de prevenção social, suas calças surradas e seu humor sarcástico, especialmente quando se referia aos monarcas da época, a quem ele chamava de "meus colegas" – o que fazia Victor Hugo rir muito.

Paris se divertia com o Brasil, mas o Brasil também desfrutava dos prazeres oferecidos por sua capital imperial, onde ninguém se entediava. Os teatros – o mais prestigiado do Rio de Janeiro foi inaugurado em 1857 pelo imperador, junto à Academia de Música – e as salas de concerto e de espetáculo estavam sempre cheias. As grandes metrópoles das províncias seguiam no mesmo ritmo, e no final do reinado foi iniciada a construção de um teatro magnífico na mítica cidade de Manaus, capital do Amazonas. Os brasileiros amantes de música erudita iam aplaudir as obras de Verdi ou de Wagner; os outros, mais descontraídos, as companhias dos cabarés parisienses que d. Pedro II tanto apreciava pela expressão do espírito francês em toda a sua leveza e impertinência. Ainda não era tempo das grandes conferências artísticas e culturais, porque não estavam na moda e as distâncias eram longas entre a Velha Europa e o Jovem Brasil, o que ocorreria mais tarde, no Brasil da década de 1930. Cada coisa a seu tempo.

Ainda assim, o Rio de Janeiro atraiu grandes artistas da época, como a atriz italiana Eleonora Duse e sua rival francesa Sarah Bernhardt. Mulheres deslumbrantes e talentosas que, mesmo fora de sua arte ou por causa dela, fascinavam os homens mais ilustres. Desse ponto de vista, nenhum dos amantes coroados de Sarah chegou aos pés do grande poeta italiano Gabriele d'Annunzio, amante de Eleonora.

Sarah Bernhardt veio ao Rio em 1886 para encenar *A dama das camélias*, peça baseada no romance de Alexandre Dumas Filho, que também era amigo do imperador. Os brasileiros fizeram dela um triunfo no papel de Marguerite Gautier, mas ela, caprichosa, os desdenhou. Ela estava irritada com o calor, o que é compreensível, e com o desconforto do hotel, que provavelmente superestimou. Talvez tivesse preferido uma suíte no palácio imperial sem imaginar que, sob o reinado de d. Pedro II, esse palácio não se assemelhava em nada às Tulherias, palácio de Napoleão III e Eugênia. Nada de festas, de bailes, de corte, de festins requintados, mas uma vida austera, bem regulada e pequeno-burguesa que convinha perfeitamente a d. Pedro e d. Teresa Cristina.

Nossa heroína, para dizer o mínimo, não ficou encantada. O imperador, no entanto, foi muito civilizado e assistiu às apresentações da peça todas as noites. Sarah, no entanto, foi cruel com ele, zombando de sua mesquinhez, sua postura e suas roupas: "Ele era pobre demais para dar um cachê e chegava todas as noites no teatro em uma carruagem puxada por quatro mulas sem fôlego".[6] Parece que ela ficou especialmente decepcionada por conhecer, talvez pela primeira vez, um monarca que não caísse em seus braços nem a cobrisse de joias. Não era o estilo de d. Pedro, que preferia, de longe, subsidiar instituições de caridade ou sociedades científicas. Assim, ela agiu de má-fé, pois sabemos que, apesar de o imperador, não sendo diretor de teatro, obviamente não ter lhe dado nenhum "grande cachê", ele tinha boas maneiras e lhe deu de presente uma pulseira de ouro na noite em que se conheceram. Não para seduzi-la, mas simplesmente para agradecer sua vinda ao Brasil[7].

O REFORÇO DEMOGRÁFICO

O Brasil era muito pouco povoado em relação à sua imensidão territorial. Mesmo tendo sua população pulado de aproximadamente 4 milhões de habitantes, na época da Independência, para quase 10 milhões meio século depois, estava longe do que poderíamos esperar e, acima de tudo, do que o país necessitava[8]. Essa questão existia desde a Independência e explicou as primeiras medidas favoráveis à imigração tomadas por d. Pedro I. D. Pedro II seguiu a mesma política que seu pai nesse campo, apoiado por alguns intelectuais brasileiros que desejavam, através de uma imigração de origem exclusivamente europeia, fortalecer a raça branca – já um pouco deixada para trás pelos mestiços se nos ativermos aos números do censo de 1872 –, enquanto outros, sem dúvida mais realistas, consideravam que a miscigenação era inevitável e, portanto, era necessário incentivar toda imigração de povoamento, incluindo imigrantes da Ásia ou do Oriente Médio.

D. Pedro II, como seu pai, não tinha nenhum preconceito de sangue. Um de seus três tutores havia sido o negro Rafael, que se tornou seu confidente mais próximo quando adulto, sem contar os muitos mestiços, tanto na política quanto nos negócios, que foram seus colaboradores. Ele também não acreditava que a miscigenação étnica poderia levar a um tipo de degeneração ou bastardização. A ilustre dinastia dos Dumas, representada por avô, pai e filho – o imperador havia se correspondido com o autor de *Os três mosqueteiros* e encontrado várias vezes o do *Suplício de uma mulher* –, era a melhor resposta às teorias de Gobineau. Além disso, abolicionista convicto, d. Pedro não podia ter dúvidas de que um dia os negros livres se misturariam com os outros brasileiros. Assim, ele se uniu ao poeta João Salomé Queiroga, que, em 1873, escreveu em resposta aos partidários da "raça pura": "Que benefício teria a população brasileira em dizer que é de raça pura? Ela continuará sendo o que realmente é. O brasileiro que ama seu país não deve ser tão preocupado e dar tanta importância à pureza da raça. Pelo contrário, ele deve se orgulhar de sua raça mista, que é a melhor do mundo. O que foi que produziu esses fenômenos, que produziu todos esses grandes homens que honram o Brasil? A mistura das raças"[9].

Nos anos 1940, o jornalista francês Georges Bernanos, instalado no Brasil, confirmaria as palavras de Queiroga e exaltaria a miscigenação racial brasileira: "Os brasileiros geralmente não gostam de ser chamados de negros pelos ingleses ou americanos, mas ficam encantados quando um francês diz francamente o quanto realmente admira a experiência humana que eles tentaram, reunindo três raças tão diferentes quanto o índio, o negro e o português. É uma experiência única na história"[10].

A abordagem da questão demográfica pelo imperador e sua resolução (pelo menos em parte, pela imigração) era muito mais humanista e democrática que a apresentada pelo historiador brasileiro Francisco Adolfo de Varnhagen, que, em 1851, expressou em termos de civilização e até defesa da civilização branca: "Para civilizar o Brasil e fazer nascer um povo brasileiro, devemos aos poucos acabar com a escravidão dos africanos, capturar e avassalar temporariamente os índios livres[11] e, enfim, devemos trazer aqui populações brancas que sejam arregimentadas voluntariamente em grupos"[12]. É claro que, embora o grande historiador e o monarca concordassem com o fim da escravidão, as outras propostas, especialmente traduzidas por essas terríveis palavras de "captura", "avassalamento" ou "arregimentação", eram diametralmente opostas ao pensamento de d. Pedro II.

Assim, a escolha do imperador por incentivar a imigração italiana a partir da década de 1870 não foi ditada, *a priori*, por preconceitos étnicos, mas por considerações práticas: os italianos eram um povo católico robusto, trabalhador, engenhoso – portanto, fértil do ponto de vista da natalidade – e cuja língua era semelhante ao português por suas raízes latinas. Acrescentemos que os italianos das classes menos favorecidas não tinham se beneficiado muito do *Risorgimento,* cujas vantagens haviam sido colhidas especialmente pela burguesia liberal e pela aristocracia que se uniram à casa de Savoia. Milhares de trabalhadores e camponeses estavam na miséria, algo que pesava sobre o novo reino da Itália, que, não tendo colônias na época, não podia sonhar em fazer o que os ingleses faziam com seus deserdados no Canadá, na Austrália ou na Nova Zelândia. A escolha dessa imigração foi, portanto, pertinente, e o governo brasileiro acolheu generosamente esses imigrantes com o desejo de empregá-los a serviço do país nas grandes regiões agrícolas, como as províncias do Rio Grande do Sul e Santa Catarina para pecuária e trigo e a de São Paulo para café. Naturalmente, os italianos, que já eram bons artesãos na Itália, também o foram no Brasil, principalmente aqueles que de qualquer forma não tinham apetência para trabalhar na terra. No final do século XX, um século após o fim do Império, o peso dos descendentes de imigrantes italianos no Brasil era estimado em 11% da população total e 24% da população branca. Além disso, ao contrário de alguns imigrantes, como os franceses, os italianos mantiveram as tradições e os costumes familiares em sua privacidade e não pretendiam retornar ao seu país de origem, da mesma forma que seus primos instalados nos Estados Unidos.

D. Pedro II defendeu essa política junto ao governo de Roma durante suas viagens à Itália. As duas partes encontraram vantagens demográficas para o Brasil e sociais para a Itália, que desativava uma bomba ao livrar-se dos abandonados pelo *Risorgimento*. Também é provável que o imperador já estivesse calculando o impacto da abolição da escravidão no Brasil, pois, se os escravos negros libertos preferissem emigrar para as cidades em vez de permanecer no campo, de onde não teriam necessariamente boas lembranças – esse fenômeno já havia sido observado nos Estados Unidos após a Guerra Civil –, os imigrantes italianos poderiam substituí-los como trabalhadores livres.

Em relação aos fluxos de imigração, também observamos na segunda metade do século XIX um fenômeno estranho: enquanto no Brasil a população branca era essencialmente portuguesa desde o século XVI, a partir da década de 1860 ocorreu uma inversão: os imigrantes portugueses, que ainda representavam 80% da imigração europeia na década de 1850 a1860, caíram para apenas 53% na década de 1860 a1870[13]. Isso, sem dúvida, se explica pelo fato de que os portugueses agora preferiam ocupar as grandes colônias portuguesas no sul da África, como Guiné, Angola e Moçambique, geograficamente mais próximas de sua terra natal. Esse fenômeno, no entanto, aparece como uma revolta histórica, e a nação brasileira se desapegou gradualmente de suas fontes originais para cumprir plenamente seu novo destino de potência regional no continente americano.

NOTAS

1. Carlos Gustavo Poggio Teixeira, *Brazil, the United States, and the South American Subsystem: Regional Politics and the Absent Empire* [Subsistema do Brasil, Estados Unidos e América do Sul: políticas regionais e o império ausente – sem edição em português]. O encontro de Gladstone e d. Pedro II ocorreu durante a primeira viagem do imperador à Inglaterra em 1871, mas nesse discurso d. Pedro, alérgico a recepções oficiais, estava ausente. O primeiro-ministro britânico, portanto, iniciou o discurso público em louvor ao ilustre visitante com estas palavras: "Senhoras e senhores, já que o imperador não está presente, aproveito a oportunidade para falar dele livremente…". (Cf. Carlos Magalhães de Azevedo, *Dom Pedro II. Traços da sua physionomia moral*).
2. Pierre de Sélènes, *Un monde inconnu: deux ans sur la Lune* [Um mundo desconhecido: dois anos na Luz – sem edição em português].
3. Alexandre de Humboldt explorou em 1800 a bacia do Orinoco, então sob o domínio da Coroa espanhola. Entretanto, seguindo o curso do rio Negro que deságua na Amazônia, entrou acidentalmente no território brasileiro. Foi preso e levado de volta à fronteira por suspeita de ser um espião a mando da Espanha.
4. Charles Marie de La Condamine (1701-1774) foi um explorador francês e o primeiro cientista francês a descer o rio Amazonas. Auguste de Saint-Hilaire (1779-1853) foi um botânico e naturalista francês, responsável pelas primeiras catalogações e descrições da fauna e flora brasileira (estima-se que ele coletou amostras de mais de 30 mil espécies). Maximilian zu Wied-Neuwied (1782-1867) foi um príncipe renano, naturalista e etnológico que veio ao Brasil no início do século XIX estudar a flora, a fauna e as tribos indígenas. Alcide Dessalines d'Orbigny (1802-1857) foi um naturalista, malacologista e paleontologista francês, além de um dos principais responsáveis pelas primeiras descobertas paleontológicas na América do Sul. Ferdinand Denis (1798-1890) foi um escritor e historiador francês especialista em história do Brasil. Charles de Clarac (1777-1847) foi um cientista, arqueólogo e

desenhista francês, cujo trabalho mais famoso é a pintura *Floresta virgem do Brasil*. [N. E.]

5. Ludovic Halévy (1837-1907) e Henri Meilhac (1831-1897) foram dramaturgos franceses que trabalharam em conjunto na produção de óperas como *Carmen*, de Georges Bizet, e nas obras do compositor alemão Jacques Offenbach (1819-1880), precursor do teatro musical moderno. [N. E.]

6. Jean-Paul Langellier, *Sarah Bernhardt, Star de Rio* [sem edição em português]; e Evanio Alves, *Sarah Bernhardt, gloire et tragédie à Rio de Janeiro* [Sarah Bernhardt, glória e tragédia no Rio de Janeiro – sem edição em português].

7. Elizabeth Silverthorne, *Sarah Bernhardt* [sem edição em português].

8. O Brasil, ao final do Segundo Reinado, em 1889, ultrapassaria os 14 milhões de habitantes, 10 milhões a mais que em 1822.

9. João Salomé Queiroga escreveu o prólogo da coletânea *Arredomos* de 1873, na tese de Sébastien Rozeaux, *La genèse d'un "grand monument national": littérature et milieu littéraire au Brésil à l'époque impériale (1822-1880)* [ver nota 4, cap. 11].

10. Sébastien Lapaque, *Théorie de Rio de Janeiro* [Teoria do Rio de Janeiro – sem edição em português].

11. Trata-se dos indígenas.

12. *Mémoire organique offert à la nation* [Memorando orgânico oferecido à nação], citado no artigo de Sébastien Rozeaux, *Les horizons troubles de la politique de colonisation au Brésil: réflexions sur l'identité de la nation brésilienne à travers le prisme des questions migratoires* [Os horizontes conturbados da política de colonização no Brasil: reflexões sobre a identidade da nação brasileira através do prisma das questões migratórias – sem tradução para o português].

13. Sébastien Rozeaux, op. cit.

CAPÍTULO 17

A DEBILIDADE DO IMPERADOR E A VIAGEM POR ORDEM MÉDICA

Lá se foi, além dos mares, Nosso Senhor d. Pedro II, imperador constitucional e Defensor Perpétuo da terra do cacau e do café. – A Ventarola, *jornal satírico brasileiro*[1]

O COLOSSO ABALADO

Desde sua ascensão ao trono, o imperador desfrutava de um estado de saúde bastante satisfatório se considerarmos o enorme trabalho que vinha realizando desde sua coroação em 1841. Sua condição física excepcional devia-se ao sangue vigoroso de um pai hiperativo que era, ao dinamismo intelectual que o habitava desde a adolescência e a um estilo de vida equilibrado, o que não o impedia de ser um *bon vivant* na companhia de seus amigos. A imperatriz d. Teresa Cristina, por outro lado, era mais frágil. Quando d. Pedro, preocupado com a saúde de sua esposa, consultou o famoso fisiologista franco-mauriciano Charles-Édouard Brown-Séquard no início da década de 1870, ele disse que a imperatriz "sofria intermitentemente de horríveis dores nevrálgicas nas pernas, na cabeça e no couro cabeludo". Ele até acrescentou que "dois pontos na coluna vertebral sentem mais ou menos os efeitos da pressão"[2]. Imagina-se que essa forte deficiência, talvez devida à fibromialgia aguda, devia incentivar a infeliz mulher a poupar-se fisicamente durante as maratonas de viagens de seu marido.

No entanto, em 1880, quando o dr. Cláudio Velho da Mota Maia, professor da Faculdade de Medicina do Rio de Janeiro, foi nomeado médico da Casa Imperial, o eminente profissional considerou que poderia haver algo por trás das aparências quanto à saúde do imperador. Talvez por ter observado em seu ilustre paciente reduções de ritmo e às vezes até momentos de ausência, ele o tenha submetido a uma bateria de exames. D. Pedro II tinha então 55 anos, uma idade respeitável para um homem do século XIX, mas também uma idade perigosa, pois era o início da velhice e da lenta mas inevitável degradação física e intelectual. Além disso, a magnífica barba loura do imperador havia branqueado completamente ao longo de dez anos, o que acentuava ainda mais seu aspecto de patriarca do Antigo Testamento.

Os resultados dos exames foram evidentes: início de diátese diabética. Em outras palavras, Sua Majestade sofria de um princípio de "diabetes intermitente, que desenvolvia-se sob a influência das causas mais gerais, sem lesão, seja no sistema nervoso, no fígado ou em qualquer órgão importante"[3].

O primeiro alerta sério ocorreu em fevereiro de 1887 no palácio de Petrópolis, onde o imperador residia para melhor enfrentar o calor do verão tropical. D. Pedro II ficou acamado com febre alta. Uma equipe de médicos, sob a orientação do dr. Mota Maia, diagnosticou uma congestão hepática. O paciente ficou de cama por dois meses e experimentou períodos de melhora e recaída. Com suspeita de malária, ele foi transferido para a fazenda Águas Claras, ao abrigo dos ventos úmidos da montanha. Como o resultado não foi conclusivo, transferiu-se novamente para uma casa à beira-mar, na Barra da Tijuca. Como a recuperação era muito lenta, à equipe inicial de médicos juntaram-se outros colegas, que concordaram que o monarca deveria ir para a Europa, a fim de consultar-se com os especialistas mais eminentes.

Se considerarmos as datas e o tempo decorrido desde o acompanhamento rigoroso do médico habitual do imperador, bem como as observações das testemunhas da época sobre os períodos de sonolência e apatia cada vez mais frequentes de d. Pedro II – aliás, observados com certa crueldade pela imprensa –, é lícito supor que o seu estado de saúde estava realmente se deteriorando desde seu retorno ao país em 1877. Portanto, houve presumivelmente retenção de informações para não preocupar a classe política brasileira, já abalada por fortes turbulências parlamentares.

Pela terceira vez em seu reinado, o monarca confiou a regência do Império à princesa Isabel e embarcou para Lisboa, em junho de 1887. Após uma breve parada para cumprimentar seu sobrinho, o rei d. Luís I de Portugal, e reverenciar o túmulo de seu pai e de sua madrasta, d. Amélia de Leuchtenberg⁺, d. Pedro foi para Paris onde tinha, em julho, consultas marcadas com sumidades do mundo da medicina. O paciente seria examinado pelos professores Charles Bouchard, Charles-Édouard Brown-Séquard, Michel Peter e Jean-Martin Charcot, todos membros da Faculdade e da Academia de Medicina.

UM PACIENTE RECALCITRANTE

O diagnóstico dos franceses confirmou o dos médicos brasileiros, bem como a malária como origem das febres.

Apesar de fraco, o imperador se sentia em forma e, incorrigível, pretendia retomar seu ritmo frenético de visitas, conferências e reuniões. Entretanto, a junta médica se mostrou inflexível, e d. Pedro teve que aceitar, pois tinha a maior admiração pelos especialistas franceses que o examinaram. Por sua vez, o dr. Mota Maia lembrou-lhe que ele não pertencia a si mesmo, e que o Brasil ainda precisava dele. Contudo, ficou decidido que um tratamento termal de dois meses em Baden-Baden seria apropriado; lá, o paciente iria descansar, tomar banhos termais e fazer ginástica.

O tratamento termal foi benéfico para o imperador, mesmo que, na verdade, se sentisse mortalmente enfastiado naquela luxuosa estação climática do grão-ducado de Baden, frequentada por toda a aristocracia europeia e onde os acontecimentos sociais eram a razão de ser e parecer de uma elite social em extinção. Finalmente, em outubro, o suplício terminou. D. Pedro II pegou imediatamente o trem de volta para a França. Ansiava por voltar a Paris, a cidade que Domingos José Gonçalves de Magalhães, professor de filosofia do Colégio Dom Pedro II e eminente membro do IHGB, exaltara em um poema de 1836, do qual o imperador poderia ter sido o autor:

> Do progresso, da luz, da liberdade,
> Vivífico remanso, onde perene
> Bebe o estrangeiro quanto apraz à mente
> Do néctar das ciências sequiosa.[5]

Ele retomou imediatamente suas atividades em ritmo acelerado e começou a entrar em contato com várias personalidades de quem gostava muito, em particular Maxime du Camp e Ernest Renan[6], a quem defendia e que era, aliás, a pedra no sapato de seu amigo Gobineau.

No Brasil, essa terceira viagem imperial provocou uma antologia de sátiras e caricaturas sobre o monarca que, desde suas duas primeiras viagens ao exterior, os jornais chamavam de "Pedro Banana" ou "Pedro Caju", para sugerir que ele passava tempo demais se divertindo fora do país[7]. Os satiristas estavam divididos sobre o real estado de saúde do soberano: se muitos deles consideraram que talvez não estivesse mais em condições de reinar ou mesmo que estivesse senil – pois às vezes dormia em público ou estava completamente ausente –, outros, bem mais numerosos, estavam convencidos de que sua doença era um pretexto para fugir das responsabilidades políticas e se entregar a suas paixões: "Para um doente em estado tão debilitado, é simplesmente extraordinário assistir a apresentações, sessões científicas, visitas a fábricas, aldeias, museus, bibliotecas, igrejas, jardins botânicos, laboratórios"[8].

Os desenhistas não poupavam nem o imperador maratonista, representado correndo com uma luneta na mão e a barba ao vento, nem sua filha, a regente d. Isabel, que, por causa de seu fervoroso catolicismo, era caricaturada como beata, empregada do padre ou sacristã. Nada de muito maldoso, considerando ser uma época em que os cartunistas, especialmente na França, eram incrivelmente cruéis com todos os dirigentes e líderes desse mundo, começando pelos presidentes da Terceira República. D. Pedro II, por sua vez, como bom parisiense no espírito que era, divertia-se com esses comentários satíricos e caricaturas que provavam que, no Brasil, a imprensa era livre. Em todo caso, uma vez que ele próprio havia desistido de rebater as ofensas à família imperial, tinha que aguentar estoicamente as duras críticas que, aliás, não mudavam em nada seu modo de vida. Desta forma, tornou-se, no Brasil, "uma das personalidades mais caricaturadas da época"[9], ressaltando que ninguém da classe política brasileira era poupado.

É interessante notar que os jornais satíricos brasileiros também evocam, às vezes, a arte da dissimulação praticada pelo imperador, sem que se saiba exatamente se essa crítica se referia à política ou a uma suposta doença diplomática. No entanto, se for uma questão de política, devemos concordar que, para reinar por tanto tempo em um país tão vasto e cheio de contrastes, onde o mecanismo de alternância política obrigava o monarca a aceitar personalidades que nem sempre compartilhavam suas afinidades ou convicções filosóficas, era necessária certa dose de dissimulação para suavizar os relacionamentos e evitar atritos muito diretos. Mas quem poderia contestar que o método de d. Pedro II era muito superior ao de seu pai, cujas explosões, franqueza, raiva e modo brusco certamente não haviam favorecido no Brasil o surgimento de uma governança pacífica?

Trata-se agora da vida privada? Havia poucos elementos sobre isso, exceto para dizer que o imperador certamente usava a dissimulação como escudo para preservar sua liberdade de homem. Deve-se concluir que ele tinha aventuras ou cultivava prazeres proibidos? Não há nada que o confirme ou tenha sido revelado após sua morte, quando a imprensa republicana teria o maior interesse em manchar a memória daquele que se tornaria – e continua sendo – para os brasileiros "Pedro, o Magnânimo". Quanto ao seu relacionamento com mulheres, especificamente, nunca deu margem à imprensa, com exceção talvez de rumores sobre uma ligação com a condessa de Barral antes de ela voltar à Europa. No entanto, as amantes de reis, imperadores e presidentes da República eram então conhecidas e até valorizadas pelas partes interessadas, e detalhes às vezes sórdidos dessas relações íntimas eram abundantemente comentados e sempre viravam manchetes de jornais.

Quanto ao estado de saúde do imperador, é claro que, se por algum tempo houve ocultação por parte dos médicos e chefes de governo, isso já não ocorria em 1887. Os médicos, querendo quebrar o ciclo infernal das extenuantes atividades parisienses do imperador, mandaram-no descansar em Cannes em novembro, visto que o clima da Riviera Francesa era considerado mais ameno no inverno para um paciente que a cinzenta e úmida capital. D. Pedro II concordou – para que fosse deixado em paz ou porque achava que lá conheceria outras pessoas e faria novas descobertas. Mesmo que a Riviera Francesa fosse muito frequentada por cabeças coroadas na época, era bem mais extensa que a cidade de Baden-Baden, e ele corria menos risco de encontrar inesperadamente alguém conhecido, sobretudo algum colega da realeza.

Hospedado no hotel Beau-Séjour, o imperador foi obediente. Diminuiu suas atividades, visitou o litoral e as cidades vizinhas, frequentou museus e assistiu a conferências das sociedades locais. Mas, com o passar do tempo, ficou impaciente e foi para Nice participar do Congresso Geodésico, depois a Marselha, onde honrou com sua presença a Sociedade Científica Flammarion, que, como o próprio Camille Flammarion, amigo do imperador e autor de *A astronomia popular*, publicado em 1880, queria popularizar o conhecimento dos corpos celestes. D. Pedro se interessava por astronomia desde sua adolescência. O contrário teria sido surpreendente na época, especialmente para um garoto como ele.

Mais tarde, instalou um observatório particular no palácio de Petrópolis, acompanhou de perto o trabalho do Observatório do Rio de

Janeiro – que desmilitarizou e cuja direção havia confiado a Emmanuel Liais, de Cherbourg – e incentivou enfim a criação do Observatório de Olinda. Além disso, era um leitor apaixonado de Júlio Verne, admirador de sua imaginação visionária desde a publicação em 1865 do romance *Da Terra à Lua*. Em Marselha, tornou-se membro honorário da Sociedade Científica Flammarion, participou de várias de suas sessões, debateu sem protocolo com os outros membros e, mecenas na alma, pois já financiava, entre outros, o Bayreuth Festspielhaus ou o Instituto Pasteur[10] em Paris, fez uma doação de quinhentos francos à pequena entidade de Marselha.

No segundo trimestre de 1888, d. Pedro II, comportando-se de repente como monarca absoluto, decretou que estava com boa saúde e perfeitamente curado! Isso significava que ele iria retomar ao seu papel de turista e pegar a estrada novamente. Seu projeto era visitar o norte da Itália, começando por Milão. O dr. Mota Maia, convencido dessa cura ou não querendo contrariar seu eminente paciente, consentiu na viagem. Em 2 de abril, o imperador deixou Cannes e, em etapas curtas, sempre mais longas que o previsto devido à sua bulimia de descobertas, chegou à capital da Lombardia no dia 29.

Infelizmente, tinha superestimado suas forças. Essa viagem o esgotou, e ele teve que ficar acamado, vítima de "pleurisia seca, com fenômenos nervosos de origem bulbosa, sérios, mas felizmente transitórios"[11].

Os médicos mais famosos de Milão o trataram da melhor forma possível, mas Mota Maia exigiu o parecer do professor Charcot, que viajou especialmente de Paris a Milão. Todos os médicos foram unânimes: era necessário repouso absoluto de Sua Majestade em Aix-les-Bains, um renomado centro de hidroterapia na Savoia. Aix-les-Bains era frequentada por personalidades eminentes da época, que iam para lá descansar e esquecer as preocupações da política. Foi o caso, em particular, do rei Jorge I da Grécia, da imperatriz Elisabeth da Áustria ou do presidente da República Francesa, Marie François Sadi Carnot. O fato de esses três ilustres hóspedes terem sido assassinados alguns anos depois em Salônica, Genebra ou

Lyon não prova que o spa fosse azarado, mas simplesmente nos lembra que os tempos eram terrivelmente difíceis.

Ainda doente e acamado, d. Pedro havia recebido os últimos sacramentos, por via das dúvidas, uma vez que era católico praticante. Foi transportado em um trem especial de Milão para Aix-les-Bains, onde foi hospedado no hotel Splendide, no início do mês de junho.

Foi lá que ele recebeu um convite para presidir o banquete em comemoração à abolição da escravidão no Brasil, que seria realizado em 10 de julho de 1888, em Paris, na presença de um número considerável de escritores, figuras notáveis e políticos franco-brasileiros que haviam se dedicado a essa causa. D. Pedro, ainda muito fraco, teve que recusar: "Obrigado! Declino cordialmente dessa celebração por um ato que tanto honra a minha pátria". Essa abstenção, que tanto deve ter-lhe custado, em todo caso prova que seu estado de saúde havia então seriamente piorado.

Na abertura do banquete, René Goblet, ministro socialista radical da Terceira República e ex-presidente do Conselho, implorou aos assistentes que pensassem no ilustre paciente: "Que o clima benéfico de nosso país termine de restaurar todas as suas forças e permita que ele vá além dos mares para receber as bênçãos de seu povo e daqueles, acima de tudo, a quem ele devolveu o mais precioso dos bens: a liberdade!"[12].

A estadia em Aix-les-Bains durou até o início de agosto e permitiu ao imperador recuperar suas forças e retomar seus passeios e visitas (desta vez em ritmo mais moderado). Em 19 de julho, em viagem oficial à Savoia, o presidente Sadi Carnot, eleito em dezembro de 1887, fez-lhe uma visita de cortesia antes que ele deixasse a França para retornar ao Brasil. Depois de Thiers e Mac Mahon, esse foi o terceiro presidente da República Francesa a ter contato com ele.

O assunto principal da conversa foi, é claro, o grande evento que tinha acabado de virar definitivamente uma página inglória da história do Brasil: a abolição da escravidão.

NOTAS

1. Aristeu Elisandro Machado Lopes, *O império do Brasil nos traços do humor: política e imprensa ilustrada em Pelotas no século XIX*. Disponível em: https://www.revistas.usp.br/alb/article/view/11724. Acesso em: 02 de julho de 2021.
2. Patricia Shu Karisky, Ana Cristina Oliveira, Licia Maria da Motta, Leonardo Rios Diniz, Leopoldo Luiz dos Santos. *Le médecin, l'empereur et la fibromyalgie: Charles-Edouard Brown-Sequard et Dom Pedro II du Brésil* [O médico, o imperador e a fibromialgia: Charles-Édouard Brown-Séquard e Dom Pedro II do Brasil – sem edição em português].
3. Divaldo Gaspar de Freitas, *Les voyages de l'empereur Pierre Second (D. Pedro II) en France* [ver nota 1, cap. 12].
4. A segunda imperatriz do Brasil morreu em 1873 em Lisboa. D. Pedro, portanto, a viu pela última vez em Portugal em 1871-1872.
5. Poema intitulado *Ao deixar Paris* em Sébastien Rozeaux, *La genèse d'un "grand monument national": littérature et milieu littéraire au Brésil à l'époque impériale (1822-1880)* [ver nota 4, cap. 11].
6. Maxime Du Camp (1822-1894) foi um escritor e fotógrafo francês. Ernest Renan (1823-1892) foi um escritor, filósofo e historiador francês. Sua inclinação à ideia liberal de nação contrastava com a aversão de Gobineau ao liberalismo. [N. E.]
7. Por passar tanto tempo fora do país, o imperador parecia querer fugir a resolver os problemas do país, e o governo seria manipulado pelos políticos – portanto, d. Pedro II era um "banana". [N. E.]
8. Aristeu Elisandro Machado Lopes, op. cit.
9. Ibid.
10. A Bayreuth Festspielhaus (ou Richard-Wagner-Festspielhaus) é uma casa de ópera situada no norte de Bayreuth (Alemanha), usada principalmente para apresentações de óperas do compositor Richard Wagner. O Instituto Pasteur é uma fundação francesa privada, sem fins lucrativos, dedicada ao estudo da biologia dos micro--organismos, doenças e vacinas. [N. E.]

11. Divaldo Gaspar de Freitas, op. cit.
12. *L'abolition de l'esclavage au Brésil et le compte-rendu du Banquet commémoratif à Paris le 10 juillet 1888* [A abolição da escravatura no Brasil e relato do banquete comemorativo em Paris em 10 de julho de 1888 – sem edição em português], tipografia de Georges Chamerot, 1889.

CAPÍTULO 18

D. ISABEL, A REDENTORA

A Princesa Imperial Regente, em nome de Sua Majestade o imperador, o Sr. D. Pedro II, faz saber a todos os súditos do Império, que a Assembleia Geral decretou e ela sancionou a lei seguinte:
Artigo 1º: É declarada extinta desde a data desta lei a escravidão no Brasil.
Artigo 2º: Revogam-se as disposições em contrário.
– Lei nº 3.353, de 13 de maio de 1888

UMA PRINCESA VOLUNTARIOSA

A princesa Isabel era uma mulher de caráter. Apesar de ser liberal no campo político como seu pai e seu marido, o conde d'Eu, ela também era fundamentalmente católica e considerava que princípios evangélicos, como a autoridade de Roma, não eram negociáveis. Obviamente, isso deve ter causado algumas dificuldades no palácio imperial com um pai que, embora católico, era também o chefe de um país onde o catolicismo era, sim, a religião de Estado, mas onde também era necessário garantir que decisões pontifícias não colocassem em perigo a coesão nacional.

Esse catolicismo intransigente de d. Isabel já havia se manifestado em 1872, quando a princesa regente soube que, durante sua estada na França, seu pai queria conhecer a escritora George Sand. D. Pedro, na ocasião, havia sido severamente advertido por sua filha: "[George Sand é] uma mulher de muito talento, é verdade, mas também tão imoral!... Por mais incognitozinho que vá, sempre se sabe quem é o sr. d. Pedro de Alcântara, e não deve ser ele antes de tudo um bom católico e, portanto, afastar de si o que for imoral?"[1].

No final, o encontro não ocorreu, porque George não queria voltar a Paris até que a situação política se acalmasse, mas cabem algumas dúvidas. Será que a viagem do imperador ao sul da França planejada antes de seu retorno ao Brasil seria muito prejudicada por um desvio em Nohant? Se a advertência de Isabel conseguiu esse efeito dissuasivo sobre o pai, isso não poderia lançar dúvidas sobre como a futura imperatriz usaria um dia o Poder Moderador? As convicções religiosas pessoais de Isabel não influenciariam o governo do Império ou até mesmo a escolha dos presidentes do Conselho?

Em todo caso, é certo que a regente foi incentivada em suas convicções abolicionistas pelo papa Leão XIII, que sucedera a Pio IX em 1878. Foi este papa inovador que forçou a Igreja brasileira a abandonar sua discrição nesse assunto, que, em 1883, o grande poeta e historiador brasileiro Joaquim Nabuco já havia condenado veementemente em sua obra *O abolicionismo*. O apoio papal permitiu que d. Isabel avançasse e finalmente concluísse um processo abolicionista iniciado há quarenta anos com o fim efetivo do tráfico de escravos, a emancipação de escravos nos domínios da Coroa e de escravos voluntários na Guerra do Paraguai, a Lei do Ventre Livre e, finalmente, a Lei dos Sexagenários.

Mas as coisas não eram simples, e a oposição aos planos da princesa regente era forte. Em particular, a de João Maurício Wanderley, barão de Cotegipe e presidente do Conselho. Cotegipe, em quem Gobineau via o símbolo da miscigenação à qual a raça branca seria condenada no Brasil se não tomasse cuidado, era um estadista conservador de grande experiência que havia negociado o tratado de paz com o Paraguai e aprovou a Lei Saraiva-Cotegipe de 1885, exemplo do que ele defendia para "suavemente" resolver a questão da escravidão. Em 1888, ele tinha muitas dúvidas quanto às possíveis consequências da reforma brutal proposta pela regente.

Na verdade, estava convencido de que ela colocaria os proprietários de escravos contra a monarquia por causa dos danos econômicos que eles sofreriam. Além disso, ele temia que, se os mais de 700 mil escravos que ainda restavam no Brasil[2] deixassem as fazendas para aumentar o proletariado das grandes cidades, criariam distúrbios na ordem pública. Essas preocupações explicam a sua atitude relutante e a sua política de "panos quentes", pois, segundo ele, seria melhor esperar o retorno do imperador para tomar uma decisão desta magnitude. Não que ele julgasse a princesa herdeira incompetente, mas porque estava convencido de que o monarca, com sua experiência e habilidade, saberia evitar que a reforma se transformasse em bomba-relógio contra o Império.

Historicamente, pode-se comparar a posição do barão de Cotegipe com a opinião expressa em 1866 pelo francês John Le Long, especialista em Brasil, sobre a questão da abolição: "O Brasil tinha, em 1860, uma população negra escrava de mais de 2 milhões de almas. A libertação imediata aniquilaria a indústria, esmagaria as finanças sob o peso dos encargos da proteção forçada que seria preciso conceder aos libertos. Significaria também o risco de lutas e desordens que poderiam levar ao desaparecimento do elemento europeu em várias partes do Brasil[3]. A propósito, pode-se observar que, de 1860 a 1888, o número de escravos diminuiu consideravelmente, passando de mais de 2 milhões para aproximadamente 700 mil, o que mostra que a política de pequenos passos, por mais lenta que fosse, tivera um avanço considerável"[4].

Naturalmente, Cotegipe se indispôs com a regente, que queria forçar as coisas, sabendo que, no fundo, seu pai estava em plena comunhão de espírito com ela. Talvez tenha também pensado, à luz das notícias alarmistas que recebia da Europa, que seu pai ficaria feliz em saber, antes de morrer, que a monarquia finalmente havia realizado o desejo de d. Pedro I. Portanto, foi o presidente do Conselho, de 73 anos, que foi forçado a ceder e deixar o governo, onde foi imediatamente substituído por outro conservador, vinte anos mais novo, mais flexível e, acima de tudo, favorável à posição de d. Isabel sobre a abolição imediata: João Alfredo Correia de Oliveira, que assumiu o cargo em 10 de março de 1888.

Portanto, a regente parecia ter uma conceituação bonapartista sobre o Poder Moderador, bastante próxima à de seu avô d. Pedro I. Esse caso deixou rastros na classe política, porque, apesar de d. Pedro estar na mesma situação que sua filha e ter sem dúvida feito o mesmo — embora pelas suas antigas e cordiais relações com Cotegipe tivesse, obviamente, evitado o braço de ferro —, não iriam perdoar uma mulher, relativamente nova na política, como fariam a um homem com 47 anos de experiência em assuntos públicos.

Isso posto, d. Isabel fazia parte de um movimento abolicionista e católico ao qual vários proprietários de terras pertencentes à aristocracia haviam aderido e que voluntariamente já haviam libertado seus escravos já fazia alguns anos. O jornal *O Provinciano*, de Paraíba do Sul, noticiou no 24 de janeiro de 1884, entre outras coisas, a libertação de duzentos escravos e uma doação de terras pela condessa de Rio Novo; a de 163 escravos do barão de Simão Dias — escravos que haviam permanecido em suas plantações como empregados —; a de 168 escravos do barão de Santo Antônio, com doação de terras para o cultivo de suas próprias necessidades[5]. A esses exemplos, devemos acrescentar o do conde de Nova Friburgo, ainda mais simbólico, pois esse fazendeiro era o chefe de cozinha da casa da imperatriz Teresa Cristina.

UM EMPURRÃO PONTIFÍCIO

O novo presidente do Conselho mandou o ministro da Agricultura, Rodrigo Augusto da Silva, elaborar o projeto. A tarefa foi bastante fácil, pois o texto proposto para a votação limitava-se, no final, a... dois artigos! Por outro lado, talvez tivesse sido interessante propor, em um campo tão complexo, um terceiro artigo sobre a indenização dos proprietários, o que teria acalmado a classe social mais contrária à reforma, pois, como se sabe, o dinheiro é um unguento mágico que cura todas as feridas. Mas a regente descartou essa sugestão, provavelmente por razões financeiras, pois seria necessário criar novos impostos, mas, principalmente, porque considerava chocante o princípio de indenização dos proprietários que já haviam se beneficiado amplamente da escravidão. Ela expressou essa posição sem ambiguidade: "Sim, sei que o fazendeiro diz: 'Meus escravos são uma propriedade tão legítima e inviolável quanto um terreno ou uma casa, pois os comprei ou os recebi de herança, nos termos da lei'. Mas o escravo diz: 'Nenhuma lei pode dar ao homem a propriedade do homem; a lei é apenas a sanção da Justiça, e nenhuma consciência humana pode legitimar a escravidão, porque ninguém é obrigado a aceitar uma lei que o prive dos direitos concedidos pela natureza'. Para mim, essa lei já durou demais. Eu a acho injusta e a infrinjo, sob minha responsabilidade, diante de minha consciência e diante de Deus"[6]. No âmbito moral, essa opinião era perfeitamente justificada, mas, no nível político, poderia ter consequências terríveis.

Mesmo antes de se iniciar o debate parlamentar no Rio de Janeiro – o novo presidente do Conselho apresentou oficialmente o texto em 8 de maio para discussão perante as Câmaras a partir do dia seguinte –, o papa Leão XIII havia publicado em Roma a encíclica *In Plurimis* em 5 de maio, por ocasião do histórico acontecimento no Brasil. Neste texto, ele primeiro agradecia aos latifundiários brasileiros que, por ocasião de seu jubileu sacerdotal, em dezembro de 1887[7], haviam "libertado legalmente um grande número daqueles que, neste vasto Império, gemem sob o jugo da escravidão", e declarou solenemente que "o sistema de escravidão é absolutamente contrário à vontade divina e às leis da natureza". O que mais seria preciso para convencer os deputados e senadores católicos recalcitrantes a seguirem a mesma direção que a regente?

A Lei Áurea foi aprovada em 13 de maio de 1888 por esmagadora maioria na Assembleia Geral, hoje Congresso Nacional. Na Câmara dos

Deputados, dos 93 votantes, o "sim" foi dado por 84 contra 9; dos 49 votantes no Senado, 43 foram a favor e somente 6 contra[8].

Houve, no entanto, ausências notáveis: 29 deputados e 9 senadores, sem que se saiba se essas deserções foram devidas a causas legítimas ou a razões de ordem política. No Senado, o barão de Cotegipe se opôs a um texto que evitava a questão de indenização dos proprietários, mas seu voto negativo era acima de tudo um protesto contra a forma como ele havia sido demitido. A lei foi promulgada no mesmo dia pela princesa regente que a assinou com uma pena de ouro, daí o nome histórico do texto. Mais lírico do que nunca, o deputado Joaquim Nabuco exclamou: "1888 é uma data ainda mais significativa para o Brasil do que 1789 foi para a França!".[9]

Em 17 de maio de 1888, d. Isabel, acompanhada de seu marido, conde d'Eu, e de seus filhos, participou de uma missa solene de agradecimento na Capela Imperial, na presença do alto clero brasileiro, em uma forma elegante de agradecer o apoio do Santo Padre. As coisas não pararam por aí, pois Leão XIII, decididamente muito satisfeito com a futura imperatriz, concedeu-lhe a Rosa de Ouro, ou seja, a mais alta distinção que o papado reservava desde a Idade Média a soberanos católicos que haviam se destacado na defesa da fé. Foi com uma Rosa de Ouro que o papa Alexandre VI havia recompensado, em 1493, a grande Isabel de Castela, conhecida como Isabel, a Católica, por ter libertado a Espanha da dominação muçulmana que havia durado quase oito séculos.

Quando a lei foi promulgada, d. Pedro II estava em Milão, doente, acamado e já tendo recebido a extrema-unção. Ele foi informado dos acontecimentos no Rio de Janeiro no dia 22 de maio e exclamou: "Que grande povo!". Também elogiou sua filha mais velha, que segundo ele era "uma grande dama" de quem muito se orgulhava. Talvez essa boa notícia tenha muito a ver com sua recuperação posterior.

Em 3 de agosto de 1888, após sua cura em Aix-les-Bains e aparentemente em ótimo estado, o imperador embarcou em Bordeaux para o Rio de Janeiro, aonde chegou no dia 22.

Uma multidão exultante o recebeu ao entrar na baía de Guanabara com aquela exuberância brasileira tão característica, feita de canções, músicas e danças. O povo reencontrava seu "pai", a classe política seu "verdadeiro" chefe e os maçons, um protetor. A imprensa, que o criticava um ano antes por se distanciar dos assuntos públicos, o louvou. Em suma, o salvador havia retornado.

NOTAS

1. Magali Oliveira Fernandes, *O processo criativo no universo da edição. George Sand no Brasil*. Disponível em: https://revistas.pucsp.br/index.php/tessituras/article/download/11406/8313. Acesso em: 02 de julho de 2021.
2. Os números variam, dependendo da fonte, por volta de 600 mil e 720 mil. O número 700 mil é mais frequentemente indicado.
3. John Le Long, *L'alliance du Brésil et des Républiques de la Plata contre le gouvernement du Paraguay* [ver nota 11, cap. 9].
4. Os números variam de acordo com o autor. Em um livro de referência preparado para a exposição internacional de Paris e intitulado *Le Brésil en 1889* [O Brasil em 1889], Frederico José de Santa-Anna Nery especifica que havia 1,8 milhão de escravos no Brasil em 1870, menos de 1,6 milhão em 1873, um pouco mais de 1 milhão em 1885 e 743.419 em 1887.
5. Bradford Burns, *A History of Brazil* [Uma história do Brasil – sem edição em português].
6. *L'abolition de l'esclavage au Brésil et le compte-rendu du Banquet commémoratif à Paris le 10 juillet 1888*, tipografia Georges Chamerot, 1889 [ver nota 12, cap. 17].
7. Foi em 31 de dezembro de 1837 que o jovem Vincenzo Gioacchino Pecci, futuro Leão XIII, foi ordenado sacerdote.
8. Frederico José de Santa-Anna Nery, op. cit.
9. Refere-se ao início da Revolução Francesa. [N. E.]

CAPÍTULO 19

O CREPÚSCULO DE UM IMPÉRIO

A ansiedade e o entusiasmo do público em relação ao imperador foram consideráveis, mais marcantes, ao que me parece, do que nos anos anteriores. Mas é uma homenagem totalmente pessoal. – Príncipe Gastão de Orléans, conde d'Eu, a seu pai, o duque de Nemours[1]

O RETORNO DO IMPERADOR PRÓDIGO

Dom Pedro II foi recebido como salvador, mas salvador de que exatamente?

Para a classe política e para a nação, ele era tranquilizador. Há quase sessenta anos, era tudo que conheciam, e estavam acostumados com sua autoridade paternalista, seu senso de compromisso, sua serenidade, sua jovialidade e até mesmo com seus *hobbies* e caprichos de velho professor universitário. O imperador tinha se tornado o que estavam se tornando, ao mesmo tempo, seu primo Francisco José para a Áustria-Hungria ou a rainha Vitória para o Império Britânico: a garantia de uma estabilidade imutável. Desde que havia se tornado imperador, em 1831, três gerações de brasileiros se sucederam, a população aumentou em 6 milhões de habitantes, o Império se fortaleceu e o Brasil tinha adquirido uma fama internacional graças a ele. Com um saldo amplamente positivo, os políticos brasileiros, tanto conservadores quanto liberais, só queriam uma coisa: que ele reinasse o maior tempo possível para que nada mudasse. O resto fica para depois...

Depois?

Depois, seria d. Isabel I.

D. Isabel era respeitada, e o apelido de "Redentora" que lhe fora dado após a Lei Áurea era amplamente merecido pela coragem e força de convicção que havia manifestado para chegar a essa abolição da escravidão, que no fundo não passava de uma extensão histórica do Grito do Ipiranga.

Mas suas qualidades também eram vistas como defeitos ou pelo menos como capazes de suscitar preocupações. O que seria da monarquia depois dela? Qual estilo de governo ela adotaria? Seriam suas convicções católicas ultramontanas compatíveis com a Constituição de 1824, que definira o catolicismo como religião de Estado sob o controle do poder civil? E, acima de tudo, o que seria dessa coabitação tolerante entre o catolicismo e a maçonaria que d. Pedro II havia favorecido? Se houve um número incalculável de ministros maçons no Império desde a Independência, eles ainda teriam lugar em uma monarquia que desfrutava de favores muito ostensivos do papado? É verdade que Leão XIII havia desempenhado um papel positivo no apoio ao processo abolicionista; esse pontífice certamente tinha ideias sociais muito avançadas que podiam seduzir até a esquerda mais progressista, mas no fundo, não só não voltara atrás nas condenações antimaçônicas de seu predecessor Pio IX, como as confirmou pela encíclica *Humanum Genus* de 1884. Essa atitude intransigente havia levado a França — e os brasileiros, como se sabe, não eram insensíveis aos assuntos franceses — a uma guerra desgastante e estéril entre católicos e maçons que duraria até 1914. Será que o Brasil evoluiria na mesma direção sob o futuro reinado de d. Isabel e os maçons seriam obrigados, para serem bem-vistos, a ir à missa como fizeram na cerimônia de Ação de Graças de 17 de maio de 1888 ou até mesmo escolher entre suas convicções e as responsabilidades públicas? Em outras palavras, o Terceiro Reinado Brasileiro seria a Terceira República Francesa com frente invertida?

Essas interrogações eram comuns nas classes dominantes e faziam a felicidade dos movimentos republicanos, que, não tendo na verdade muito que censurar ao imperador, encontrariam amplos motivos para contestar a política da futura imperatriz, de quem podiam temer, como bons positivistas que eram, na sua maioria, que o futuro reinado corresponderia ao do primeiro estágio da humanidade, o mais retrógrado: o da subjugação do homem à intervenção divina em detrimento da razão.

AS CONSEQUÊNCIAS DE 1888

A abolição da escravidão havia fortalecido no mundo a imagem democrática do Brasil, que era elogiado por essa medida humanitária e porque, ao contrário dos Estados Unidos, essa reforma não havia provocado uma guerra civil. Provavelmente, se esse drama fora evitado em um país atravessado por correntes centrífugas, foi graças à monarquia constitucional e à personalidade de d. Pedro II, que, ao contrário do presidente Abraham Lincoln, não despertou ódio partidário violento. Na verdade, se nos bastidores a princesa foi criticada, os ataques não chegaram ao imperador. Ao invés disso, os opositores da abolição estavam convencidos de que, se ele estivesse presente no Rio de Janeiro no momento do debate parlamentar, o governo teria feito concessões na delicada questão da indenização aos proprietários de terra, como havia sido o caso com a Lei do Ventre Livre e dos Sexagenários.

Além disso, se de um lado os partidos políticos brasileiros não conheciam uma divisão entre direita e esquerda na questão da abolição, como nos Estados Unidos, porque essa divisão cruzava os próprios partidos, de outro, ao contrário do sistema constitucional americano, a monarquia brasileira soube aproveitar amplamente essas divisões para permitir a renovação do parlamentarismo clássico pelo surgimento de uma corrente de consenso que transcendia as divisões partidárias graças à devolução hereditária da coroa que permitia ter um chefe de Estado independente das forças políticas. Esse era o grande sonho de d. Pedro II ao qual nunca renunciou, apesar dos obstáculos.

Esse fenômeno é particularmente ilustrado pela questão da escravidão, que, gradativamente, desde o final da Guerra do Paraguai, seria resolvida por gabinetes apoiados por maiorias parlamentares ecléticas. Desse ponto de vista, a quase unanimidade dos votos das Câmaras em maio de 1888 provou que as ideias do imperador estavam avançando na classe política.

Mas, nos Estados Unidos, a evolução não poderia ser tão consensual, já que o presidente, eleito democraticamente, porém escolhido por um partido, tinha que aplicar o programa que o levara ao poder, sem se preocupar em atender aos adversários, que por sua vez estavam pouco inclinados a fazer concessões.

No entanto, não se pode ignorar que a "revolução" de 1888, para usar o termo de Joaquim Nabuco, teve importantes repercussões no Império.

Primeiro, para os escravos livres, foi uma completa reviravolta na vida. Enquanto alguns continuaram a trabalhar como mão de obra remunerada em suas fazendas de origem, outros, mais numerosos, migraram para os grandes centros urbanos, "engrossando muitas vezes o número de subempregados ou 'desocupados', agravando o fenômeno de cortiços ou favelas formadas nessas cidades"[2]. Esse preço da liberdade foi, no entanto, mais positivo em termos de consciência e identidade social: "Outros ainda adquiriram certa consciência de sua situação e uniram forças para protestar e exigir melhores condições de vida. Assim, testemunhamos a criação de uma Guarda Negra, uma espécie de milícia composta exclusivamente por negros cuja missão era proteger a integridade da princesa Isabel, mas também a criação de uma imprensa de identidade negra, funcionando como ferramenta de denúncia e espaço de sociabilidade"[3].

No Brasil, os graves excessos e perturbações da ordem pública não sofreram a explosão que os mais pessimistas temiam. Se houve incidentes, eles não tiveram a mesma escala que nos Estados Unidos após o fim da Guerra Civil, onde a violência civil nas cidades substituiu, quase naturalmente, a violência nos campos de batalha. Mas no Brasil não houve guerra nem campos de batalha, apenas debates parlamentares, às vezes acalorados, é claro, porém sempre respeitando as regras democráticas.

Sem querer aprofundar muito o assunto, observa-se ainda que, neste ponto da história, o Brasil foi mais civilizado que seu grande rival americano. Além disso, se o presidente Lincoln foi assassinado por um ativista sulista, a regente do Brasil se beneficiou da proteção da famosa Guarda Negra – da qual, a bem da verdade, ela pouco precisava, porque seus adversários preferiram usar contra ela métodos mais insidiosos, como ataques pessoais à sua gestão autoritária do caso, sua submissão a Roma ou mesmo o papel desempenhado por seu marido, o conde d'Eu, também abolicionista convicto. Deve-se lembrar a esse respeito que toda a família imperial estava implicada na causa e que até os jovens príncipes d. Pedro, de 13 anos, d. Luís, de 10, e Antônio, de 7[4], imprimiam e distribuíam a todo mundo ao seu redor folhetos a favor da abolição.

Assim sendo, a reforma também pecou por falta de preparação. No Brasil, como nos Estados Unidos, nada havia sido feito para facilitar a integração social de ex-escravos. Essa falta de apoio seria para eles um fator de empobrecimento, até mesmo de penúria, com um castigo cruel para muitas jovens: a prostituição. Mais uma vez, os escravos brasileiros emancipados foram menos discriminados que seus primos americanos que, vindos dos estados do sul para a Nova Inglaterra ou a Pensilvânia, foram completamente ignorados por uma população nortista, branca e protestante, que até se perguntava como os sulistas puderam conviver com os negros ao longo de suas vidas. No Brasil, ao contrário, a coabitação racial foi uma realidade sociológica desde o início da colonização.

Não deixa de ser interessante, nesse estágio, evocar a opinião de Georges Clemenceau, expressa em 1909, sobre essa disparidade entre o Brasil e os Estados Unidos em relação à abolição: "Se a abolição da escravidão não causou choques violentos como nos Estados Unidos, é porque a instituição estava condenada na mente das pessoas antes da libertação.

Dizem que a escravidão no Brasil foi enterrada sob flores. O fato é que ela se tornara totalmente impossível quando foi decidido admitir que tinha desaparecido. E como, felizmente, não existe ódio racial entre brancos e negros, esses dois elementos da população puderam continuar pacificamente, sob novas condições, uma colaboração necessária"[5].

Para os proprietários de terras, no entanto, o impacto da Lei Áurea foi significativo. É certo que foi menor para os grandes fazendeiros que para os pequenos, que, incapazes de suportar o ônus dos salários a serem pagos aos escravos emancipados ou aos imigrantes que poderiam substituí-los nas plantações, enfrentaram dificuldades financeiras, o que levou muitas fazendas à falência. Os latifundiários, por sua vez, se saíram melhor, pois tinham fortunas consideráveis, às vezes acumuladas desde a colonização e reforçadas pelo *boom* econômico do Brasil imperial. Entretanto, toda essa classe social se sentiu injustamente humilhada pelo Império, do qual se afastou, se não politicamente, pelo menos afetivamente. No fundo, os antigos proprietários de escravos reagiram como haviam feito os legitimistas franceses em 1830, ou seja, afastando-se do poder e confinando-se em uma neutralidade que, no caso de um golpe contra o regime em vigor, seria desastrosa para ele. Quanto à virada para o republicanismo, essa era uma opção pouco realista, porque para os republicanos, que desde seu aparecimento na vida política brasileira não tinham particularmente se destacado na luta abolicionista — liderada sobretudo por monarquistas como Joaquim Nabuco ou André Rebouças e uma classe política em que muitos conservadores e liberais compartilhavam as concepções humanistas do imperador —, era inimaginável que questionassem a Lei Áurea se chegassem ao poder. Ao contrário do que se costuma dizer, a abolição da escravidão não causou nenhuma onda de fundo republicano entre os fazendeiros, mas criou um clima de amargura e ressentimento do qual os republicanos se aproveitaram.

Em todo caso, e também aqui o contraste é imenso em relação aos Estados Unidos, os fazendeiros escravagistas, quaisquer que fossem as suas desilusões em relação ao Império, não entraram em rebelião aberta contra o poder central. Certamente, o exemplo da derrota contundente dos Estados Confederados em 1865 só poderia dissuadir os mais exaltados de se lançarem em uma aventura desesperada, mas sobretudo o sentimento legalista em relação ao Estado imperial era mais forte que o dos sulistas em relação a Washington. No entanto, o "golpe" da princesa regente em 1888 e o apoio esmagador dos parlamentares ao processo abolicionista provocaram um ressurgimento de sentimentos federalistas que estavam particularmente amansados há mais de quarenta anos. Os proprietários de terras das províncias mais afetadas pela escravidão pensavam que, se a lei de abolição não tivesse sido debatida no Parlamento do Rio de Janeiro, mas sim nas assembleias provinciais, poderia ter sido rejeitada ou, ao máximo, votada, porém levando em consideração suas reivindicações financeiras.

MAL-ESTAR NO EXÉRCITO

Na verdade, no final da década de 1880, não eram os fazendeiros frustrados que representavam uma ameaça para a monarquia, mas os militares. Um mal-estar persistente desde o final da Guerra do Paraguai havia dominado o Exército precisamente por causa da ausência de conflitos externos. Depois de triunfar sobre a ditadura paraguaia em 1870 e negociar uma paz justa em 1872 com seu ex-inimigo, sem exigir nada além de uma retificação de fronteiras para proteger suas províncias do sul e garantir liberdade de navegação nos principais rios da região, o Brasil estava em paz. O barão de Cotegipe, negociador da paz, havia poupado os paraguaios a pedido do imperador, para que não recaíssem sob o domínio de um ditador ambicioso que ameaçasse novamente o equilíbrio regional. Tudo foi feito pelos brasileiros para atenuar a derrota de seus adversários, e até as retificações de fronteiras, insignificantes quando comparadas às ampliações da Argentina no Paraguai, foram legitimadas por considerações históricas sobre os respectivos limites dos impérios coloniais português e espanhol no século XVIII.

Nessas condições, o Exército estava aborrecido desde 1870 e não se podia confiar em d. Pedro II para encontrar derivativos guerreiros aos seus humores. Como muito bem disse Carlos Magalhães de Azeredo, d. Pedro, ao contrário de seu pai, "não tinha aquele lado romântico do príncipe apaixonado por bravuras e aventuras militares que poderia ter tentado salvar o regime pela força"[6]. Especialmente porque, se o Brasil estava agora protegido de golpes duros em suas fronteiras, também estava solidamente fortalecido em sua unidade, e nenhuma rebelião ou levante local perturbava sua paz interna.

O único debate emergente, ou melhor, "ressurgente" desde a Independência fora o da reforma territorial, em que os partidários do centralismo flexível do Império se opunham às inclinações federalistas de seus adversários. Portanto, era a mesma discussão desde a Regência: que dose de liberdade deveria ser concedida às províncias? Debate pertinente, legítimo e perfeitamente democrático, que, como na questão da abolição, poderia levar a uma evolução suave da situação. Além disso, o último presidente do Conselho da monarquia, o visconde de Ouro Preto, Afonso Celso de Assis Figueiredo, por mais centralista que fosse, já estava trabalhando na possibilidade de eleger diretamente os chefes dos executivos locais, que até então eram nomeados pelo Poder Moderador. Uma política de pequenos passos certamente, mas que muitas vezes permite progredir melhor e mais rapidamente que com as grandes revoltas revolucionárias.

O tédio que minava o Exército fez com que se voltasse para a política interna. Após quase meio século de democracia parlamentar, os jovens oficiais brasileiros começavam a sonhar com o destino "invejável" de seus colegas da ex-América espanhola, que constantemente intervinham nos assuntos públicos, violando as regras constitucionais.

Objetivamente, sua insatisfação se baseava em reivindicações específicas: saldos insuficientes e pouco revalorizados, promoções muito lentas, perspectivas de carreira hipotéticas, orçamento militar em constante deflação com a consequência inevitável do envelhecimento do armamento. É um debate que, ainda hoje, continua atual em todas as democracias do mundo. Somente a Marinha estava indo bem, porque o Brasil, com suas imensas fronteiras marítimas e fluviais, precisava de muitos navios para garantir sua segurança e afirmar seu poder na América Latina. Se não havia nenhum conflito à vista para o país, a sangrenta Guerra do Pacífico, que opôs o Chile à Bolívia e ao Peru entre 1879 e 1883, tinha demonstrado que sempre podia ocorrer um conflito. O fato de o Chile finalmente ter vencido graças à sua superioridade marítima legitimava as escolhas orçamentárias do governo brasileiro em favor das forças navais. Essa é provavelmente a razão pela qual, na época, d. Pedro II costumava tirar fotos com uniforme de almirante, como uma maneira de dizer a possíveis adversários e principalmente ao grande concorrente argentino: "Quem procura acha". Também é possível que o imperador tivesse um fraco pela Marinha, porque é uma força armada em que se encontram muitos engenheiros e cientistas de todos os tipos, o que só poderia seduzi-lo. No entanto, nas fotografias, observa-se ainda que quando ele vestia o uniforme de almirante – e vestia-o bem porque tinha presença – seu fardão ficava aberto, o que não correspondia aos costumes da Marinha. Em linguagem codificada, isso poderia significar: "Sou o chefe das Forças Armadas e o comandante supremo das forças imperiais, mas continuo sendo o que sempre fui: um intelectual e um cientista"[7].

O grande problema era, portanto, o Exército, e foi ali que começaram a se formar os "clubes militares", onde os oficiais discutiam seus problemas corporativos, sem esquecer a discussão de questões políticas. Isso representava um grande perigo para a democracia brasileira, mas os governos não reagiram, com a mesma atitude de expectativa que mantinham sobre os pequenos grupos republicanos. Na verdade, uma resposta com sanções pessoais ou coletivas, como a dissolução ou a proibição, poderia ter um efeito contrário ao esperado. Esse era, como se sabe, o ponto de vista pessoal do imperador, expresso na época do surgimento do movimento republicano.

Naturalmente, esses clubes militares – sendo o mais importante o Clube Militar do Rio de Janeiro, fundado em junho de 1887 – foram infiltrados por ativistas políticos, alguns dos quais eram professores na Academia Militar Imperial da Praia Vermelha, no Rio de Janeiro, como o engenheiro militar e professor de matemática Benjamin Constant Botelho de Magalhães.

Benjamin Constant, apesar de seus pais lhe terem dado um nome que evocava o criador da monarquia constitucional na França, era republicano. Era seu direito. Mas seu republicanismo se baseava, afirmava ele, nos ensinamentos positivistas de Auguste Comte, um filósofo que não parecia ter privilegiado especificamente um sistema político em detrimento de outro. É verdade que, na França conturbada do período 1789-1848, teria sido difícil para ele resolver a questão da melhor governança possível.

Depois da monarquia absoluta, a monarquia constitucional, a república convencional e terrorista de Robespierre, a república vil do Diretório, a república militar de Bonaparte, o império ditatorial, a monarquia liberal de Luís XVIII, a monarquia vingativa de Carlos X, a monarquia republicana de Luís Filipe e, finalmente, a Segunda República libertária e caótica que terminaria com a eleição de um segundo Bonaparte para a presidência eram, para um filósofo ou não, difícil de entender.

Mas Benjamin Constant tinha muita segurança nas próprias convicções. Ele decretou perante seus jovens oficiais que Comte era antimonarquista, porque a monarquia era tão retrógrada quanto a religião. Que seja! O problema era que, nesse ponto precisamente, o positivista ilustre Charles Maurras, fundador da Action Française, daria uma interpretação contrária, ou melhor, claramente mais sutil. Segundo Maurras, o único tipo de monarquia que Comte teria rejeitado era a de direito divino que lembrava a era primária evocada pelo grande filósofo, em outras palavras, "o estado teológico". Nessa ocasião, ele afirmou que "nenhuma aliança do trono e do altar jamais conquistou nossa admiração"[8] e especificou em seu programa de restauração monárquica que se "o catolicismo, religião tradicional da França, recuperasse todas as honras a que tem direito", a separação entre Igreja e Estado levaria o novo regime a se comprometer para que "a mais completa liberdade intelectual reinasse em solo francês"[9]. Sobre essa questão, e somente ela, seu pensamento juntou-se ao de Benjamin Constant e dos positivistas brasileiros.

Se Maurras interpretou corretamente a posição de Auguste Comte sobre a monarquia, Benjamin Constant estava errado, e seus alunos foram arrastados para uma aventura muito estranha. Afinal, a monarquia brasileira e os seus dois imperadores sucessivos disseram e repetiram que não se tratava de monarquia de "direito divino". Essa noção não correspondia nem aos sentimentos profundos do imperador maçom que havia sido d. Pedro I, nem aos do imperador católico praticante que era d. Pedro II. Este último sempre insistiu no acaso do nascimento que o levara ao trono e rejeitou qualquer ideia de predestinação divina. Daí também sua recusa ao título de "soberano", que do seu ponto de vista pertencia ao povo brasileiro.

E então? Toda a luta de Benjamin Constant era uma questão de manipulação política ou baseada em um temor mais sério: o de que o Brasil voltasse ao estado teológico de Comte se a princesa Isabel, que tinha feito um voto de submissão ao papa Leão XIII, ascendesse ao trono? Essa hipótese parece muito mais fundamentada que a do suposto republicanismo de Comte, pois Benjamin Constant e muitos de seus colegas eram maçons claramente anticlericais, próximos à maçonaria francesa da Terceira República. Portanto, *a priori*, seriam eles as primeiras vítimas de uma monarquia que evoluía em direção ao clericalismo e rejeitava a coexistência pacífica do Segundo Reinado.

Para aumentar ainda mais a confusão que reinava naquela época nas fileiras dos republicanos positivistas, e particularmente em Benjamin

Constant, que foi aquele que mais influenciou os jovens oficiais, é necessário notar que a pessoa em questão não era apenas um abolicionista – o que, a propósito, não poderia de forma alguma atrair a simpatia dos proprietários de escravos espoliados pela Lei Áurea – mas também pacifista, considerando que, em longo prazo, o Brasil poderia muito bem ficar sem exército. Concordemos, portanto, que o republicanismo de seu professor era uma escolha arriscada para os cadetes, temendo que seu futuro profissional fosse comprometido pelas lentas promoções e tendo reunido, por causa disso, especialmente a oposição antimonárquica.

Um exemplo concreto da doutrinação dos cadetes da Academia Militar por professores positivistas liderados por Benjamin Constant é relatado em um livro de memórias publicado por Fernando Henrique Cardoso, presidente centrista do Brasil de 1995 a 2003 e professor de sociologia e ciências políticas[10]. Ele conta como seu avô, Joaquim Ignácio Batista Cardoso, admitido em 1881 na Academia Militar da Praia Vermelha, se radicalizou sob a influência de seus professores até abandonar, por rejeição ao cristianismo, uma parte do nome de sua família, que era Espírito Santo Cardoso, para manter apenas o sobrenome Cardoso. Esse jovem se tornou o colaborador direto de Benjamin Constant e um de seus discípulos mais fanáticos.

Ele sonhava, conta o autor, em estabelecer no Brasil uma "república utópica inspirada na ciência, liderada pelo Exército, em uma visão autoritária e igualitária, porque só um Estado forte poderia garantir a igualdade social da qual o Brasil era privado". Esse encantador rapaz se empenhou – felizmente, ele era um dos poucos oficiais jovens – até preconizar a pura e simples execução do imperador na época do golpe de Estado para o qual o pequeno bando estava se preparando.

Pois, de fato, foi o que aconteceu: um golpe militar, pomposamente chamado de "Revolução", que os ousados seguidores de Auguste Comte estavam agora considerando o mais sério do mundo.

NOTAS

1. Roderick J. Barman, *Citizen Emperor. Pedro II and the making of Brazil 1825-1891* [ver nota 17, cap. 4].
2. Silvia Capanema, *Abolition de l'esclavage, racisme et citoyenneté au Brésil (XIXe/XXIe siècles)* [Abolição da escravatura, racismo e cidadania no Brasil (Séculos XIX/XXI) – sem tradução em português].
3. Ibid.
4. Isabel de Bragança e Gastão de Orléans tiveram quatro filhos: a princesa Luísa, natimorta em 1874, Pedro, nascido em 1875, Luís, nascido em 1878, e Antônio, nascido em 1881. Esses três filhos usavam o sobrenome Orléans-Bragança.
5. Georges Clemenceau, *En Uruguay et au Brésil* [No Uruguai e no Brasil – sem edição em português].
6. Carlos Magalhães de Azeredo, *Dom Pedro II. Traços da sua physionomia moral.*
7. Nos retratos em que d. Pedro II está com a roupa de marechal, não há nada a comentar sobre a etiqueta da roupa. Em contrapartida, o imperador teve o cuidado de fazer com que o artista deixasse em segundo plano tudo o que simbolizasse sua verdadeira vida: os livros, as obras de arte, as cartas geográficas e os mapas-múndi.
8. Site legitimista *Vive le Roy*, 1º de janeiro de 2012.
9. Charles Maurras, *Petit manuel de l'enquête sur la monarchie* [Um pequeno manual de investigação da monarquia – sem edição em português].
10. Fernando Henrique Cardoso, *O improvável presidente do Brasil: recordações.*

CAPÍTULO 20

UMA REVOLUÇÃO REPUBLICANA MUITO ESTRANHA

Se os brasileiros não me querem mais, serei professor!
– D. Pedro II

OS ÚLTIMOS ESTERTORES DO IMPÉRIO

Ao contrário do que se possa imaginar, a política não foi prioridade de d. Pedro II nos últimos meses de seu reinado. Apoiando-se em um governo que ele apreciava e que era habilmente dirigido por João Alfredo Correia de Oliveira, o imperador se dedicou ao que seus opositores consideravam um capricho, mas que na realidade eram ações executadas no interesse exclusivo do Brasil que contribuíam para aumentar seu prestígio internacional. O ano de 1888 acabara de ver a realização de um antigo sonho do imperador: a abertura do Instituto Antirrábico do Rio de Janeiro, graças a pesquisadores do Instituto Pasteur de Paris que se lembraram de que o próprio d. Pedro II havia contribuído para a fundação do instituto parisiense com uma doação de 100 mil francos ao seu amigo Louis Pasteur[1]. Foi também o ano de preparação para a Exposição Universal de Paris de 1889, da qual o Brasil devia participar.

D. Pedro II acompanhava esse assunto há anos com o visconde de Cavalcanti, senador e ex-ministro de Estado, e Frederico José de Santa Anna Nery, jornalista, escritor e promotor da amizade franco-brasileira. Como se tratava de um evento para comemorar o centenário da Revolução de 1789, seria de esperar que d. Pedro II, descendente das mais ilustres dinastias europeias, se abstivesse de se apresentar e desse lugar aos seus ministros, diplomatas e industriais. Mas, como Pascal Ory escreveu em tom de brincadeira: "Monarca constitucional moderno, soberano bonachão nutrido de cultura francesa, não é um homem que se assuste com o aniversário de uma revolução"[2].

Já em 1886, enquanto convalescia em Cannes, o imperador escrevera pessoalmente ao engenheiro Georges Berger, organizador do evento, em apoio à candidatura do Brasil. Mais que isso, ele havia solicitado a escolha de um local especial, o mais próximo possível da torre Eiffel, para a instalação do futuro pavilhão brasileiro. D. Pedro II foi o único soberano a tomar esse tipo de iniciativa; os outros monarcas se abstiveram de intervir para evitar uma atitude que a opinião pública poderia ter interpretado como apoio à Terceira República Francesa.

O que alguns podiam considerar como o último capricho de um monarca velho e doente era, na verdade, um gesto de alcance simbólico que aumentaria a mensagem que ele pretendia transmitir. Se sua presença na Exposição de Filadélfia de 1876 para comemorar o centenário da independência americana tinha sido um forte gesto diplomático para aproximar as duas potências dominantes do continente americano, o centenário da Revolução Francesa era um evento de significado ainda mais universal. O Brasil naturalmente devia estar representado, porque tinha adquirido, graças à monarquia imperial, "uma preponderância indiscutível na América do Sul"[3], mas também porque o arquiteto desse sucesso achava que a proximidade do imperador com a França deveria ser destacada, assim como suas ideias humanistas veiculadas desde 1789 que haviam sido a base das instituições políticas brasileiras desde a Independência.

Com essa participação de vanguarda do Brasil na Exposição de Paris, d. Pedro pretendia fazer com que o mundo descobrisse as riquezas do Brasil, seu potencial para o futuro e seus consideráveis avanços tecnológicos na agricultura, na indústria, na mineração e na exploração madeireira[4]. Já era difícil, é claro, competir com os Estados Unidos, mas era possível superar a Argentina na disputa dos países emergentes no final do século XIX. Essa aposta imperial foi apoiada por toda a nação, e, após a votação pelas Câmaras de um crédito de 800 mil francos, a maioria das províncias contribuiu financeiramente com o projeto, como a Assembleia de Minas Gerais, que votou um crédito de 100 mil francos, ou a da Bahia, cuja contribuição foi de 50 mil francos.

Em 11 de dezembro de 1888, o imperador, cercado por engenheiros e cientistas, inaugurou no Rio de Janeiro uma exposição preparatória para verificar pessoalmente a qualidade dos produtos e máquinas que seriam apresentados ao público em Paris. Ele já havia aprovado a planta do pavilhão brasileiro, cuja construção havia sido confiada a Louis Dauvergne, arquiteto especialista do Conselho da Prefeitura do Sena.

Quando a Exposição Universal foi inaugurada em 6 de maio de 1889, o pavilhão brasileiro contava com 1.600 expositores, onde uma multidão de visitantes se precipitou. Os espectadores admiraram particularmente o exótico estilo rococó do edifício, com um campanário que foi um dos mais fotografados da época, e as estufas exibindo em um cenário paradisíaco a luxuriante vegetação brasileira, incluindo a famosa vitória-régia, planta aquática tentacular que podia suportar o peso de uma criança em cada uma de suas grandes folhas. Uma exposição dedicada aos povos indígenas da Amazônia também despertou muitas vocações de aspirantes a exploradores, o que só podia agradar ao imperador, que sempre tivera um interesse particular pela civilização ameríndia.

Mas d. Pedro II não esteve presente em Paris para fazer as honras dessa magnífica vitrine de seu país oferecida pelo pavilhão brasileiro ao mundo todo. Não porque desdenhasse a Terceira República como seus colegas imperiais e reais, mas porque a política interna pedia sua atenção.

CRISE POLÍTICA NO RIO DE JANEIRO

No poder desde março de 1888, ou seja, desde o plano da regente d. Isabel para se livrar do barão de Cotegipe, reticente demais sobre a questão da abolição da escravidão, o jovem presidente do Conselho, João Alfredo Correia de Oliveira, embora também oriundo da classe conservadora, encontrou-se em dificuldade na Câmara. Beneficiando-se, porém, de uma maioria sólida, ele teve, após o fim do estado de graça e a promulgação da Lei Áurea, que responder a interpelações virulentas sobre várias questões delicadas, como a da indenização aos fazendeiros atingidos economicamente pelo fim da escravidão ou a evolução da agitação nos quartéis.

BÁLSAMO NAS FERIDAS DOS FAZENDEIROS

Sob a inspiração da regente d. Isabel e de inúmeros abolicionistas como André Rebouças ou Joaquim Nabuco, a Lei Áurea não havia previsto nenhuma indenização aos fazendeiros escravagistas, alegando que não se pode tirar proveito do fim de uma injustiça da qual sempre se aproveitou.

Por outro lado, o governo também precisava levar em conta a realidade econômica e social. A verdade é que muitos fazendeiros enfrentavam dificuldades que levantavam temores da ruína definitiva de suas fazendas de café ou algodão e, com isso, corriam o risco de enfraquecer a balança comercial do Brasil, que exportava grande parte dos produtos de sua agricultura. Relatórios alarmistas foram transmitidos ao Rio de Janeiro.

Assim, recusando-se a rediscutir uma indenização dos fazendeiros pelo Estado, o governo interveio junto aos bancos brasileiros para que concedessem aos fazendeiros em dificuldades financeiras empréstimos com taxas preferenciais por um prazo suficientemente longo para que se recuperassem. Uma medida inteligente que deu frutos, aliviando a ira de uma categoria social que não se queria exasperar e que, até 1888, tinha sido leal ao regime. Assim, o Estado livrou-se sutilmente desse problema, repassando-o aos bancos, que obtiveram algumas novas concessões ferroviárias ou de mineração. Mas a aplicação do princípio da realidade na gestão desse assunto pelo governo também foi uma manobra política inteligente, já que os republicanos, até então muito discretos sobre a questão da abolição da escravidão, tiveram que assumir uma postura abolicionista mais clara sob a pressão da opinião pública, declarando que, se algum dia chegassem ao poder, a Lei Áurea não seria revogada. Assim, para os fazendeiros, como a salvação não podia vir dos republicanos nem de seus aliados circunstanciais, era mais razoável confiar no governo imperial.

A ESCALDANTE QUESTÃO MILITAR

Por vários anos, um mal-estar ficou incubado no Exército. Incidentes aconteciam nos quartéis, atos de insubordinação multiplicavam-se, e, por vezes, até tentativas de motim eclodiam. Esses atos eram mais ou menos encobertos por uma parte da hierarquia militar, que tentava entrar no movimento com a ideia – pelo menos para os oficiais de alto escalão mais leais – não de seguir uma eventual insurreição, mas de preveni-la ou mesmo de desviar seu curso em seu benefício. Foi o caso, já em 1885, com a insubordinação da guarnição de Porto Alegre, no Rio Grande do Sul, apoiada pelo marechal Manuel Deodoro da Fonseca, comandante militar da província, e pelo marechal visconde de Pelotas, senador do Rio Grande do Sul e ex-ministro da Guerra. Esses senhores, de altíssima patente, acreditavam que o Exército tinha o direito de responder quando atacado e acusavam os políticos de se considerarem superiores aos militares. Na realidade, o verdadeiro problema residia no fato de que uma parte do Exército brasileiro, vendo as dificuldades que os sucessivos governos enfrentavam devido a divisões internas entre conservadores e liberais, aproveitava a situação para adotar uma atitude decididamente antiparlamentar e já, pelo menos em espírito, insurrecional.

Esse clima foi piorando ano a ano e ficou marcado por tomadas de posição espetaculares nas relações entre o Exército e o governo. Alguns oficiais não hesitavam em dizer que o poder civil interferia muito e mal na condução dos assuntos militares, o que era um questionamento extremamente sério da preeminência do poder civil sobre a autoridade militar em um Estado democrático. Aliás, observa-se aqui que essa crítica se juntou à dos católicos ultramontanos, que consideravam que o governo se intromentia muito nos assuntos religiosos e que era hora de acabar com o *status* de 1824. No fundo, tanto os militares quanto os extremistas católicos queriam que o Estado os deixasse em paz e livres para se administrar internamente – posição incompatível com os princípios democráticos que tornam o Estado a suprema garantia dos equilíbrios institucionais e sociais. É claro que os políticos reagiram, e houve, tanto da direita quando da esquerda, uma avalanche de protestos. O liberal Gaspar Silveira Martins chamou os militares à ordem: "Nenhum grupo pode tomar o poder por meio de um golpe militar". Já o conservador José Fernando da Costa Pereira os advertiu: "Submeter à pressão das baionetas do Exército? Nunca!".

Em 1887, sob o governo conservador do barão de Cotegipe, o marechal Deodoro da Fonseca foi chamado à capital, porque sua insubordinação no Rio Grande do Sul e seu apoio aos oficiais contestatários tinham sido muito malvistos. Considerando ter sido injustamente demitido, o marechal, herói da Guerra do Paraguai, integrou o Clube Militar do Rio de Janeiro, que acabara de ser criado para defender os interesses corporativistas do Exército por iniciativa de várias personalidades, entre as quais estava o general Thomaz Cavalcante de Albuquerque. Na primeira reunião do clube, em 26 de junho, o marechal foi eleito presidente por proposta do organizador da reunião, marechal visconde José Antônio Correia de Pelotas, seu companheiro de arma e herói como ele na Guerra do Paraguai.

O debate sobre a abolição da escravidão em 1888 acalmou as coisas por um tempo, mas, com a renúncia do barão de Cotegipe e a votação da Lei Áurea, o sucessor do chefe de governo se viu novamente confrontado com a questão militar, que se tornara verdadeiramente política. Na verdade, o Clube Militar do Rio de Janeiro, presidido pelo marechal Deodoro e do qual Benjamin Constant era tesoureiro, começava a debater assuntos que não tinham nada de militar, como a separação entre Igreja e Estado, o casamento civil, as liberdades municipais e provinciais, a secularização de cemitérios públicos e... a forma republicana de governo!

Aparentemente, os oficiais de alta patente do Exército, antiparlamentaristas mas apegados à pessoa do imperador, foram rapidamente esmagados pela extrema esquerda republicana, que os usou para chegar ao poder. Por esse motivo, o Clube Militar decidiu propor o nome do marechal Deodoro como candidato às próximas eleições do Senado. O herói de guerra cobriria, com seu manto de glória, aspirações revolucionárias que não eram suas, nem do visconde de Pelotas, tampouco do general Cavalcante de Albuquerque. Devemos, entretanto, notar que esses senhores também eram maçons, o que pode explicar o motivo pelo qual, apesar do imenso respeito que tinham por d. Pedro II, eles também deviam temer que sua filha mais velha subisse ao trono se o monarca desaparecesse ou abdicasse por motivos de saúde.

O governo conservador de Correia de Oliveira fez o que pôde para tapar as frestas e conter as reivindicações do Exército. A criação do Colégio Militar Imperial do Rio de Janeiro, em maio de 1889, destinado a formar todos os cadetes das Forças Armadas em um único molde, pode ser interpretada como resposta aos jovens oficiais contestatórios da Academia Militar Imperial da Praia Vermelha, a quem parecia dizer: "Senhores, o Império está formando uma geração legalista para combater suas ambições políticas".

O fortalecimento da Guarda Nacional também foi considerado para responder a um possível golpe militar ou para complementar o Exército, se esse falhasse em um momento crítico.

Todas essas medidas, tanto as relacionadas aos fazendeiros quanto ao Exército, foram naturalmente muito discutidas na Câmara dos Deputados com argumentos completamente contraditórios. Uma vez que o Clube Militar e os republicanos tomaram a iniciativa de propor a federalização do país, acrescentou-se também um debate sobre a reforma territorial que deveria ser implementada para dar às províncias novas liberdades, a fim de que pudessem se autoadministrar sem a intervenção do governo central. Infelizmente, esses debates foram arruinados por divergências pessoais e velhos ressentimentos que remontavam à demissão do barão de Cotegipe, em março de 1888. De fato, para muitos conservadores, o jovem Correia de Oliveira traiu seu lado ao concordar em substituir o velho barão, e esse pecado não lhe fora perdoado. O infeliz estava pagando pela princesa, a quem ninguém ousava atacar de frente. Esses ataques, bastante abjetos, são o destino de todos os regimes parlamentares, e as democracias devem agir com medo de herdar seus males.

Após um ano e 89 dias no poder, o chefe do governo conservador, contestado pelas suas próprias bases, renunciou ao cargo. Em 7 de junho de 1889, o imperador deu-lhe como sucessor um liberal: Afonso de Assis Figueiredo, visconde de Ouro Preto.

Em seu discurso de posse, o novo presidente do Conselho, irritado com comentários de inspiração republicana, como os do deputado liberal João Manuel de Carvalho, que havia encerrado seu discurso com um vibrante "Viva a República!", respondeu vigorosamente: "Viva a República? Não, não e não! É sob a monarquia que conseguimos a liberdade que outros países nos invejam. Viva a monarquia, que é a forma de governo a que a imensa maioria da nação aderiu e a única que pode fazer sua felicidade e sua grandeza. Sim, viva a monarquia brasileira, tão democrática, tão abnegada, tão patriótica que seria a primeira a conformar-se com os votos da nação se ela, pela voz de seus legítimos representantes, manifestasse o desejo de mudança institucional"[5].

"EL REY, NOSSO SENHOR E AMO, DORME O SONO DA... INDIFERENÇA"

Esta frase impertinente, que se podia ler em 5 de fevereiro de 1887 no jornal humorístico *Revista Illustrada*, foi seguida de um ataque mais direto contra o chefe de Estado: "Os jornais, que diariamente trazem os desmandos desta situação, parecem produzir em Sua Majestade o efeito de um narcótico"[6]. Apesar de essa publicação ter sido de inspiração republicana, ela caracteriza bem o estranho comportamento de d. Pedro II durante esse período decisivo para o futuro do Império.

O imperador não reagia e deixava seus governos enfrentarem as dificuldades crescentes, que, no entanto, agora ameaçavam diretamente a própria monarquia.

D. Pedro II, cujo sexagésimo terceiro aniversário havia sido comemorado em dezembro de 1888, estava cansado e doente. Seus médicos, pela menos dessa vez, haviam sido claros: sua doença era "grave e constitucional" – essa expressão original, repetida pelos jornais franceses, era perfeitamente adaptada à personalidade do paciente – e lhe dava pouco tempo de vida, alguns meses, um ano, dois anos no máximo... Nessas condições, poderia ele retomar o leme e salvar o Império do iminente naufrágio?

A resposta é "sim", sem dúvida. A publicação da correspondência mantida com seu antigo presidente do Conselho, João Maurício Wanderley, barão de Cotegipe, no poder de 1885 a 1888, prova de que suas capacidades intelectuais estavam intactas[7]. O imperador, que estava ciente de tudo e possuía vários canais de informação, relatava diariamente ao chefe de governo as anomalias, fraudes, disputas, injustiças de todos os tipos que chegavam até ele e, de seu gabinete em Petrópolis ou do palácio imperial do Rio de Janeiro, alertava-o, aconselhava-o e dava sugestões, muitas vezes pertinentes, com a cortesia inata que caracterizava seu relacionamento com adultos e crianças. Ele, portanto, sabia perfeitamente o que estava acontecendo e o que havia de errado no Brasil do final do século XIX, que havia dirigido por quase cinquenta anos no caminho do progresso e da modernidade. Ele não ignorava nada: tinha ciência das desigualdades sociais, da pobreza, das imperfeições do sistema eleitoral e do estado de espírito do Exército, dos fazendeiros e dos maçons.

Então, por que essa falta de reação à onda crescente?

Obviamente, o tratamento médico ao qual ele estava sendo submetido teve um papel decisivo, pois, apesar de as injeções de morfina acalmarem suas dores, elas também enfraqueciam suas capacidades físicas. Muitos observadores, comovidos ou zombadores, haviam observado durante semanas que ele cochilava cada vez mais frequentemente durante reuniões oficiais ou audiências privadas particularmente longas.

Mas havia algo além da doença, e muito mais sério. D. Pedro parecia obcecado, como seu pai ou Simón Bolívar, pela sensação de ter "arado o mar". Ele, a quem a imprensa francesa descrevia como "o fiel discípulo dos reformadores filantrópicos do século XVIII"[8], estava na realidade em um estado de aniquilação que Montesquieu, Diderot, Rousseau ou Voltaire teriam experimentado se tivessem testemunhado as explosões sangrentas da Revolução Francesa.

Como podia ele, o humanista, compreender que, no final do século XIX, homens inteligentes pudessem defender intransigentemente a escravidão e ainda lamentar seu fim, preferindo, segundo as palavras de seu amigo e confidente André Rebouças, "uma república de escravos a uma monarquia abolicionista"?

Como poderia ele, católico sincero mas de mente aberta para o mundo, entender esses jovens padres brasileiros ultramontanos que se recusavam a permitir que o catolicismo continuasse a ser religião de Estado, não por um gosto irreprimível pelo secularismo, como os positivistas ou republicanos, mas para escapar do controle formal do poder imperial? Evidentemente, d. Pedro sabia que o *status* de 1824 era obsoleto e que seria necessário um dia estabelecer novas relações com a Santa Sé, mas será que esses jovens padres teriam refletido o suficiente sobre o fardo financeiro que representaria para a Igreja Católica se desvincular do Estado? Quem, nesse caso, manteria o clero, salvaguardaria o imenso patrimônio religioso do Brasil: as escolas, os orfanatos ou os hospícios? Tudo isso não estaria escondendo uma violenta rejeição da sua política de abertura aos outros, incrédulos ou agnósticos?

Como ele, o democrata, construtor de uma ordem constitucional equilibrada que causava admiração a todos na Europa, uma vez que destoava da caótica evolução política do resto da América Latina, poderia admitir que o Exército desdenhasse do poder civil e que os jovens oficiais, rejeitando as conquistas da monarquia democrática desde a Independência, pensassem em derrubar um império pacífico e próspero que estava naquele momento sendo exaltado pela Exposição Universal em Paris?

O d. Pedro II da Guerra do Paraguai, o d. Pedro II vestindo seu uniforme para defender as fronteiras de seu país violadas pelo Paraguai como Primeiro Voluntário do Império, não existia mais. O homem havia envelhecido, o trabalho exaustivo o esgotara e a doença fizera o resto.

Certamente, se fosse vinte anos mais jovem e tivesse a forma física de um monarca de quarenta, poderia ter reagido às dúvidas da classe política sobre sua sucessão e ao descontentamento do Exército. Como? Pressionando sua filha mais velha a renunciar a seus direitos, porque, com os sentimentos de um pai atento, ele sabia que a intransigência de caráter e a excessiva religiosidade dela arruinavam suas chances de ascender ao trono; designando seu neto Pedro como herdeiro direto; vestindo mais uma vez seu uniforme para ir aos quartéis falar de homem para homem com os militares e apresentar seu neto, que em breve teria idade suficiente para compartilhar a vida deles e entender suas dificuldades como futuro recruta. A aposta poderia ser ganha porque os ativistas eram minoria no Exército, embora, como sempre, fizessem muito mais barulho que os outros.

Mas, em um país tão gigantesco como o Brasil e com imensos territórios ainda distantes da civilização, d. Pedro também poderia ter aberto novos horizontes no campo social para os militares. Ele poderia tê-los chamado para uma nova reconquista pacífica do país, para que o progresso, a educação e a ciência se difundissem por toda parte, para que a pobreza recuasse e as condições sanitárias melhorassem para todos. O Exército teria seguido e varrido essa suposta "onda republicana", que representava apenas dois deputados na Câmara em 1885, nenhum em 1886 e apenas um, infeliz e "insignificante" – para empregar a cruel expressão do *Jornal do Commércio*, usada na edição do dia 13 de setembro de 1889 –, nas últimas eleições legislativas do Império em agosto de 1889[9].

O imperador poderia, portanto, ter saído de cabeça erguida, salvaguardando a democracia parlamentar e a monarquia constitucional pela organização de uma regência, já que o príncipe Pedro ainda era adolescente.

Mas, para executar esse plano de resgate, ele teria que cometer um ato de injustiça. Como ele, que dizia que não se podia separar a justiça da política, poderia pressionar a princesa herdeira a renunciar a seus direitos? D. Isabel era o que era, mas, apesar de tudo, permanecia e permaneceria para a História e para uma parte do povo brasileiro como "a Redentora", aquela que havia assinado com uma pena de ouro a lei da abolição de escravidão. O que um monarca atento deveria ter feito para a sobrevivência de sua dinastia, um pai amoroso não poderia fazê-lo.

Não se reescreve a História, mas é verdade que tudo nesse período fatídico dos primeiros meses de 1889 ainda era negociável. Prova disso foram as extraordinárias manifestações de lealdade monárquica provocadas pelo desconforto do imperador durante uma representação teatral em junho de 1889 e o ataque ocorrido em 15 de julho seguinte, em frente ao teatro imperial contra o monarca e sua família. O "Viva a República!" de um jovem exaltado e as balas que ele disparou contra a carruagem chocaram a opinião pública e explicaram em parte o desastre eleitoral dos republicanos no mês seguinte. Esse ataque, se tivesse sido bem-sucedido, teria levado d. Pedro II, admirador do presidente Lincoln – assassinado em um teatro em 1865 –, ao mesmo nível de mártir da liberdade que ele.

A AGONIA DO SEGUNDO REINADO

Em 7 de junho de 1889, o liberal Afonso Celso de Assis Figueiredo, visconde de Ouro Preto, formou seu governo. Não tendo ilusões quanto ao apoio de uma Câmara dos Deputados com forte maioria conservadora desde 1886 – 82 conservadores contra 18 liberais –, ele solicitou ao imperador uma dissolução, que lhe foi concedida. As eleições legislativas foram agendadas para 31 de agosto.

Acadêmico e ministro em diversas ocasiões, Afonso Celso havia recebido o título de visconde em 1888 por seu papel de destaque a favor da abolição da escravidão. Era um homem que não transigia nas suas convicções. No contexto político em que o Brasil se encontrava, a protelação não teria nenhum propósito, e o presidente do Conselho, diante do descontentamento do Exército que levava parte dele à subversão, deixou clara sua posição: "Nenhum homem e nenhum partido pode aceitar governar sob a ameaça de baionetas e espadas!".

Declarou-se então a ruptura entre o poder civil e o poder militar, em uma crise de excessiva gravidade que d. Pedro I, o imperador soldado, teria resolvido com a espada, enquanto seu filho d. Pedro II, respeitador das regras democráticas, só podia clamar por uma maioria parlamentar de união nacional, ciente da ameaça que pesava sobre o país e capaz de encontrar uma solução de apaziguamento.

Mas era tarde demais. A coalisão de oficiais rebeldes que sonhavam desempenhar um papel político – como faziam seus camaradas hispano-americanos desde a virada do século – e dos republicanos sem ilusões sobre a chance de obter uma representação significativa na 21ª legislatura do Império prevaleceria sobre a lealdade do povo e a fidelidade de uma classe dirigente, petrificados pela perspectiva da morte iminente do imperador e pelo medo de ver sua filha sucedê-lo.

O visconde de Ouro Preto fez o que pôde nessa situação e tentou preservar as prerrogativas do governo diante de uma subversão excêntrica coberta pelos quepes estrelados de alguns marechais. A reforma da Guarda Nacional que parecia ser – e sem dúvida era – um meio de se opor ao Exército por meio do apelo aos cidadãos voluntários, contribuiu ainda mais para aumentar o fosso. E, no entanto, se o exército regular estava entrando na ilegalidade, quem, além de cidadãos armados, poderia salvar o Estado de Direito, mesmo correndo o risco de uma guerra civil?

AS LUZES SE APAGAM

O sobressalto monarquista que se seguiu ao ataque de 15 de julho e a ampla vitória liberal nas eleições legislativas de agosto de 1889 fizeram o presidente do Conselho acreditar que o jogo estava ganho. Mas, para consolidar as coisas, era necessário aguardar o início da 21ª legislatura e a instalação da nova Câmara no final de novembro.

Para os ativistas, principalmente para os republicanos que haviam conquistado apenas uma cadeira nas eleições, era importante agir antes da posse da nova maioria. A corrida contra o relógio foi, portanto, lançada com o governo legal.

O visconde de Ouro Preto tratou de implementar a nova Guarda Nacional e preparar seu futuro governo, pois, tendo vencido as eleições, não havia dúvida de que o imperador o confirmaria como presidente do Conselho. Era necessário prever imediatamente a evolução da crise militar e os meios para remediá-la. Da mesma forma, era necessário estudar como flexibilizar o sistema de centralização territorial em vigor há cinquenta anos e, assim, conseguir responder à propaganda republicana que defendia o federalismo absoluto.

Essa questão era particularmente delicada. Em 1910, 21 anos após a Proclamação da República, Georges Clemenceau, em visita ao país, observou que as coisas não eram tão simples: "Se a autonomia dos estados tiver que ser algo mais que uma palavra, é preciso que vinte milhões de habitantes, desigualmente distribuídos em um território dezoito vezes maior que a França, possam criar, em cada província, uma força suficiente de inteligências e de vontades para formar não apenas a elite constituinte de um governo, mas um poder moral nas massas populares, capaz de se expressar nessa elite e sem o qual a democracia é apenas um disfarce da tirania. Em alguns estados, como o de São Paulo, há claramente uma superabundância dessas energias. Em outros, um déficit aparente. O tempo e os esforços comuns, sem dúvida, remediarão esse infeliz estado de coisas. Enquanto isso, o equilíbrio está rompido e a Constituição goza principalmente de uma força teórica"[10]. Não se pode descrever melhor a quadratura do círculo que representava a questão territorial brasileira, e é possível observar que o julgamento do jacobiníssimo Clemenceau estava bem próximo do de d. Pedro II sobre esse assunto. Sem dúvida, com a mesma conclusão subjacente: apenas o poder central era capaz de restaurar o equilíbrio entre territórios tão díspares.

Por iniciativa talvez da princesa, por quem tinha grande deferência, o visconde de Ouro Preto sugeriu celebrar as bodas de prata de d. Isabel com o conde d'Eu no final de outubro de 1889, para restaurar o brilho da monarquia e reavivar as esperanças. O casal havia se casado no Rio de Janeiro em 15 de outubro de 1864. Nada poderia ser mais reconfortante em uma monarquia em tempos de desânimo ou dificuldade que uma brilhante comemoração dinástica como a que os ingleses haviam oferecido, em 1887, para o jubileu de ouro da rainha Vitória.

O casal herdeiro brasileiro não era muito apreciado pela classe dominante, exceto, é claro, quando dava deslumbrantes bailes mundanos no paço Isabel, onde desfilava a nobreza, enquanto o imperador, que odiava esse tipo de evento, permanecia tranquilamente em casa, com seus livros, sua coleção de fotografias e suas lunetas astronômicas. Mas o povo ignorava esses preconceitos e via em d. Isabel apenas a libertadora de escravos. Portanto, uma comemoração monárquica por ocasião desse aniversário de casamento não era má ideia, porque d. Isabel e o conde apareceriam publicamente com seus três lindos meninos: os príncipes d. Pedro, d. Luís e d. Antônio de Orléans e Bragança, esperanças da monarquia. Em um país particularmente misógino como o Brasil do século XIX, onde até mesmo as mulheres da alta sociedade só saíam de casa para desfilar com os mais belos vestidos de Paris e joias fabulosas e aumentar ainda mais o prestígio de seus esposos, os três jovens meninos imperiais só podiam tranquilizar os brasileiros.

Essa boa ideia do jubileu de prata principesco foi deliberadamente dissuadida pelos oponentes do Império. Um boato se espalhou de imediato, afirmando que essa cerimônia só visava, na realidade, apresentar solenemente à nação a futura imperatriz e seu príncipe consorte, porque d. Pedro II, mesmo não estando à morte, pretendia abdicar a qualquer momento... O governo e a família imperial foram salvos dessa má situação pelas notícias que chegavam ao Rio sobre o estado crítico do rei d. Luís I de Portugal, sobrinho de d. Pedro II. O rei morreu em Cascais, em 19 de outubro de 1889, e, devido ao luto oficial observado pela corte brasileira, a celebração das bodas de prata foram adiadas.

Adiadas para 9 de novembro de 1889.

Por que essa data? Simplesmente porque o couraçado *Almirante Cochrane*[11], florão da frota de guerra chilena, deveria fazer escala no Rio de Janeiro, e o governo viu uma grande oportunidade de tirar o foco da princesa Isabel e voltá-lo para a amizade entre o Brasil e o Chile, que tinham o mesmo rival na América do Sul: a Argentina. Portanto, essa visita também seria uma oportunidade para elogiar a diplomacia imperial, graças à qual o Império se manteve em paz com todos os seus vizinhos por quase vinte anos.

O governo fez tudo o que foi possível e transformou o antigo prédio da alfândega marítima da ilha Fiscal, na baía de Guanabara, em um palácio neogótico, inaugurado pelo imperador. Foi ali que um baile seria oferecido para 3,5 mil convidados em homenagem à Marinha chilena. Esse evento de prestígio foi muito caro, mas as finanças públicas estavam indo bem, e o Brasil imperial precisava tranquilizar aliados e amigos sobre a solidez do regime. Da mesma forma, a alta sociedade republicana na França organizava bailes de prestígio para mostrar que a Terceira República era sólida e que cabia aos monarquistas se comportar.

Naturalmente, no dia marcado, não faltou nenhum convidado na ilha Fiscal. Até os grandes fazendeiros, que, aos poucos, começavam a digerir a pílula da abolição, foram saudar a família imperial. É preciso reconhecer que a decoração era suntuosa. Os assoalhos e as janelas brilhavam intensamente, as tochas e os candelabros iluminavam como se fosse de dia, as salas estavam perfumadas com imensos buquês de flores tropicais. As pessoas dançavam ao ritmo das valsas de Strauss executadas por orquestras militares, uma das quais tocava para o público presente fora do palácio, na margem oposta. No fundeadouro, o *Almirante Cochrane*, cercado por navios da esquadra brasileira, estava enfeitado e iluminado em sinal de amizade fraterna entre a República Chilena e o Império do Brasil. Essa pompa não impediu que más línguas insinuassem que a homenagem ao aliado chileno era um engodo e que na realidade, no final do baile, o imperador anunciaria sua abdicação e nomearia a filha mais velha.

Nada disso aconteceu.

D. Pedro II era alérgico a bailes, embora tenha sido um excelente dançarino em sua juventude e treinado nessa arte por um mestre francês. Ele considerava os bailes desnecessários, exceto quando tinham um propósito de caridade. Esse foi o caso, em particular, do que lhe foi oferecido em 1861 pela Associação Comercial da Província de Pernambuco, para a colocação da pedra fundamental do novo hospital de Recife. Os promotores, que pretendiam fazer um apelo por doações para iniciar as obras, pensavam que a presença do imperador encorajaria a generosidade dos mecenas. Foi realmente o que aconteceu, e d. Pedro se entregou ao jogo, justificando sua performance: "Pelo menos um baile pode servir para alguma coisa, uma vez que aqui permitirá avançar os trabalhos"[12]. Na ilha Fiscal, portanto, ele mais uma vez dançou em homenagem a seus anfitriões chilenos, mas não o fez com a esposa, a imperatriz d. Teresa Cristina, que já estava com as pernas praticamente incapacitadas, nem com a filha d. Isabel.

Ele só dançou uma vez, para abrir o baile, e escolheu como par uma jovem de quinze anos, filha do inspetor geral da alfândega do Rio de Janeiro, que havia sido elevado ao título de barão no início do ano. Naturalmente, não fez nenhuma declaração oficial sobre nada, já que estavam presentes convidados estrangeiros. D. Pedro era um homem de boa educação e sabia que o protocolo diplomático exigia que um chefe de Estado se abstivesse de declarações públicas relacionadas à política interna de seu país quando recebesse convidados estrangeiros ou se ele próprio estivesse no exterior.

De qualquer forma, ele nunca havia considerado algo assim.

O GOLPE DE ESTADO

Enquanto isso, os oponentes do regime conspiravam. Reunidos no Clube Militar do Rio de Janeiro, na presença do marechal Deodoro da Fonseca, aguardavam impacientemente o anúncio de uma possível declaração de abdicação do imperador em favor de sua filha para agir. Como nada aconteceu, foi necessário improvisar e avançar o sinal.

Todos os rebeldes, geralmente estimados em cerca de dois mil, se prepararam para agir com a bênção do marechal, cuja prisão se assegurava ser iminente, seja para incentivá-lo a não vacilar em razão da sua amizade com o imperador, seja para justificar a sua traição. No comitê de preparação do golpe de Estado, encontravam-se reunidos com o marechal tanto republicanos "históricos" quanto maçons, assustados com a perspectiva de um Império teocrático sob o cetro da princesa Isabel. Nos quartéis, os oficiais ativistas se agitavam, correndo em todas as direções, e afirmavam que o governo se preparava para reprimir pela força e com a ajuda da Guarda Nacional o movimento militar, cujos líderes seriam presos ou fuzilados. Como se o Brasil não estivesse mais sob o reinado benevolente de d. Pedro, o Magnânimo, mas sob o de Ivan, o Terrível...

Enquanto isso, tudo estava calmo na cúpula do Estado. O imperador descansava em Petrópolis, enquanto o presidente do Conselho no Rio de Janeiro trabalhava tranquilamente nos delicados projetos da próxima legislatura. Os parlamentares haviam abandonado os corredores do Senado e da Câmara para descansar em suas províncias de origem.

O marechal Deodoro da Fonseca estava pronto. Ou melhor, quase: foi preciso um boato final para convencê-lo definitivamente. Pessoas "bem informadas" espalharam que o imperador iria destituir o visconde de Ouro Preto para substituí-lo pelo senador liberal Gaspar Silveira Martins. É claro que nada disso fazia sentido, pois era difícil imaginar d. Pedro II, sem motivos e enquanto a nova Câmara ainda não estava instalada, destituir um chefe de governo que ele nomeara em junho, que havia vencido as eleições legislativas em agosto, que lhe dera toda a satisfação e acabara de ter um grande sucesso pessoal com a brilhante recepção da ilha Fiscal. Mas o marechal Deodoro, sem suspeitar da provocação, caiu na armadilha. Silveira Martins era seu pesadelo, pois, antes de qualquer outro parlamentar, havia alertado solenemente o Exército contra uma tentativa de golpe e, acima de tudo, desprezava Deodoro, que, para ele, não passava de uma marionete fardada, a quem chamou publicamente de "sargento"[13].

Na noite de 14 de novembro de 1889, o marechal abaixou o polegar.

Na manhã de 15 de novembro, soldados armados entraram no palácio do governo e sequestraram o presidente do Conselho e os ministros que o cercavam. O Ministério da Guerra, cujo titular era Carlos Afonso Celso de Assis Figueiredo, irmão do chefe de governo, também foi preso para impedir qualquer reação dos oficiais legalistas. Alertado, d. Pedro II voltou às pressas de Petrópolis, mas foi preso no palácio imperial do Rio de Janeiro, onde também foi sequestrado. Toda a família imperial – a filha, o genro e os netos do imperador – juntou-se a ele e também foi aprisionada.

Nos portões e grades do palácio, soldados rebeldes com baionetas no fuzil impediam qualquer comunicação com o exterior.

Um "Governo Provisório" presidido pelo marechal Deodoro proclamou a República e o fim da dinastia imperial. É possível escrever sobre o momento: "Um governo de amotinados, liderados por um marechal monarquista, proclamou provisoriamente a República", tão grandes eram os problemas e a confusão.

O IMPERADOR EXPULSO

D. Pedro II não estava entendendo nada. A ideia de um golpe nunca lhe tinha passado pela cabeça. Ele não acreditava nisso e pensava que o governo restauraria rapidamente a ordem. Sua angústia ficou particularmente evidente durante uma conversa com seu genro. Quando o príncipe Gastão de Orléans lhe perguntou o que fazer, d. Pedro respondeu: "O governo deve dissolver as unidades rebeldes". A resposta do príncipe: "Mas, senhor, como podemos dissolver unidades rebeldes?".

Isso, o imperador sabia, temia e rejeitava: era a guerra civil!

As informações oficiais que ele esperava febrilmente chegaram no dia seguinte. Alguns jovens oficiais golpistas entregaram-lhe com firmeza a mensagem do Governo Provisório. Era rápida e concisa: "Em face desta situação, pesa-nos dizer-mo-lo, e não o fazemos senão em cumprimento do mais custoso dos deveres, a presença da família imperial no país, ante a nova situação que lhe criou a revolução irrevogável do dia 15, seria absurda, impossível e provocadora de desgostos, que a salvação pública nos impõe a necessidade de evitar. Obedecendo, pois, às exigências urgentes do voto nacional, com todo o respeito devido à dignidade das funções públicas que acabais de exercer, somos forçados a notificar-vos que o Governo Provisório espera do vosso patriotismo o sacrifício de deixardes o território brasileiro, com a vossa família, no mais breve termo possível"[14].

Diante dos jovens emissários, alguns dos quais ainda tinham o rosto de adolescentes e dos quais pelo menos um, o exaltado avô do futuro presidente Fernando Henrique Cardoso, achava que todas essas cortesias eram vãs e que um pelotão de fuzilamento teria sido mais fácil, d. Pedro II respondeu: "Estou saindo e sem demora".

Cortado de seu governo, o imperador foi contatado por telefone por muitos que ainda lhe eram fiéis. Sugeriram-lhe pedir asilo a bordo do couraçado chileno *Almirante Cochrane*, que ainda estava ancorado na baía. Tratava-se de repatriá-lo para que fosse às províncias reunir as tropas leais e derrubar o governo revolucionário. O marquês de Tamandaré, comandante em chefe da frota brasileira, garantiu-lhe a lealdade da Marinha e pediu-lhe que resistisse. Sob suas ordens, a artilharia naval estava pronta para atacar as posições estratégicas dos rebeldes na capital.

Tudo isso era inútil. D. Pedro não queria que seu reinado pacífico terminasse com uma guerra civil. Seria pagar um preço muito alto por uma coroa para ele, que havia anotado no seu diário, em 31 de dezembro de 1861: "Eu preferiria ser presidente da República ou ministro a imperador".

Em uma última mensagem antes do exílio, expressou sua emoção: "À vista da representação que me foi entregue hoje às 3 horas da tarde, resolvo, cedendo ao império das circunstâncias, partir com minha família para Europa amanhã, deixando esta pátria de nós estremecida, à qual me esforcei por dar constantes testemunhos de entranhado amor e dedicação durante quase meio século em que desempenhei o cargo de chefe de Estado. Ausentando-me, pois, eu, com todas as pessoas de minha família, conservarei do Brasil a mais saudosa lembrança, fazendo ardentes votos por sua grandeza e prosperidade"[15].

Na madrugada de 17 de novembro de 1889, o tenente-coronel João Nepomuceno de Medeiros Mallet, enviado pelo Governo Provisório para tratar da imediata expulsão da família imperial, por receio de manifestações populares, se apresentou ao imperador para notificá-lo de sua partida iminente. D. Pedro II, irritado com essa pressa e não conseguindo nem mesmo terminar de se vestir adequadamente, se enfureceu: "Tratai-me como se costumava tratar escravos fugidos!"[16]. Ele quis saber quem realmente estava por trás do golpe: "São provavelmente soldados e marinheiros rebeldes. Qual é exatamente o papel do marechal Deodoro?". O oficial respondeu: "Ele é o chefe do Governo Provisório". "Então ele ficou louco!", replicou o imperador. A princesa Isabel interveio: "Se tudo isso se deve à abolição da escravidão, posso assegurar-lhe que não me arrependo e que assinaria esta lei novamente, se necessário". A imperatriz d. Teresa Cristina, por sua vez, fazendo coro à mudança de humor do marido porque não havia terminado sua toalete, perguntou a Mallet: "O que fizemos para sermos tratados como criminosos?". D. Isabel interrompeu esse diálogo inútil com a palavra final: "Foram tomados por um acesso de loucura!"[17].

O tenente-coronel não disfarçou o mal-estar, mas, obedecendo a ordens que talvez no seu coração condenasse, acelerou as coisas, pois fora informado de que haviam sido ouvidos tiros perto do palácio. Seriam monarquistas querendo libertar o imperador ou exaltados que desejavam rogar-lhe uma praga? De qualquer forma, ele rapidamente levou a família imperial sob escolta até o cais, onde uma guarda militar prestou, pela última vez, as honras finais ao imperador antes de embarcar no cruzador *Parnaíba*. Essa embarcação os levaria até o fundeadouro, onde o paquete *Alagoas*, com destino a Lisboa, estava ancorado. Outro navio de guerra, o *Riachuelo*[18], escoltou o paquete até o limite das águas territoriais do Brasil, com medo de que ele voltasse. D. Pedro II considerou essa precaução excessiva: "Diga ao comandante do *Riachuelo* que é inútil. Não voltarei. O Brasil não me quer mais, vou-me embora"[19].

Em 2 de dezembro de 1889, o imperador comemorou seu sexagésimo quarto aniversário no mar. Ao brinde do comandante do *Alagoas*, ele respondeu, erguendo sua taça: "Bebo à prosperidade do Brasil"[20].

NOTAS

1. Georges Raeders, *Dom Pedro II, ami et protecteur des savants et écrivains français* [ver nota 28, cap. 14]. A notícia da abertura do Instituto Antirrábico do Rio de Janeiro foi anunciada a Pasteur pelo próprio imperador, que queria expressar sua alegria e orgulho.
2. Pascal Ory, *1889. La mémoire des siècles. L'Expo universelle* [1889. A memória dos séculos. Exposição Universal – sem edição em português].
3. *Le Temps*, 6 de dezembro de 1891.
4. O Brasil também participou das exposições de Londres em 1862, Paris em 1867, Viena em 1873 e Filadélfia em 1876, mas com muito mais modéstia. A exposição de Paris em 1889 marca verdadeiramente o apogeu do Brasil imperial desse ponto de vista.
5. Gabriel Carvalho, *Há 180 anos nascia o visconde de Ouro Preto*. Disponível em: https://idisabel.wordpress.com/2016/06/23/artigo-ha-180-anos-nascia-o-visconde-de-ouro-preto/. Acesso em: 10 mar. 2021.
6. Thomas E. Skidmore, *Brazil: Five Centuries of Change* [Brasil: cinco séculos de mudança – sem edição em português].
7. Wanderley Pinho, *Cartas do imperador d. Pedro II ao barão de Cotegipe*. Disponível em: http://brasilianadigital.com.br/brasiliana/colecao/obras/174/cartas-do-imperador-pedro-ii-ao-barao-de-cotegipe. Acesso em: 10 mar. 2021.
8. *Le Temps*, op. cit.
9. Os resultados oficiais das eleições de 1885, 1886 e 1889 podem surpreender quanto à representação de um partido republicano que, no entanto, era muito ativo desde o início da década de 1870. Isso pode ser explicado pelo sistema de alternância política bem estabelecido no Brasil, que necessariamente favorecia os velhos partidos tradicionais, muito organizados e beneficiados por um sólido eleitorado, tanto no lado dos liberais quanto dos conservadores. No entanto, se observarmos cuidadosamente o número de deputados das três legislaturas em questão (a 21ª nem chegou a entrar em vigor, pois sua instalação marcada para novembro de

1889 foi suspensa pelo golpe de Estado), notamos que o número de deputados era então fixado em 125. Ora, os números que se conhecem das cadeiras obtidas pelos grandes partidos contabilizam somente uma centena de deputados em cada eleição. Concretamente, isso significa que havia, portanto, 25 deputados "indeterminados" – com exceção, é claro, de um ou dois republicanos declarados. O que exatamente esses deputados representavam? Seriam eles não registrados, independentes ou se opunham ao sistema parlamentar bipolar? Não podemos descartar a hipótese de que alguns entre eles fossem republicanos ocultos, recusando-se a se declarar como tal. O exemplo do deputado liberal João Manuel de Carvalho, que durante a sessão de investidura do visconde de Ouro Preto, em junho de 1889, de repente gritou "Viva a República!", prova que os republicanos, para serem mais facilmente eleitos, podiam reivindicar oficialmente um pertencimento mais convencional.

10. Georges Clemenceau, *En Uruguay et au Brésil* [ver nota 5, cap. 19].
11. O almirante Thomas Cochrane, conde de Dundonald (1775-1860), era o tipo de aventureiro naval da Marinha Real. Durante as guerras de independência dos países latino-americanos, ele se colocou a serviço do Chile e do Peru. d. Pedro I do Brasil também aceitou seus serviços para neutralizar os navios portugueses que haviam recebido de Lisboa a ordem de se opor à Independência do país e de destruir os fortes brasileiros mantidos pelas últimas guarnições portuguesas.
12. *História, Ciências, Saúde – Manguinhos*, volume 18, suplemento 1, Rio de Janeiro, 2011.
13. A rivalidade entre Silveira Martins e o marechal Deodoro também decorria de um triângulo amoroso envolvendo os dois homens e Maria Adelaide Meireles, a baronesa do Triunfo. [N. R.]
14. Manoel Deodoro da Fonseca, *doc. 9107 do Arquivo do Museu Imperial*.
15. Alcindo Sodré, *Museu Imperial*.
16. Lilia Schwarcz. *As barbas do imperador*.
17. Site: https://veja.abril.com.br/especiais/dom-pedro-ii-o-que-a-escola-nao-ensina/. Acesso em: 15 jun. 2021.
18. Nomeado em homenagem à vitória naval conquistada em 1865, no rio Paraná, pela Marinha Imperial Brasileira na Guerra do Paraguai.

19. Antônio Sérgio Ribeiro, *15 de novembro de 1889: a República no Brasil*. Disponível em: https://www.al.sp.gov.br/noticia/?id=346367. Acesso em: 3 mar. 2021.
20. Ibid.

CAPÍTULO 21

EXÍLIO E MORTE DO IMPERADOR

Era um bom rei, este rei de Malecárlia; era uma boa rainha, a princesa, sua consorte. Faziam o bem que podiam (...); eram espíritos esclarecidos, liberais, sem pretenderem que a sua dinastia (...) tivesse uma origem divina. O rei era muito instruído em coisas de ciência, muito apreciador de coisas de arte, apaixonado sobretudo pela música. Sábio e filósofo, não se deixava cegar com ilusões sobre o porvir das soberanias europeias. Por isso estava pronto sempre a sair do reino, apenas o seu povo o dispensasse. – Júlio Verne[1]

UMA REPÚBLICA SEM LEGITIMIDADE

O fim do Império trouxe um verdadeiro mal-estar existencial para a República do Brasil e para todos os republicanos moderados, ou melhor, para todos os republicanos do mundo, como prova a observação feita em 1910 por Georges Clemenceau, grande republicano (se é que realmente o foi) e "devorador" de reis: "O imperador d. Pedro II não deixou nenhuma má lembrança. Todos falam dele com respeitosa simpatia"[2].

Entre 1909 e 1910, o Serviço de Expansão Econômica do Brasil, órgão do Estado e, portanto, da República, publicou *O Brasil: suas riquezas naturais, suas indústrias*, uma obra destinada a promover o país junto a investidores estrangeiros e elaborada por iniciativa de Lauro Müller, ministro da Indústria, Viação e Obras Públicas do Brasil em 1905. Ela explica os eventos de 1889, justificando o golpe de Estado, mas sem atacar a monarquia ou o imperador: "A doença do imperador

(1887-1889) muitas vezes constrangeu seriamente o Ministério, obrigado a resolver, sozinho, os casos mais graves, no intuito de evitar qualquer coisa que pudesse afetar o estado precário de sua saúde. Excessivos escrúpulos de deferência para com o soberano impediram a aplicação do artigo 126 da Constituição, que, nesse caso, previa a nomeação de uma regência"[3]. O autor atribui assim a responsabilidade pelo colapso do regime à classe dominante, cuja recusa em levar o monarca a se retirar voluntariamente levou à queda do regime. No entanto, é explícita no restante do texto a referência de que uma regência já havia sido estabelecida entre 1831 e 1840, durante a minoridade de d. Pedro II. A regência aqui mencionada, e no novo contexto do período de 1888 a 1889, não pode de forma alguma ser confundida com as três regências "temporárias" exercidas pela princesa Isabel durante a vida de seu pai. Portanto, pode-se deduzir que os republicanos, ou pelo menos os mais objetivos, consideravam que o Império poderia ter sido salvo por uma regência organizada em prol de um d. Pedro III, se os políticos tivessem tido a coragem de impor essa solução ao imperador.

Essa é a conclusão à qual as autoridades republicanas chegaram vinte anos após os acontecimentos de 1889. É verdade que o início caótico do regime republicano tinha motivos para impressionar desfavoravelmente. Assim, de 1889 a 1905, o Brasil conheceu um Governo Provisório, cinco presidentes da República – dois militares e três civis –, uma guerra civil, de 1893 a 1895 com desdobramentos em alguns estados, e uma grave crise econômica e financeira. O Exército, dividido por generais ambiciosos, estava tão desencantado quanto no final do Império – foi ali, aliás, que a guerra civil foi fomentada, com um projeto de restauração política idêntico ao que havia sido levado a cabo na Espanha em 1874-1875 pelo general Martínez Campos[4] –, e os empresários viviam com medo de que a desordem e a instabilidade política interrompessem o prodigioso desenvolvimento do país desde meados do século XIX.

A imprensa francesa faria a mesma constatação, observando que, "se a revolução de 15 de novembro de 1889 demonstrou exaustivamente que a monarquia imperial não tinha bases muito sólidas no Brasil, os eventos ocorridos desde então provaram que a República não havia encontrado um terreno bem preparado, nem fincado raízes muito profundas no solo"[5].

De qualquer forma, era tarde demais, e os arrependimentos eram em vão. Especialmente porque se, em 1889, a solução de uma regência imposta ao imperador em benefício de seu neto tivesse agradado a d. Pedro II, dispensado da responsabilidade de pressionar sua filha a renunciar, ele não tinha certeza de que a princesa teria aceitado essa solução de bom grado[6].

A IGREJA CATÓLICA DO BRASIL EM APOIO À REPÚBLICA

A Igreja do Brasil ficou satisfeita com a queda da monarquia e aplaudiu a publicação, em 7 de janeiro de 1890, do decreto do Governo Provisório da República, que abolia o *status* do catolicismo como religião de Estado e, quinze anos antes da França republicana, declarava a separação entre Igreja e Estado. Ele também acabava com o "patrocínio real", que, segundo os católicos ultramontanos, favorecia a interferência do poder político nos assuntos do clero e deixava que todas as religiões do país fossem livremente administradas por si mesmas. O Governo Provisório, composto exclusivamente de maçons, até concordou em continuar pagando os padres católicos e financiando os seminários. Generosidade incompreensível que exigia, em um Estado laico, agir da mesma forma com as outras religiões – principalmente a protestante e a judaica no Brasil –, com todas as consequências que se pode imaginar nas finanças públicas. Mas talvez tenha sido uma generosidade calculada e provavelmente tão provisória quanto o governo.

Embora os extremistas católicos fossem minoria antes do golpe de Estado de 1889, eles pressionaram o clero brasileiro para juntar-se à República. De repente, o episcopado, que até novembro de 1889 participava das celebrações monárquicas e enaltecia a família imperial, agora aplaudia o decreto de janeiro de 1890. Os bispos foram ainda mais longe, justificando o que não lhes fora solicitado, ou seja, a queda do Império pela ira de Deus: "Acabamos de testemunhar um espetáculo que horrorizou o Universo, um desses acontecimentos pelos quais o Altíssimo dá, quando lhe apraz, lições assustadoras aos povos e aos reis. Acabamos de ver um trono ser engolido, de repente, pelo abismo que lhe cavaram em poucos anos princípios dissolventes, agindo à sua sombra"[7]. As últimas palavras da declaração episcopal levam à perplexidade. A que "princípios dissolventes agindo à sombra do trono" estavam se referindo? Se fossem os princípios maçônicos – e o que mais? –, entende-se que as relações "pacíficas" da Igreja com o poder republicano não poderiam durar para sempre.

Na verdade, a Igreja do Brasil, apesar de o papa Leão XIII ter encorajado o clero local a "aproveitar a liberdade de que a Igreja desfruta sob o regime republicano[8]", logo se arrependeu da situação dominante que tinha sob o Império e sob o benevolente "patrocínio" de d. Pedro II. Assim, a redação do projeto definitivo da Constituição republicana o fez temer o pior. Essas preocupações se mostraram justificadas quando a Constituição de 24 de fevereiro de 1891 foi votada, instituindo o casamento civil, a laicização da educação e a secularização dos cemitérios. Grandes sapos a serem engolidos pela Igreja, que sempre se havia oposto violentamente a essas reformas, em especial a que dizia respeito ao casamento civil, para o qual o Conselho de Estado do Império, com a aprovação do imperador, avançava com cautela, porém com segurança.

A Igreja, no entanto, salvou os móveis, ou seja, seus bens, de forma relativa, visto que o financiamento público do clero e dos seminários foi substituído pelo financiamento público das religiões, mas apenas para obras de caridade. Bela astúcia jurídica, que no final daria controle ao Estado sobre as atividades beneficentes, o que não é desprezível, porque essa área gera fluxos financeiros consideráveis.

Enfim, um pequeno consolo: as ordens e as congregações religiosas agora podiam administrar-se livremente e, acima de tudo, corresponder-se de forma direta com as autoridades superiores sediadas fora do Brasil. Na verdade, sob o Império, o controle dessas correspondências existia no nível do Ministério do Interior, um costume que as tensões criadas com Roma pelo *Syllabus* haviam reforçado ainda mais.

AS PRIMEIRAS DORES DO EXÍLIO

A viagem da família imperial para o exílio europeu foi marcada por um trágico incidente. O príncipe Pedro Augusto de Saxe-Coburgo e Bragança, nascido no Rio em 1866, filho do príncipe Augusto de Saxe-Coburgo-Koháry e da princesa d. Leopoldina do Brasil, filha mais nova de d. Pedro II, foi atingido por uma crise de demência. Apesar de psicologicamente frágil devido à morte prematura de sua mãe e à mudança definitiva de seu pai para a Áustria para administrar as propriedades da família, órfão como havia sido o próprio d. Pedro II em sua juventude, o menino foi criado no Brasil pelo imperador e pela imperatriz com todo o cuidado. Herdeiro legítimo do trono depois de sua tia d. Isabel até o nascimento em 1875 de seu primo d. Pedro, príncipe do Grão-Pará, o príncipe Pedro Augusto era um adolescente sensível e atormentado que apresentava os mesmos sintomas de instabilidade de seu primo, o arquiduque Rodolfo, filho de Francisco José da Áustria e Isabel da Baviera. Durante a viagem do Rio de Janeiro para Lisboa, tomado por um delírio de perseguição, ele acusou o comandante do *Alagoas* de ter sido subornado pelos republicanos para massacrar a família imperial. Também acreditava que navios republicanos iriam afundar o navio e jogou ao mar garrafas contendo pedidos de ajuda. Foi necessário trancá-lo em sua cabine pelo resto da viagem[9].

Em 7 de dezembro de 1889, d. Pedro II, a imperatriz d. Teresa Cristina e toda a família imperial desembarcaram em Lisboa[10].

O rei d. Carlos I de Portugal, sobrinho-neto dos exilados, os recebeu com carinho, mas, muito ocupado com os preparativos de sua própria coroação, não pôde lhes dar toda a atenção necessária. Além disso, o imperador e sua esposa, que segundo os hábitos adotados durante suas viagens ao exterior residiam em um hotel e não em um palácio, desejavam passar sozinhos esse doloroso período de suas vidas.

D. Pedro II planejava ficar apenas quinze dias em Portugal antes de mudar para Cannes. Primeiro foi recolher-se no túmulo do pai e de seus ancestrais na necrópole da dinastia de Bragança, no mosteiro de São Vicente de Fora; depois, incorrigível, retomou seu ritmo acelerado de visitas a museus, universidades e faculdades de renome, assistindo a cursos na Faculdade de Letras, na Academia de Ciências e na Escola Politécnica. Também foi ao mosteiro dos Jerônimos, onde depositou uma coroa de flores no túmulo do grande poeta português Alexandre Herculano, o mesmo que havia elogiado o jovem monarca brasileiro "que se dedica ao culto das Letras todo o tempo que pode tirar de suas obrigações inevitáveis como chefe de Estado"[11].

D. Carlos I disponibilizou o palácio real de Queluz para seu tio, para que pudesse encontrar todos os portugueses e brasileiros expatriados que desejassem expressar sua simpatia e apoio. Porém, como se aproximava a cerimônia de coroação de 28 de dezembro, o imperador, para não indispor o governo republicano do Brasil nem deixar o rei de Portugal em delicada situação diplomática com o Rio de Janeiro, saiu rapidamente de Lisboa para o norte do país. Ele visitou a Universidade de Coimbra, onde se reuniu com professores e alunos, depois se hospedou no Porto, onde fez o mesmo na Academia de Belas Artes.

Foi no Porto, no mesmo dia em que seu sobrinho d. Carlos I era coroado em Lisboa, que a imperatriz d. Teresa Cristina morreu. Doente, praticamente paralítica, em profundo choque com sua partida precipitada de um Brasil que amava de todo o coração e que sabia que nunca veria novamente, além de perturbada com a crise de demência de seu neto Pedro Augusto, ela morreu aos 67 anos de ataque cardíaco precedido por um violento ataque de asma. Na verdade, seus problemas respiratórios pioraram consideravelmente após a fuga do palácio imperial no Rio de Janeiro. Suas últimas palavras foram: "Morro de tristeza e arrependimento".

O imperador, no momento da morte da esposa, estava visitando a biblioteca do Porto. Ele ficou terrivelmente chocado e chorou por aquela companheira discreta e dedicada que estivera ao seu lado por quase meio século. Mãe e avó admirável, soberana atenta, protetora de um povo brasileiro que lhe devotava carinho e generosidade com uma paixão filial comovente, d. Teresa Cristina, mais que de doença, morreu da ingratidão do Brasil por um homem que foi o único amor de sua vida[12].

Essa morte foi precedida por uma circunstância estranhamente premonitória, pois, alguns dias antes, o imperador estava deitado na cama em que seu pai d. Pedro I havia morrido em 1834, no palácio de Queluz, para descansar e meditar longamente. Talvez estivesse pensando em seu próprio fim, mas o destino ou a vontade de Deus decidiu o contrário. Sua hora ainda não havia chegado.

RETORNO À FRANÇA

A morte da imperatriz foi, sem dúvida, parte da causa do agravamento do estado de saúde do monarca. Como o clima úmido do outono no Porto não ajudava em sua recuperação, d. Pedro II, depois de acompanhar os restos mortais de d. Teresa Cristina ao panteão real dos Bragança, ficou alguns dias em Lisboa e depois foi para a França e se hospedou na Riviera Francesa, no hotel Beau-Séjour em Cannes. Ele continuava sendo fielmente acompanhado por seu médico pessoal, o dr. Cláudio Velho da Mota Maia. Após mais um mal-estar, médicos franceses foram chamados para consulta. Diagnosticaram uma "pleurisia aguda, sem derrame (choque pleurítico no pulmão direito), seguida de distúrbios do sistema nervoso, com pré-coma diabético e colapso periférico"[13]. Encontrava-se em uma situação muito parecida à de Milão em 1888.

Já extremamente fraco, d. Pedro teve que enfrentar problemas financeiros, pois seus escassos recursos começaram a minguar enquanto o governo republicano regateava o valor de uma pensão destinada a compensar os confiscos que a família imperial sofrera como resultado do golpe, incluindo as coleções pessoais do monarca, cuidadosamente adquiridas desde a adolescência[14].

Já tendo visitado tudo o que havia para ver em Cannes e nos arredores, o imperador, cujos passeios de convalescença não satisfaziam mais o apetite por conhecimento e descobertas, decidiu ir para Paris, onde já moravam seus filhos e netos. A princesa Isabel e seu marido, conde d'Eu, já haviam se mudado para a capital. Embora descendente de Luís Filipe e primo-irmão do conde de Paris, pretendente ao trono da França com o nome de Filipe VII, o conde d'Eu não foi atingido pela Lei do Exílio de 1886, que proibia em território francês apenas os chefes de famílias que haviam reinado na França[15].

Não se sabe como era o ambiente familiar, mas pode-se imaginar que fosse sombrio, pois todos os eventos ocorridos desde 15 de novembro de 1889 deixavam poucas esperanças de um possível retorno ao Brasil, onde a situação permanecia confusa. Além disso, d. Pedro II não intervinha em nada no campo político, dizendo e repetindo a todos os partidários que vinham consolá-lo ou implorar-lhe para que reagisse que seu tempo havia acabado. Assim, ele aplicava à risca a máxima de Paul-Louis Courier: "O mais belo ato de que o homem é capaz é abrir mão do poder"[16].

Fiel a si mesmo, retomou em sua querida Paris os hábitos acadêmicos que o levavam de uma conferência a outra, de um museu a outro, de um colóquio científico a um cenáculo literário. Ele estava muito fraco fisicamente e agora usava uma bengala para andar, mas sua mente mantinha-se animada, curiosa e sedenta por novos conhecimentos. Como a medicina sempre o havia interessado muito, também frequentava hospitais parisienses, como o Bichat, onde, cercado por professores, estagiários e enfermeiros, visitava longamente os departamentos, fazendo mil perguntas e com absoluta vontade de descobrir as últimas inovações técnicas.

Seu médico, preocupado com sua fraqueza e com o inverno que se aproximava, o pressionou a voltar para Cannes para aproveitar a clemência do clima. Dessa vez, d. Pedro ficou quieto e se limitou a fazer um curso aprofundado de línguas semíticas, uma paixão que o animava desde a adolescência. No entanto, na primavera de 1891, voltou a Paris, onde retomou suas atividades como se nada tivesse acontecido. Nessa época, passou muito tempo em Versalhes, explorando detalhadamente o palácio e os jardins de Luís XIV, que, afinal, era seu ancestral direto.

Em junho de 1891, ele precisou ir a Vichy para se tratar, porque um início de gangrena úmida havia sido detectado no pé esquerdo, consequência de uma operação malfeita por um pedicuro que lhe havia removido um calo. Esse problema fora agravado pelo diabetes, e desde então caminhava com mais dificuldade e era frequentemente vítima de indisposição.

AO IMPERADOR DEPOSTO, A REPÚBLICA FRANCESA AGRADECE

No outono de 1891, o imperador retornou a Paris e se hospedou no hotel Bedford, próximo à igreja Madeleine. Sentia que seu fim se aproximava e queria morrer nessa cidade da qual, antes do rei Eduardo VII da Inglaterra, ele era o filho adotivo mais ilustre. Extremamente meticuloso, ordenou que, em antecipação à sua morte, compatriotas brasileiros lhe trouxessem um pouco de solo brasileiro. Ele queria que, no leito de morte e no caixão, sua cabeça descansasse na terra de seu país.

Em 23 de novembro, participou de uma reunião da Academia de Ciências do Instituto da França, em um recinto superaquecido, e sentiu-se mal à noite. No dia seguinte, apesar do frio, do contraste térmico e das recomendações do dr. Mota Maia, decidiu fazer um passeio de carruagem ao longo do rio Sena até Saint-Cloud. Na volta, precisou se deitar. Dois dos melhores médicos de Paris, os professores Charcot e Bouchard, foram ao seu leito e diagnosticaram pneumonia no pulmão esquerdo. No entanto, eles estavam convencidos de que o paciente, mais uma vez, superaria essa provação.

Na noite de 4 para 5 de dezembro, d. Pedro II, em seu quarto no hotel Bedford, sentiu o fim. Sua última palavra inteligível antes de entrar em coma foi: "... Brasil".

Ele deu o último suspiro em 5 de dezembro de 1891, logo após a meia-noite[17]. Havia completado 66 anos em 2 de dezembro.

Em sua edição vespertina, *Le Petit Journal* informou os parisienses sobre sua morte, prestando-lhe uma homenagem solene:

"O soberano que acabou de morrer não era um professor primário, como ele dizia brincando, mas um pedagogo no bom sentido da palavra, um estudioso ávido por aprender para poder ensinar. Nascido em ambiente comum, ele teria sido professor universitário; chefe de Estado, ele se tornou o educador de seu povo e sua posição de soberano constitucional permitiu-lhe cumprir esse papel, o mais belo que ele poderia desejar."

A morte do ex-imperador chocou a opinião pública. O governo dirigiu-se ao hotel Bedford para prestar uma última homenagem a esse estranho monarca que, finalmente em paz, descansava diante deles com sua barba de profeta por cima do uniforme de marechal do Império brasileiro. Esse monarca católico, companheiro de estrada dos maçons porque acreditava que a fraternidade humana transcendia as opiniões religiosas, filosóficas ou políticas, segurava um crucifixo nas mãos e sua cabeça repousava delicadamente sobre a almofada cheia da terra sagrada do Brasil.

A Terceira República Francesa quis prestar para esse amigo de Paris, da França e da humanidade um funeral solene que indispôs os diplomatas brasileiros credenciados França, pois a notícia da morte do monarca havia espontaneamente levado ao fechamento de lojas no Brasil, à colocação de tarjas pretas nas janelas e à celebração de inúmeras missas comemorativas. Mas o governo francês os ignorou para honrar com louvor um homem que havia sido o digno herdeiro dos monarcas iluminados do século XVIII.

O presidente francês da época, Sadi Carnot, inclinou-se sobre o corpo do imperador, mas não compareceu à missa fúnebre celebrada na igreja Madeleine em 9 de dezembro para não provocar desnecessariamente o governo brasileiro, que era, desde o reinado de d. Pedro II, um importante parceiro comercial. O presidente foi representado por seu gabinete militar, enquanto os presidentes do Senado e da Câmara dos Deputados, assim como todos os ministros, membros do Instituto e do Corpo Diplomático – exceto o embaixador do Brasil – assistiam à cerimônia. A família imperial foi representada pela princesa Isabel, seu marido e seus filhos, enquanto a República Francesa, por ocasião dessa cerimônia dedicada a um monarca cuja tolerância havia sido a virtude dominante, fez uma exceção à Lei do Exílio de 1886, que proibia ao pretendente ao trono da França de aparecer em solo nacional. Assim, o conde de Paris pôde homenagear um homem que, como Lamartine dissera tão apropriadamente, soube conciliar harmoniosamente o princípio monárquico e o democrático para estabelecer em seu país uma "democracia coroada".

A missa foi celebrada pelo arcebispo de Paris e animada pelos corais de Madeleine, que interpretaram pela primeira vez o *Libera me* da Missa do Réquiem, do compositor francês Gabriel Fauré.

O carro fúnebre, puxado por cavalos emplumados e cobertos de preto, atravessou a praça de la Concorde ao som da marcha fúnebre de Chopin, realizada pelos músicos do Exército. Foram mobilizados 80 mil soldados na capital para o evento, e estima-se que cerca de 300 mil pessoas tenham participado do funeral. A imprensa afirmou que era a primeira vez desde a morte de Victor Hugo em 1885 que tal participação popular havia sido observada.

Mais lírico que nunca, Joaquim Nabuco escreveria: "Hoje, o coração do Brasil bate no peito da França"[18].

O caixão do imperador foi levado para Lisboa em um trem especial, e d. Pedro II logo pôde descansar junto de sua esposa, d. Teresa Cristina, no panteão real do mosteiro de São Vicente de Fora.

NOTAS

1. Júlio Verne, *A ilha de Hélice* (homenagem ao imperador D. Pedro II).
2. Georges Clemenceau, *En Uruguay et au Brésil* [ver nota 5, cap. 19].
3. Lauro Müller, *Brasil: suas riquezas naturais, suas indústrias*.
4. Arsenio Martínez Campos (1831-1900) foi um general e político espanhol e o principal responsável pela restauração da monarquia constitucional da Espanha, sob a dinastia dos Bourbon. Seu famoso pronunciamento de 29 de dezembro de 1874 levou Alfonso XII a assumir o trono, apoiado por vários generais desiludidos com a República. [N. E.]
5. *Le Temps*, 6 de dezembro de 1891.
6. Levando em consideração as circunstâncias particulares da Proclamação da República, em 1889, o governo brasileiro convocou em 1993, ou seja, 104 anos após o golpe, um referendo sobre a natureza do regime. A República prevaleceu sobre a monarquia, por 86,6% a 13,4%. Portanto, pode-se considerar que a República só é legítima no Brasil após essa data, mesmo que possa parecer curioso que tenham esperado mais de um século para fazer uma consulta popular. É verdade que a própria França nunca fez uma consulta dessa natureza, pois as várias constituições republicanas tomaram a precaução de incluir em cláusula pétrea que a forma republicana de governo não pode ser questionada. Aparentemente, apenas o Império poderia ser restaurado na França – tanto é que Napoleão I, em função de um *senatus consultum* e um plebiscito subsequente, ostentava, nos primeiros anos de seu reinado, o curioso título de "Imperador da República Francesa".
7. F. Badaró, *L'Eglise au Brésil pendant l'Empire et pendant la République* [ver nota 11, cap. 13].
8. Ibid. Leão XIII abandonou os Bragança do Brasil como havia abandonado os Orléans da França, instando os católicos a "aderirem à República". Este pontífice seria um mistério, pois, na mesma época, condenava a maçonaria, sabendo que tanto a Terceira República Francesa quanto o Governo Provisório brasileiro estavam repletos de maçons.

9. Esse infeliz príncipe foi posteriormente internado em um manicômio na Áustria e morreu em Viena em 1934.
10. Antônio Sérgio Ribeiro, *15 de Novembro de 1889: a República no Brasil*. Disponível em: https://www.al.sp.gov.br/noticia/?id=346367. Acesso em: 3 mar. 2021.
11. Georges Raeders, *Le Comte de Gobineau au Brésil* [ver nota 7, cap. 3].
12. Em 6 de julho de 1891, o distrito de Santo Antônio de Paquequer, local de veraneio da família imperial na estrada que vai do Rio de Janeiro a Minas Gerais, foi batizado de "Teresópolis" em homenagem à imperatriz falecida. É possível concluir que o regime republicano, que não havia rebatizado Petrópolis, pretendia homenagear a memória dos ex-monarcas, apesar dos eventos de 1889 [Na verdade, parece não haver comprovação de que a família imperial passasse férias em Teresópolis. Havia apenas uma vontade de expandir a estrada de ferro Therezópolis, o que aconteceu somente em 1908 – N. R.].
13. Divaldo Gaspar de Freitas, *Les voyages de l'empereur Pierre Second (D. Pedro II) en France* [ver nota 1, cap. 12].
14. Com o passar do tempo, as coisas melhoraram, e uma pensão decente de um ex-chefe de Estado foi finalmente concedida a um homem que, por quase meio século, havia se dedicado à felicidade de seu povo e à grandeza do seu país.
15. Nesse caso, os Bourbon-Orléans e os Bonaparte. Os Bourbon-Anjou, descendentes diretos de Luís XIV, não foram afetados, uma vez que reinavam na Espanha desde 1700.
16. Carta de março de 1823 em *L'art de la politique*, de Gaston Bouthoul [ver nota 8, cap. 2].
17. O atestado de óbito, redigido pelos médicos Charcot, Bouchard e Mota Maia, declara: "5 de dezembro de 1891, à meia-noite e três" [Alguns registros, entretanto, dizem que a morte ocorreu à 00h35min (ver *As barbas do imperador*, de Lilia Schwarcz, e *D. Pedro II: ser ou não ser*, de José Murilo de Carvalho) – N. R.]. A causa da morte foi especificada: "Pneumonia aguda do pulmão esquerdo".
18. Georges Raeders, *Dom Pedro II, ami et protecteur des savants et écrivains français* [ver nota 28 cap. 14].

CAPÍTULO 22

DESTINOS CRUZADOS

D. ISABEL DE BRAGANÇA, PRINCESA IMPERIAL DO BRASIL, HERDEIRA DO TRONO, CONDESSA D'EU

A princesa Isabel dividiu seu exílio entre Paris e o castelo d'Eu, no distrito de Seine-Maritime (Seine-Inférieure, na época), propriedade de seu marido. Com a idade, sua religiosidade se acentuou. Em 1893, monarquistas brasileiros a procuraram, lembrando que, em 1874, o jovem príncipe Afonso de Bourbon havia sido proclamado rei da Espanha em Madri com o nome de Afonso XII pelo general Martinez Campos, a quem a rainha Isabel II, renunciando a seus direitos, confiara seu filho. Eles sugeriram-lhe que seguisse esse exemplo para salvar a monarquia brasileira: queriam que ela deixasse seu filho mais velho, o príncipe Pedro, sob a proteção do Exército brasileiro, para que este o proclamasse imperador. A princesa recusou: "Acima de tudo, sou católica e preciso zelar pela alma do meu filho. Não o entregarei a homens que possam corrompê-la". Era, sem dúvida, uma alusão aos generais maçons, na sua grande maioria. O senador Silveira Martins, emissário dos monarquistas brasileiros, vendo que tudo estava perdido, respondeu: "Nesse caso, senhora, seu lugar é no convento!".

A recusa de d. Isabel foi para a monarquia brasileira aquilo que a bandeira branca do conde de Chambord havia sido para a monarquia francesa: uma renúncia deliberada. A princesa morreu no castelo d'Eu em 1921, sem ter voltado ao Brasil. No entanto, em 1953, seus restos mortais foram repatriados e repousam, desde 1971, no mausoléu imperial da catedral de Petrópolis.

Em 2015, o arcebispo do Rio de Janeiro mandou iniciar uma investigação preliminar para a abertura de um processo de beatificação para essa princesa que, sem sombra de dúvida, sacrificou sua vida pela Igreja.

GASTÃO DE ORLÉANS, CONDE D'EU, MARECHAL DO IMPÉRIO

O neto do rei Luís Felipe I da França, o conde Gastão de Orléans, foi marido da princesa Isabel. Foi constantemente criticado pela classe dirigente brasileira, que não gostava dele e o acusou, sem justificativa real, de ambições políticas. Na verdade, como era delicado atacar diretamente a princesa, ele serviu de certo modo de vítima ou bode expiatório. Essa cabala montada contra ele impediu que seu sogro lhe outorgasse o título de "príncipe imperial". Na dedicatória de sua obra *A instrução pública no Brasil*, o dr. Pires de Almeida referiu-se a ele com o predicado de "Alteza Real".

Após os acontecimentos de 1889, o príncipe se recolheu em Paris com sua família e, no início do século XX, se estabeleceu no castelo d'Eu, que herdou dos Orléans e havia ficado famoso pelas visitas da rainha Vitória a Luís Felipe em 1843 e 1845, como parte da primeira *Entente Cordiale*. Ali viveu com esposa e filhos, sem que sua vida conjugal tenha sido particularmente idílica, segundo as confidências de sua neta, d. Isabel de Orléans e Bragança, condessa de Paris, que anota em seu livro de memórias, *De todo coração*: "Sempre vi meus avós juntos, mas nunca os ouvi conversando ou discutindo entre si; moravam no mesmo apartamento, pareciam bons amigos, mas na verdade não riam muito".

Após a morte de sua esposa, em 1921, e tendo sido revogada a Lei do Exílio no Brasil, o conde d'Eu foi buscar os restos mortais de seus sogros, d. Pedro II e d. Teresa Cristina, em Portugal, para enterrá-los no Rio de Janeiro. No ano seguinte, convidado pela República para participar das comemorações do centenário da Independência, embarcou para o Brasil, mas morreu na viagem antes de chegar ao destino.

Esse homem desventurado, no entanto, teve em 1953 a "felicidade" póstuma de poder descansar por toda a eternidade ao lado de sua esposa na catedral de Petrópolis.

D. PEDRO DE ORLÉANS E BRAGANÇA, PRÍNCIPE IMPERIAL DO BRASIL, PRÍNCIPE DO GRÃO-PARÁ

Aquele que nunca foi "d. Pedro III" por causa da teimosia de sua mãe, d. Pedro de Orléans e Bragança brigou com a d. Isabel por causa de seu casamento em 1908 com a condessa Elisabeth Dobrzensky, de Dobrenicz. Embora a jovem fosse de excelente família, não tinha sangue real, e esse "detalhe" irritou a princesa Isabel. No entanto, ela consentiu nesse casamento "desigual" se o filho mais velho renunciasse a seus direitos dinásticos, para ele e sua posteridade, em favor do irmão mais novo, o príncipe d. Luís de Orléans e Bragança. Isso levou a uma cisão dinástica deplorável dentro da família imperial.

O príncipe d. Pedro, quando o Brasil aboliu a Lei do Exílio em 1920, retornou provisoriamente e depois voltou a se instalar permanentemente no palácio do Grão-Pará, em Petrópolis, em 1930. Morreu ali em 1940 e foi sepultado na presença das autoridades republicanas com todas as honras de chefe de Estado. Em 1990, seus restos mortais foram transferidos para o mausoléu imperial da catedral de Petrópolis.

Em 1943, seu filho d. Pedro Gastão, irmão mais velho da condessa de Paris[1], repatriou para o Brasil os arquivos da família imperial que estavam no castelo d'Eu, poupando-os de destruição ou roubo pelos ocupantes nazistas que haviam transformado o castelo em quartel.

MARECHAL MANUEL DEODORO DA FONSECA

Iniciador do golpe de Estado de 15 de novembro de 1889 e chefe do Governo Provisório, Deodoro da Fonseca foi eleito presidente da República em fevereiro de 1891, mas forçado a renunciar em novembro do mesmo ano devido a profundas diferenças no ministério republicano. Foi substituído pelo marechal Floriano Peixoto. Morreu em agosto de 1892, nove meses após d. Pedro II. No seu leito de morte, talvez tenha se lembrado da frase que, devoto monarquista que havia sido, certa vez proferira: "Quando o imperador morrer, serei o primeiro a seguir o seu caixão". O destino cruel cumpriu seu desejo, mas não exatamente da forma como ele imaginava naquele momento.

BENJAMIN CONSTANT BOTELHO DE MAGALHÃES

Embora pacifista, Constant foi ministro da Guerra no Governo Provisório, função que combinou com a de ministro da Instrução Pública e dos Correios e Telégrafos. Morreu em janeiro de 1891, onze meses antes do imperador. É provável que, se tiver encontrado seu mestre Augusto Comte no Paraíso ou nos Campos Elísios, deva ter ocorrido uma explicação severa dos textos entre eles.

AFONSO CELSO DE ASSIS FIGUEIREDO, VISCONDE DE OURO PRETO

Preso pelos golpistas na noite de 15 de novembro de 1889, o último presidente do Conselho do Império soube por seus carcereiros que seria fuzilado de madrugada. Estoico, respondeu aos soldados: "Assim, vocês verão que não é necessário usar uniforme para saber morrer". Foi o último sarcasmo ao exército de um político corajoso. Na realidade, foi "apenas" proibido de permanecer no Brasil, exilou-se na Europa e se estabeleceu em Lisboa. Voltou ao Brasil em 1894 e, diante da situação anárquica do país, criou um partido monarquista de tendência liberal. Ameaçado de morte, voltou ao exílio e depois retornou ao Brasil, onde se dedicou às letras. Morreu no Rio de Janeiro em 1912, convencido de que a República só poderia terminar em ditadura.

JOSÉ ALFREDO CORREIA DE OLIVEIRA

O presidente do Conselho que apoiou e conseguiu aprovar a Lei Áurea em 1888 retirou-se da política quando a República foi proclamada para assumir a direção do Banco do Brasil. Até sua morte, em 1919, permaneceu fiel às suas convicções monarquistas. Uma das maiores injustiças da República foi que a queda da monarquia o impediu de ser enobrecido pelo imperador.

JOÃO MAURÍCIO WANDERLEY, BARÃO DE COTEGIPE

Esse conservador, cujas lacunas na árvore genealógica sugerem ser descendente de escravos[2], era um grande estadista e excelente diplomata. Não era escravagista, mas favorável a um avanço progressivo na questão da abolição, considerando que, de qualquer jeito, a proibição do tráfico, a Lei do Ventre Livre e, finalmente, a Lei dos Sexagenários ou Saraiva-Cotegipe, que ele próprio havia defendido, inevitavelmente poriam fim à escravidão. Sua briga com a princesa regente lhe custou o cargo de presidente do Conselho. O voto contra a Lei Áurea foi sua batalha inglória, pois se retirou da política para se tornar presidente do Banco do Brasil. Morreu em seu escritório em fevereiro de 1889, o que o salvou de testemunhar a queda da monarquia. Se tivesse vivido, certamente teria levado d. Pedro II a designar seu neto como herdeiro do trono, apenas para afastar a princesa Isabel, a quem considerava incapaz de seguir a política tolerante e consensual de seu pai.

GASPAR SILVEIRA MARTINS

Inimigo jurado do marechal Deodoro, o senador liberal e monarquista convicto Gaspar Silveira Martins foi um dos últimos políticos a ser nomeado conselheiro de Estado pelo imperador. Proibido de permanecer no Brasil após a Proclamação da República, foi morar na Europa, em particular na França, e retornou ao Brasil em 1892, beneficiado por uma lei de anistia. Trabalhou na restauração da monarquia em favor de d. Pedro III, mas seu projeto foi arruinado pela intransigência da princesa Isabel. Criou então o Partido Federalista, para se opor aos excessos do poder central. Seu temperamento forte e o verbo brilhante lhe renderam inúmeras inimizades. No final de sua vida, elaborou um projeto de Constituição federal com um presidente eleito por sete anos pelo Congresso, mas que, tendo o direito de nomear e destituir ministros, além de um notável poder de influência, lembrava um monarca republicano na tradição de d. Pedro II. Morreu no exílio, em Montevidéu, em 1901.

ANDRÉ REBOUÇAS

O engenheiro militar, empresário, político talentoso e abolicionista convicto André Rebouças foi próximo do imperador. Exilou-se com ele, estabeleceu-se em Portugal, onde se tornou correspondente do jornal *The Times*, e depois em Cannes, onde o ex-monarca estava convalescendo. A morte de d. Pedro II causou-lhe um choque emocional violento, do qual nunca se recuperou. Foi para Angola e depois se estabeleceu em Funchal, na ilha da Madeira. Morreu em 1898 em condições misteriosas: seu corpo foi encontrado no mar, sobre um rochedo, em frente à sua propriedade. Sem extrapolar, pode-se concluir que, por desespero, pôs voluntariamente fim à vida.

RAFAEL, O "ANJO NEGRO" DO IMPERADOR

Ex-escravo, provavelmente emancipado por d. Pedro I por sua participação ao seu lado na Guerra da Cisplatina, Rafael esteve a serviço de d. Pedro II ao longo de toda a sua vida. Em 1831, d. Pedro I o nomeou um dos três tutores do "Órfão da Nação". Ele era particularmente encarregado de distrair o menino e depois o adolescente, mas também ensinou o alfabeto e o iniciou à caligrafia. Talvez tenha lhe ensinado algumas noções de árabe, levando-o a querer estudar o idioma, porque tinha origens africana e muçulmana. Durante a Guerra do Paraguai, seguia d. Pedro na frente paraguaia e o velava. Da mesma forma, o acompanhou mais tarde em suas viagens ao exterior. Foi muito concretamente o substituto do pai de d. Pedro II, como Mariana Carlota de Verna foi de sua mãe.

Em 16 de novembro de 1889, quando soube do confinamento forçado do imperador no Paço Imperial e da Proclamação da República, morreu de parada cardíaca. Tinha 98 anos. Segundo Múcio Teixeira, autor de uma obra que romantiza a vida de Rafael intitulada *O negro da Quinta Imperial*, suas últimas palavras teriam sido: "Que a maldição de Alá caia na cabeça dos algozes de meu senhor!".

É verdade que a brevidade das carreiras políticas do marechal Floriano e de Benjamin Constant pode deixar dúvidas sobre a eficiência dessa maldição.

MARIANA CARLOTA DE VERNA MAGALHÃES COUTINHO

Mariana de Verna foi a governanta e mãe substituta de d. Pedro II, que sempre a chamava de Dadama, termo que ele usava quando bebê para "madame". Ela foi designada por D. Pedro I como tutora do jovem imperador e protegeu seu menino de todas as influências que considerava prejudiciais, inclusive a do temível e malfadado José Bonifácio, de cuja deposição ela participou. Cuidou da criança e do adolescente como uma leoa cuida de seu filhote, até mesmo afastando políticos excessivamente interessados que a acusavam de ser a chefe de um complô. Quando se tornou imperador reinante, d. Pedro II conferiu-lhe o título de condessa de Belmonte, em 1844. Após seu casamento, ele a nomeou dama de honra da imperatriz d. Teresa Cristina. Morreu em 1855.

CONDESSA DE BARRAL

A condessa de Barral foi uma aristocrata brasileira que se tornou condessa francesa ao se casar com um cavalheiro da corte de Luís Filipe. D. Pedro II pediu-lhe para ser preceptora de seus filhos por recomendação de sua irmã d. Francisca, princesa de Joinville. Na corte imperial, brilhava com seu charme, sua inteligência, sua cultura e sua vivacidade. Ela era, portanto, a antítese da imperatriz d. Teresa Cristina. Com base em cartas ambíguas, chegaram a insinuar que era amante de d. Pedro II, nove anos mais jovem que ela, e que viveram uma paixão. O certo é que ela foi sua companheira intelectual. Quanto ao resto, dê-se a ela o benefício da dúvida, que é pelo menos atenuada pelo fato de ter sido católica fervorosa e ter mantido um profundo afeto pela imperatriz d. Teresa Cristina, a quem serviu como dama de companhia e, até mesmo, como cuidadora.

Ela deixou o Brasil após o casamento das princesas imperiais, das quais era preceptora, em 1864, mas manteve uma longa correspondência com o imperador. Durante as visitas do casal imperial à Europa, desempenhou o papel de organizadora, enquanto Rafael cuidava da administração. Auguste Mayor, que a encontrou na Suíça em 1877, quando fazia parte da comitiva de d. Pedro II e da imperatriz, a descreve nos seguintes termos: "Verdadeiro arquétipo da velha marquesa francesa que, na juventude, deve ter feito parte da corte de Luís XVIII ou Carlos X". Observação cruel, visto que a condessa, nascida em 1816, tinha oito anos quando Luís XVIII morreu e catorze na queda de Carlos X, mas que sugere que ela parecia muito mais velha que sua idade. Aposentou-se em Cannes, onde d. Pedro II a visitou no exílio, e morreu em janeiro de 1891, onze meses antes do imperador.

NOTAS

1. Condessa de Paris.
2. Wanderley Pinho, *Cotegipe e seu tempo*.

POST-SCRIPTUM

Em 1920, a República dos Estados Unidos do Brasil revogou a Lei do Exílio que atingia a família imperial. No ano seguinte, um navio de guerra brasileiro foi a Portugal buscar os restos mortais do casal imperial para trazê-los de volta ao Rio de Janeiro.

D. Pedro II e d. Teresa Cristina reencontraram, com todas as honras do Estado e o afeto de seu povo, o país que tiveram que deixar precipitadamente em uma manhã triste de novembro de 1889 para um exílio que certamente foi mais responsável por sua morte que qualquer doença ou provações familiares.

Os restos mortais do casal imperial, inicialmente sepultados na igreja de Nossa Senhora do Carmo no Rio de Janeiro, chamada capela imperial, onde ocorreram todas as grandes cerimônias religiosas do Império, foram transferidos para a sacristia da catedral São Pedro de Alcântara em 1925, em Petrópolis, que ainda não estava totalmente concluída.

Desde 1939, o casal imperial repousa em um mausoléu especialmente construído para ele nessa catedral. A cerimônia do translado foi presidida na época pelo então presidente da República, Getúlio Vargas.

BIBLIOGRAFIA

ALMEIDA, José Ricardo Pires de. *L'Instruction publique au Brésil*, Rio de Janeiro: Editora G. Leuzinger e Filhos, 1889.

ALVES, Evanio. *Sarah Bernhardt: gloire et tragédie à Rio de Janeiro*. Brasil. FR: Le Portail du Brésil en France, Paris, 11 jan. 2013. Disponível em: http://www.brasil.fr/actualites-bresil/230/sarah_bernhardt_,_gloire_et_tragedie_a_rio_de_janeiro_par_evanio_alves_.php. Acesso em: 23 jan. 2016.

AMEAL, João. *Les Bragances du Brésil*. Genève: Helstar, 1973. (Les Rois. Les grandes dynasties qui ont fait l'histoire.)

ASSIER, Adolphe d'. *Le Brésil et la société brésilienne*. ed. 45. Paris: Revue des Deux Mondes, 1863.

AURÉLIO, Marco. Meditações. Tradução e notas Jaime Bruna. In: CIVITA, Victor (Ed.). *Os pensadores*. São Paulo: Abril Cultural, 1973, v. 5, p. 271-329.

AZEREDO, Carlos Magalhães de. *Dom Pedro II. Traços de sua physionomia moral*. Rio de Janeiro: Alvaro Pinto Editor, 1923.

BADARÓ, F. *L'Église au Brésil pendant l'Empire et pendant la République*. Roma: Stabilimento Bontempelli, 1895.

BARMAN, Roderick J. *Citizen Emperor. Pedro II and the making of Brazil (1825-1891)*. Palo Alto: Stanford University Press, 1999.

BARMAN, Roderick J. *Princess Isabel of Brazil. Gender and Power in the Nineteenth Century*. Wilmington: A Scholarly Resources Inc. Imprint, 2002.

BENNASSAR, Bartolomé; RICHARD, Marin. *Histoire du Brésil 1500-2000*. Paris: Fayard, 2000.

BERGERE, Marc; CAPDEVILA, Luc. *Genre et événement. Du masculin et du féminin en histoire des crises et des conflits*. Rennes: Presses Universitaires de Rennes, 2006. (Histoire)

BESOUCHET, Lilia. *Pedro II e o século XIX*. Rio de Janeiro: Nova Fronteira, 1993.

BLANQUER, Jean-Michel ; TRINDADE, Helgio (dir.). *Os desafios da educação na América Latina*. Éditions de L'IHEAL, 2000.

BONA, Dominique. *Stefan Zweig, l'ami blessé*. Paris: Plon, 1996.

BOUTHOUL, Gaston. *L'art de la politique*. Paris: Éditions Seghers, 1969.

BRASSEY, Lady Anna. *Voyage d'une famille autour du monde*. Booklassic, 2015.

BRYANT, William Cullen II ; VOSS, Thomas G. *The Letters of William Cullen Bryant*. Nova York: Fordham University Press, 1992, v. 5.

BURNS, E. Bradford. *A History of Brazil*. Nova York: Columbia University Press, 1993.

BURTON, Guy. *Brazil's Emperor Tourist*. Disponível em: www.brazil.com/2003/html/articles/aug03/p121aug03/htm. Acesso em: 19 maio 2021.

CAPANEMA, Silvia. Abolition de l'esclavage, racisme et citoyenneté au Brésil (XIXe/XXIe siècles). *La Revue du Projet (Club de Mediapart)*, n° 35, março de 2014.

CAPDEVILA, Luc. *Une guerre totale: Paraguay 1864-1870, essai d'histoire du temps présent*. Rennes: Presses Universitaires de Rennes, 2015.

CARDOSO, Fernando Henrique. *O improvável presidente do Brasil – Recordações*. São Paulo: Civilização Brasileira, 2013.

CARDOSO, Luiz Cláudio; MARTINIERE, Guy (dir.). *France-Brésil. Vingt ans de coopération (science et technologie)*. Grenoble: Editions de L'IHEAL, Presses Universitaires de Grenoble, 1989.

CARVALHO, José Murilo de. *Un Théâtre d'ombres, la politique impériale au Brésil (1822-1889)*. Paris: Editions MSH, 1990.

CARVALHO, José Murilo de. *D. Pedro II. Ser ou não ser*. São Paulo: Companhia das Letras, 2007.

CASTELLA, Gaston. *Histoire des Papes*. Zurique: Editions Stauffacher SA, 1966, vol. 2.

CHAFFANJON, Arnaud. *La merveilleuse histoire des couronnes du monde.* Paris: Fernand Nathan, 1980.

CHAUNU, Pierre. *Histoire de l'Amérique latine.* Paris: Presses Universitaires de France, 1984.

CLEMENCEAU, Georges. *En Uruguay et au Brésil.* Paris: Magellan et Cie, 2015.

CLINCHAMPS, Philippe du Puy de. *Les grandes dynasties.* Paris: Presses Universitaires de France, 1965.

COLOMBO, Maria Alzira da Cruz. La venue des congrégations religieuses françaises au Brésil à la fin du XIXe siècle et au début du XXe siècle. *Chrétiens et sociétés*, 2006, 117-132.

CORREA, Sergio da Costa. *Brésil, les silences de l'Histoire.* Paris: Editions du Rocher, 2003.

CUNHA, Rodrigo. Acervo de fotos inéditas de D. Pedro II "vem à luz". *Ciência e Cultura*, São Paulo, v. 55, n. 4, p. 60-61, dez. 2003. Disponível em: <http://cienciaecultura.bvs.br/scielo.php?script=sci_arttext&pid=S0009-67252003000400035&lng=en&nrm=iso>. Acesso em: 19 maio 2021.

DAIREAUX, Emile. *Les conflits de la république argentine avec le Brésil et le Chili.* 11. ed. Paris: Revue des Deux Mondes.

DALBIAN, Denyse. *Léopoldine, première impératrice du Brésil.* Paris: Historia n°171, 1961.

DEBRET, Jean-Baptiste. *Voyage pittoresque et historique au Brésil.* Paris: Firmin-Didot, Imprimerie nationale Editions e Actes Sud, 2014.

DEMELAS, Marie-Danielle. Guerres et alliances en Amérique du Sud. *Revue Historique des Armées*, n° 273, 2014.

DIESBACH, Ghislain de. *Les secrets du Gotha.* Paris: René Julliard, 1964.

DODU, Gaston. *Les Autres Patries.* Paris: Librairie Fernand Nathan, 1909.

DROULERS, Martine. *Brésil: une géohistoire.* Paris: Presses Universitaires de France, 2001. (Géographies.)

DUBOIS, Joseph. *L'usine de Fives-Lille et la construction ferroviaire française au XIXe siècle. Revue du Nord*, 1985, vol. 67, n°265, p. 517-525.

ENDERS, Armelle. *Histoire de Rio de Janeiro*. Paris: Fayard, 2000.

ENDERS, Armelle. *Histoire du Brésil*. Paris: Chandeigne, 2008.

FARGETTE, Guy. *Pedro II, Empereur du Brésil 1840-1889*. Paris: L'Harmattan, 2005.

FAURE, Michel. *Une histoire du Brésil*. Paris: Perrin, 2016.

FERREIRA, Marie-Jo ; ROLLAND, Denis. Brésil: une séparation à 'l'amiable' entre l'Eglise et l'Etat. Un processus irréversible et libérateur pour l'Eglise brésilienne. *Matériaux pour l'histoire de notre temps*, 2005, vol. 78, n°1, p. 36-40.

FREITAS, Divaldo Gaspar de. *Les voyages de l'empereur Pierre second (D. Pedro II) en France*. Comunicação apresentada na seção de 3 de junho de 1978 da Sociedade Francesa de História da Medicina.

GAUTHIER, Guy. *Garibaldi, l'aventurier de la liberté*. Paris: France-Empire, 2007.

GOMES, Laurentino. *1822*. São Paulo: Nova Fronteira, 2010.

GRANGER, Stéphane. Le Contesté franco-brésilien: enjeux et conséquences d'un conflit oublié entre la France et le Brésil. *Revue d'histoire "Outre-Mers"*, 2011, volume 98.

GYLDEN, Axel. *Le Roman de Rio*. Mônaco: Editions du Rocher, 2007.

HOLM, Carsten. *Un petit coin d'Allemagne sous les palmiers*. Hamburg: Der Spiegel, 2008.

HUGO, Victor. *Choses vues*. Paris: Le Trésor des Lettres Françaises, 1973.

JAKSIC, Ivan. *The Hispanic World and American Intellectual Life (1820-1880)*. Nova York: Studies of the Americas, Palgrave Macmillan, 2007.

KARISKY, Patricia Shu; OLIVEIRA, Ana Cristina; MOTTA, Licia Maria da; DINIZ, Leonardo Rios ; SANTOS, Leopoldo Luiz dos. Le médecin, l'empereur et la fibromyalgie: Charles-Edouard Brown-Sequard (1817-1894) et Dom Pedro II (1825-1891) du Brésil. *Journal of Medical Biography*, 2016, vol. 24, no. 1, p. 45–50.

LANGELLIER, Jean-Paul. *Sarah Bernhardt, Star de Rio*. Paris: Le Monde, 2011.

LAPAQUE, Sébastien. *Théorie de Rio de Janeiro*. Arles: Actes Sud, 2014.

LE LONG, John. *L'alliance du Brésil et des Républiques de la Plata contre le gouvernement du Paraguay*. Paris: Imprimerie Schiller, Faubourg-Montmartre, 1866.

LUSTOSA, Isabel. *D. Pedro I: um herói sem nenhum caráter*. São Paulo: Companhia das Letras, 2006.

LYRA, Heitor. *História de dom Pedro II (1825-1891)*. Belo Horizonte: Itatiaia, 1977.

MACHADO, Aristeu Elisandro Lopes. O Império do Brasil nos traços do humor: política e impresa ilustrada em Pelotas no século XIX. *Almanack Braziliense*, 2009, n°10.

MAURO, Frédéric. *Histoire du Brésil*. Paris: Presses Universitaires de France, 1973.

MAURO, Frédéric. *La vie quotidienne au Brésil au temps de Pedro Segundo 1831-1889*. Vanvas, FR: Hachette Littérature, 1980.

MAURRAS, Charles. *Petit manuel de l'enquête sur la monarchie*. Paris: Hachette, 1928.

MAYOR, Auguste. *Visite de l'Empereur du Brésil à Neuchâtel en 1877*. La Chaux-de-Fonds: Nouvelle Revue Neuchâteloise, n° 93, 2007.

MÉRIAN, Jean-Yves. *L'influence d'Ernest Renan dans le débat entre Eglise et Etat dans le Brésil du XIXe siècle*. Rennes: Presses Universitaires de Rennes, 2006.

MONTEIRO, Tobias do Rêgo. *História do Império: o 1º Reinado*. 2ª ed. Belo Horizonte: Itatiaia/São Paulo: Edusp, 1982.

MOSSÉ, Benjamin. *Dom Pedro II, Empereur du Brésil*. Paris: Firmin-Didot, 1889.

MÜLLER, Lauro. *Brasil: suas riquezas naturais, suas indústrias*. Vol. 1 e 2. Rio de Janeiro: IBGE, 1986.

MUNRO, Dana Gardner. *Les républiques latino-américaines: une histoire*. Nova York: D. Appleton, 1942.

NERY, Frederico José de Santa-Anna. *Le Brésil en 1889*. Paris: Librairie Charles Delagrave, 1889.

OLIVEIRA, Fernandes. O processo criativo no universo da edição: George Sand no Brasil. *Tessituras e Criações*, n°3, setembro de 2012. Disponível em: https://revistas.pucsp.br/index.php/tessituras/article/view/11406. Acesso em: 20 maio 2021.

ORY, Pascal. *1889. La mémoire des siècles. L'Expo universelle*. Paris: Editions Complexe, 1989.

PARIS, Isabelle d'Orléans-Bragance. *Tout m'est bonheur*. Paris: Robert Laffont, 1978.

PIGAILLEM, Henri. *Les Hugo*. Paris: Pygmalion, 2013.

PINHO, Wanderley. *Cotegipe e seu tempo*. São Paulo: Companhia Editora Nacional, 1937.

PIRENNE, Jacques. *Les grands courants de l'histoire universelle*. Tomo V (1830-1904). Neuchâtel: Editions de La Baconnière, 1953.

PRIETO, Alberto; GUERRA, Sergio. *Breve historia del Brasil*. La Havane, 1991. Disponível em: https://adhilac.com.ar/?p=2138. Acesso em: 20 maio 2021.

PRINCE, Adalbert of Prussia. *Travels in the South of Europe and Brazil*, Londres, 1849. In.: Benjamin Mossé, *Dom Pedro II, Imperador do Brasil: o imperador visto pelo barão do Rio Branco*. Brasília: Fundação Alexandre de Gusmão, 2015.

RAEDERS, Georges. *Le Comte de Gobineau au Brésil*. Paris: Nouvelles Editions Latines, 1934.

RAEDERS, Georges. Dom Pedro II, ami et protecteur des savants et écrivains français. *Revista da Universidade Cawtólica de São Paulo*, vol. VII, 1955, fascículo 14.

RAYMOND, Jean-François de. *Arthur de Gobineau et le Brésil. Correspondance diplomatique du ministre de France à Rio de Janeiro 1869-1870*. Grenoble: Presses Universitaires de Grenoble, 1990.

RECLUS, Elisée. La Guerre du Paraguay. *Revue des Deux Mondes*, tomo 72, 1867.

RENAN, Ernest. *Marc-Aurèle et la fin du monde antique*. Paris: Calmann-Lévy, 1882.

RECLUS, Élisée. Le Brésil et la colonisation. *Revue des Deux Mondes*, n° 39, 1862.

REZZUTTI, Paulo. *D. Pedro II*. Rio de Janeiro: LeYa Brasil, 2019.

ROMANELLI, Sergio. Dom Pedro II: Um tradutor imperial. *Caderno de Letras*, n° 23, 2014.

ROZEAUX, Sébastien. *La genèse d'un "grand moment national": littérature et milieu littéraire au Brésil à l'époque impériale (1822-1880)*. Lille: Université Lille-Nord de France, Ecole doctorale des sciences de l'Homme et de la Société, IRHiS, 2012.

ROZEAUX, Sébastien. Les horizons troubles de la politique de "colonisation" au Brésil: réflexions sur l'identité de la nation brésilienne à travers le prisme de la question migratoire (1850-1889). *Espace, populations, sociétés*, 2014/2-3, p. 45-55. Disponível em: https://journals.openedition.org/eps/5743#quotation. Acesso em: 20 maio 2021.

SAMPAYO, Carlos. *Paraguay: chronique d'une extermination*. Milão: Quadragono, 1980.

SAND, George. *Correspondance*. 4. ed. Paris: Éditions Calmann-Lévy, 1884.

SAND, George. *Agenda*. 5. ed. Les Amis de George Sand, sem data.

SAURAT, Gilette. *Bolivar le Libertador*. Paris: Editions Jean-Claude Lattès, 1979.

SCHWARCZ, Lilia. *As barbas do imperador: D. Pedro II, um monarca nos trópicos*. São Paulo, Companhia das Letras, 1998.

SEIGNOBOS, Charles. *Histoire politique de l'Europe contemporaine 1814-1896*. Paris: Librairie Armand Colin, 1914.

SÉLÈNES, Pierre de. *Un monde inconnu: deux hommes sur la Lune*. Paris: Ernest Flammarion Editions, 1896.

SHAW, William Arthur; BURTCHAELL, George Dames. *The Knights of England*. Vol. 1. Londres: Sherratt and Hugues, 1906.

SILVA, Pereira da. Le Brésil en 1858 sous l'empereur Dom Pedro II. *Revue des deux Mondes*, n° 14, 1858.

SILVERTHORNE, Elizabeth. *Sarah Bernhardt*. Filadélfia: Chelsea House Publishers, 2004.

SKIDMORE, Thomas E. *Brazil: Five Centuries of Change*. Oxônia: Oxford University Press, 2010.

SODRÉ, Alcindo. *Museu imperial*. Rio de Janeiro: Departamento de Imprensa Nacional, 1950.

TAVARES, Luís Henrique Dias. *O fracasso do imperador: a abdicação de D. Pedro I*. São Paulo: Ática, 1986

TEIXEIRA, Carlos Gustavo Poggio. *Brazil, the United States and the South American Subsystem. Regional Politics and the Absent Empire*. Washington, DC: Lexington Books, 2012.

TEIXEIRA, Múcio. *O Negro da Quinta Imperial*. Rio de Janeiro: Jornal do Brasil, 1927.

VAINFAS, Ronaldo. *Dicionário do Brasil imperial (1822-1889)*. Rio de Janeiro: Objetiva, 2002.

VERNE, Jules. *L'Île à Hélice*. Paris: Hetzel, 1895.

VIDAL, Laurent. *Ils ont rêvé d'un autre monde. 1841. Cinq cents Français partent pour le Brésil fonder un nouvel Eden. Iront-ils au bout de leur utopie?* Paris: Flammarion, Au fil de l'Histoire, 2014.

WILLIAMS, Mary Wilhelmine. *Dom Pedro the Magnanimous, Second Emperor of Brazil*. Chapel Hill: The University of North Carolina Press, 1937.

Este livro foi composto por Maquinaria Editorial nas famílias tipográficas Garamond Premier Pro e Gotham. Capa em papel Supremo Alta Alvura 250 g/m² – Miolo em Lux Cream 70 g/m². Reimpresso pela gráfica Plena Print em março de 2024.